KB199544

원더풀 카운슬러

잃어버린 상담자, 예수

원더풀 ── 카운슬러

한성열

Wonderful Counselor

규장

일러두기

- 개역개정에서 인용한 성구는 출처를 별도 표기하지 않았고, 현대인의성경, 새번역, 개역한글, 공동번역에서 인용한 성구는 출처를 표기했습니다.
- 영어 성경은 주로 'New International Version'(NIV)에서 인용했습니다.
- 독어 성경은 《Die Gute Nachricht: Die Bibel in heutigem Deutsch mit Erklaerungen und Bildern》(독일 성서공회, 1983)에서 인용했습니다.

이 책을 아내이자 친구인

서송희 장로에게 바칩니다

나에게 찾아오신
놀라운 상담자

제 삶을 지탱하는 두 기둥이 있습니다. 모태신앙으로 익힌 '기독교 신앙'과 대학 시절부터 지금까지 공부해 온 '심리학'입니다. 한때는 이 두 기둥이 서로 배타적인 것처럼 느껴져 갈등을 겪기도 했습니다. 또 한때는 서로 보완적인 것처럼 느껴져 많은 위로와 평안을 얻기도 했습니다.

이런 갈등과 화해의 과정을 겪으면서 제 신앙이 깊어졌고, 심리학도 단순한 학문이 아닌 제 삶을 이끄는 동력이 되었습니다. 이렇게 되기까지는 두 가지 결정적 깨달음이 있었습니다(모두 부친께서 주신 영어 성경과 독어 성경 덕분입니다).

첫째는 '예수님이 상담자'라는 사실을 깨달은 일이었습니다. 구약성경 이사야서 9장 6절을 보면, 장차 오실 메시아에 대한 소개가 나옵니다.

이는 한 아기가 우리에게 났고 한 아들을 우리에게 주신 바 되었는데 그의 어깨에는 정사를 메었고 그의 이름은 **기묘자**라, **모사**라, 전능하신 하나님이라, 영존하시는 아버지라, 평강의 왕이라 할 것임이라

For to us a child is born, to us a son is given, and the government will be on his shoulders. And he will be called **Wonderful Counselor**, Mighty God, Everlasting Father, Prince of Peace.

이때 예수님을 가리키는 첫 표현이 "기묘자, 모사"입니다. 한국어 성경으로 읽을 때는 뜻도 애매하고 별 관심도 없어 그냥 지나쳤습니다. 그런데 영어 성경을 보니, 이 대목이 "Wonderful Counselor"로 번역된 것 아닙니까! 심리학과 전혀 관계가 없을 거로 생각했던 예수님이 상담자, 그것도 '놀라운 상담자'시라니요!

둘째는 독어 성경을 접했을 때의 일입니다. 독일 성서공회에서 발간한 현대 독어 성경을 보니, 마태복음 11장 28-30절이 기존에 알던 내용과 다르게 쓰여 있었습니다. 독어 성경에는 사람이 수고하고 무거운 짐을 지는 이유가 "율법학자들이 부과한 계명 때문"이며, 예수께 배우면 "네 삶이 실현된다"라고 분명하게 나옵니다.

두 깨달음을 종합하면 이런 결론이 납니다.

'원더풀 카운슬러이신 예수께 배우면, 내 삶이 실현된다.'

이는 심리학에서 강조하는 '자기실현'과 매우 흡사합니다. 이 과정을 거쳐 신앙과 학문, 복음과 상담, 신학과 심리학이 기존 통념보다 훨씬 가깝다는 것을 깨달았지요. 이분법적으로 나누고 오해하며 갈등하던 마음에 안심과 평안이 찾아왔습니다.

그 후 저는 예수님을 상담자의 관점에서 이해하며 복음서에 등장하는 예수님의 사역을 '현대 심리학적 상담'이라는 시선으로 바라보게 되었습니다. 그러면서 제가 공부하고 있는 상담의 주요 이론과 방법이 정말 예수님이 2,000여 년 전에 이미 사용하신 것임을 알고 깜짝 놀랐습니다.

예수님은 100퍼센트 하나님이십니다. 하나님이신 예수님은 우리의 믿음의 대상입니다. 우리는 그분을 통해서만 구원받을 수 있습니다. 동시에 예수님은 100퍼센트 인간이십니다. 이 세상에 오셔서 우리와 동일한 삶을 사셨습니다. 슬프면 눈물 흘리셨고, 화나면 화내고 욕하셨습니다. 두려우시면 땀이 핏방울로 보일 때까지 절실하게 기도하셨습니다. 우리는 '인간 예수님'의 모습을 배워야 합니다.

예수님은 '놀라운 상담자'이십니다. 우리는 그분에게서 "수고하고 무거운 짐 진 자들아, 다 내게로 오라. 내가 너희를 쉬게 하리라" 말씀하는 놀라운 상담자의 참모습을 배울 수 있습니다. 또한 그분은 어떻게 상담하는지를 직접 보여주셨습니다.

덕분에 예수님에게 상담받은 이들은 모두 즐거워지고 이웃을 진정 사랑하게 되었습니다. 삭개오는 예수님으로부터 "오늘 구원이 이 집에 이르렀다"(눅 19:9)라는 놀라운 말씀도 들었습니다. 단언컨대 우리가 예수님의 상담법을 배우고 실생활에 적용하면 나 자신이 먼저 즐거워지고, 이웃을 사랑할 수 있을 겁니다. 지난 40여 년간 실제 상담 현장에서 적용해 본 결과, 정말 그랬습니다.

이 책은 3부로 구성됩니다. 1부는 놀라운 상담자이신 예수님과 현재 한국 사회와 문화에 대해 다루며, 우리 사회에 상담이 절실히 필요하다는 내용을 담았습니다. 2부는 '참 나'를 회복하는 데 목적을 둔 예수님의 상담법을 성경 속 예화를 통해 살펴보았습니다. 3부는 상담의 구체적 응용법에 대해 다루며, 하나님이 사랑하시는 가정과 교회에 예수님의 상담이 실현되도록 안내합니다.

책에서 예수님을 상담자로 정의하는 것은 신성(神性)을 부인하거나 소위 '역사적 예수'를 논하는 게 아닙니다. 복음서에 나온 예수님의 행적 중 놀라운 상담자이신 그분의 면모를 조명하는 것뿐이지요. 이를 통해 그분께 상담받고, 그 상담법을 익혀 수고하고 무거운 짐에서 벗어나 즐겁게 살아가도록 돕는 구체적 방법을 알아보는 것입니다.

국내외에서 함께 토론하며 귀한 조언을 나눠주신 '상담사역 아카데미 예상'의 목사님, 선교사님, 사모님 그리고 평신도 지도자분들에게 감사드립니다. 이들이 현장에서 사역하며 느낀 기쁨과 슬픔, 보람과 좌절을 진솔하게 나눠주지 않았다면, 이 책이 완성되지 못했을 겁니다.

또한 헌신적인 사랑과 격려로 지지해 준 아내에게 깊은 고마움을 전합니다. 아내 덕분에 이 책을 세상에 내놓을 마음을 먹었습니다. 끝으로 책을 출판해 주신 규장 출판사의 여진구 대표님에게 큰 감사를 드립니다. 좋은 내용으로 다듬어주신 김아진 실장님과 편집팀에게도 고맙습니다.

한성열

차례

기독교와
심리학의 만남

Wonderful Counselor

예수님은
누구신가?

'참 나'를 찾아서

예수님은 하나님이시고 동시에 인간이십니다. 하나님이신 예수님은 우리가 구세주로 믿는 신앙의 대상이시며, 인간으로서의 예수님은 이 땅에서 살아가야 할 모습을 보여주신 분입니다. 배움의 대상이시지요. 우리는 신앙인으로서 그분의 삶을 잘 배워 이 땅에서 그대로 살아가야 할 책무가 있습니다.

이 책에서는 인간이신 예수님을 조명할 겁니다. 인간도 여러 모습이 있지요? 예수님도 마찬가지입니다. 그중에서도 우리는 예수님을 '상담자'라는 측면에서 만나고 배울 것입니다.

먼저 "예수님은 누구신가"라는 질문으로 문을 열어볼게요. 느닷없이 이런 질문을 던지는 게 외람된 일일 수 있습니다. 하지만 가끔은 '내가 믿고 따르는 예수님은 과연 누구신가'라고 자문자답하면서, 현실에서 내가 그러한 예수님을 경험하고 있는지 점검해 보는 것도 신앙생활에 꼭 필요한 과제라고 생각합니다.

결혼한 분들에게 묻습니다. 배우자가 과연 내가 어떤 사람인지를 정확히 알고 있다고 생각하나요, 아니면 잘 모르고 있다고 생각하나요. 결혼생활 햇수와 상관없이 대부분은 "배우자가 나에 대해 잘 모르는 것 같다"라고 답합니다.

절대 부부간 불화를 일으키려고 질문한 건 아니니 오해하지 마세요. 다만 한집에서 수십 년 같이 산 사람도 상대가 과연 누구인지 완전히 알기는 어렵다는 점을 밝히려는 것뿐입니다. 어찌 보면 불가능하지 않을까요.

이는 바꿔 말하면, 상대를 완전히 이해하지 못하기 때문에 미처 몰랐던 점을 발견하면서 사는 거겠지요. 오히려 하나하나 알아가는 게 결혼생활의 재미라는 생각마저 듭니다.

나는 누구인가?

저는 2025년 현재 37년째 교수로 생활하고 있습니다. 지나간 시간을 돌아보면, 기쁘고 보람 있는 일이 많았습니다. 반대로 슬프고, 미안하고, 황당한 일도 있었지요. 그중에서 이번 주제와 관련 있는 몇 가지를 나눠볼까 합니다.

전임 교수가 된 지 1년쯤 지난 1988년, 우리나라에서는 노조가 활성화되기 시작했습니다. 사회적으로 찬반 논쟁이 활발하고 혼란스럽게 이루어질 때였지요.

한번은 은사 교수님 두 분을 모시고 점심을 먹었습니다. 맛

있게 드신 후, 한 교수님이 갑자기 이런 질문을 하셨습니다.

"한 교수는 노조를 어떻게 생각해?"

사실 저는 노동조합과는 전혀 관계없는 분야를 공부했고, 사회적 논쟁에 큰 관심이 없어서 깊이 생각한 적이 없었습니다. 그래서 떠오르는 대로 말했지요.

"노조는 필요한 것 아닌가요? 그래야 노동자들이 정당한 대우를 받을 수 있으니까요."

그러자 은사님이 염려스럽다는 표정으로 뜻밖의 말씀을 하시는 거예요.

"한 교수, 이제 보니 빨갱이네! 교수가 빨갱이니 학생들이 빨갱이가 되지."

깜짝 놀랐습니다. 한 번도 저 자신을 '빨갱이'라고 생각한 적이 없었거든요(과거 일화를 소개하는 것이니 오해하지 말아주세요. 이념적으로 매우 혼란스러운 시절이었어요).

이해를 돕기 위해 제 가족 이야기를 잠깐 하겠습니다. 부모님은 한국전쟁 중 평양에서 남으로 피난 오셨습니다. 특히 부친은 평양에서 신학을 공부하셨기에 김일성의 공산당 치하에서 많은 핍박을 받다가 이후 남한에서 소위 '보수적인 목사'로 사셨지요. 그러니 그 슬하에서 자란 제가 그런 사상을 갖고 있다고 생각해 본 적이 없었어요.

또 하나 가슴 아픈 가족사를 나누자면, 한 분밖에 안 계신 고모님은 평양에서 고등학교를 졸업하시고 서울의 이화여전 보육과를 졸업하셨어요. 그 후 평양에 돌아가 김일성 정권에 반대하는 활동을 하다가 체포되어 옥사(獄死)하셨지요.

다시 말하면, 저는 태생적으로 공산주의자가 되기 어려운 가정환경에서 성장했습니다. 그런데 교수님이 그렇게 말씀하시니 몹시 황당했지만, 반박할 수 없어서 "아, 그런가요?" 하고 넘어갔지요.

그리고 얼마 지나지 않아 한국 사회의 정체성을 놓고 대학가가 혼란스러운 시기에 접어들었습니다. 1980년대 후반에 대학을 다닌 분들은 무슨 말인지 짐작할 거예요.

어느 날, 심리학과 학생 대표가 저를 찾아와 단호하게 말했습니다.

"이제부터 교수님 강의를 거부하겠습니다."

일방적인 통보에 저는 당황했습니다.

'내 강의 내용이 마음에 안 들거나 부족해서 그러나?'

여러 생각이 들었지만, 겉으로는 담담히 이유를 물었습니다. 그러자 학생이 뜻밖의 대답을 하는 거예요.

"교수님은 미제(美帝) 앞잡이기 때문에 강의를 들을 수 없습니다."

아주 당당하게 말하더군요. 저는 안심이 되기도 하고, 흥미도 있어 물어봤어요.

"내가 미제 앞잡이니?"

"선생님은 골수 미제 앞잡이십니다."

"내가 왜 미제 앞잡이니?"

"미제 앞잡이가 되려면 세 가지 요소가 있어야 하는데 선생님은 그 요소를 다 갖추고 있습니다."

그 세 가지는 첫째 미국에서 공부한 것, 둘째 강의 시간에 영어를 많이 사용하는 것, 셋째 기독교인이라는 거였어요. 저는 '기독교인'이 미제 앞잡이의 요소라는 말에 깜짝 놀랐습니다. 덕분에 보름 정도 강의를 할 수 없었지만, 이후 학생 대표가 다시 강의해 달라고 요청해서 못 이기는 척 받아주었습니다.

몇 년 후, 한국 주요 교단의 신학대 교수인 지인이 상담심리학 강의를 한 학기 해달라고 제게 부탁했어요. 앞으로 목사가 될 학생들이 인간의 심리와 상담에 대해 알면 좋겠다고요. 그래서 흔쾌히 "그럽시다, 교회가 인간에 대해 너무 관심이 없는 것 같은데 잘됐습니다"라며 승낙했어요. 그리고 일주일에 한 번씩 신학대에 가서 열심히 강의했습니다. 그런데 하루는 강의실이 텅 비어 있는 거예요.

'이 학교에 특별한 행사가 있거나 개교기념일이라서 휴강하는 날인가?'

이렇게 생각하면서 다른 강의실을 둘러봤어요. 그랬더니 다른 강의실에는 학생들이 빽빽이 앉아 있는 겁니다. 사실 강의실에 들어갔는데 학생이 하나도 없으면 굉장히 당황스럽습니다. 그 이유도 모르면 더 놀라지요.

저는 학생 대표에게 전화했습니다.

"왜 학생들이 한 명도 없나요?"

"교수님 강의를 안 듣기로 결의했습니다."

"왜 제 강의를 안 듣습니까?"

"우리는 신본주의에 근거한 신학을 공부하는 사람들이기 때문에 인본주의를 가르치는 심리학자의 강의는 거부하기로 했습니다."

'연락을 미리 줬으면 아무도 없는 강의실에 오지나 않았을 텐데…. 그리고 목회는 사람을 대상으로 하는 것인데, 사람을 잘 모르면서 어떻게 목회한단 말인가?'

여러 의문과 상념(想念)이 겹쳐서 한동안 텅 빈 강의실에 혼자 있다가 참담한 마음으로 신학대학 교정을 떠났던 기억이 지금도 생생합니다.

교수 생활을 하며 겪은 황당했던 사건을 먼저 소개하는 이유는 저에 관한 판단의 정확성 여부를 말하려는 게 아닙니다. "나는 과연 누구일까"라는 질문을 하고 싶어서입니다.

지금 이 책을 쓰는 한성열은 과연 누구일까요? 어떤 사람은 '빨갱이'라고 하고, 어떤 사람은 '미제 앞잡이', 어떤 사람은 '인본주의자'라고 하면서 저를 거부했는데, 저는 과연 누구일까요? 글쎄요, 저도 제가 누구인지 한마디로 답하기가 어렵네요.

어떤 사안에 대해서는 진보적인 생각이 있기도 하고, 다른 주제에 대해서는 보수적이기도 합니다. 또 미국에 대해 어떤 면에서는 호의적이지만, 다른 면에서는 부정적으로 생각하기도 해요. 또 제가 심리학을 공부하면서 인간 중심 사고를 하는 면이 있는 것은 당연해요. 하지만 신앙인으로서 인간은 심리학이라는 학문만으로 이해할 수 없는, 더 넓고 깊은 존재라는 사실도 깨닫고 있어요.

그럼 저는 누구인가요? 이 정체성에 관한 고민이 지금 이 책을 읽는 당신에게 "예수님은 과연 누구신가요"라는 질문을 던지는 이유입니다.

'나에게' 예수님은 어떤 분인가?

동화 중에 '시각장애인 세 사람이 코끼리를 만지는 이야기'를 들어본 적 있지요? 이빨을 만진 사람은 "코끼리는 크고 매끄러운 무처럼 생겼어"라고 말했고, 귀를 만진 사람은 "큰 부채처럼 생겼어"라고 했고, 다리를 만진 사람은 "큰 기둥처럼 생겼어"라고 했지요. 누가 맞고 누가 틀렸나요?

정답은 '셋 다 맞고, 셋 다 틀렸다'일 겁니다. 마찬가지로 우리도 어떤 대상을 인식할 때, 결국 내가 경험하고 관계했던 부분만을 근거로 마치 대상이 그런 것처럼 정의 내리고 살아가는 건 아닐까요.

예수님과 3년을 동고동락한 제자들도 그분이 어떤 분인지 정확히 모르고 있었습니다. 그러니 예수님이 제일 괴로우실 때 배반하고 도망쳤지요. 하물며 그분과 함께 살아본 적도 없는 우리는 어떻겠어요.

그렇지만 우리는 예수님이 어떤 분이신지를 나름대로 정의해야만 하고, 또 암암리에 정의하고 있어요. 이런 과정 없이는 그분과 인격적인 관계를 맺을 수 없기 때문입니다. 만약 예수님을 머릿속으로 그려보는 추상적인 존재로만 알고, 2,000년 전에 사셨던 인물로만 안다면 어떻게 그분과 구체적이고 현실적인 관계를 맺을 수가 있겠어요!

그래서 불가능한 걸 알면서도, 내가 아는 게 극히 일부인 줄 알면서도, 우리는 예수님이 어떤 분인지 질문하고 답해야만 합니다. 그래야 인격적 관계를 맺을 수 있으니까요.

그분에 대한 정의에 따라 그분과 관계 맺는 양상이 달라집니다. 예를 들어 저를 빨갱이, 미제 앞잡이, 인본주의자로 여기는 사람이 각각 저를 대하는 태도가 다르지 않겠습니까.

물론 '예수님은 이런 분이다'라고 정의를 내려도, 살아가는 동안 예수님의 다른 성품을 경험할 수 있습니다. 그러면 기존의 이해가 변화하겠지요. 이처럼 예수님과 끊임없이 관계 맺으며 그분에 관한 생각과 경험이 변화하는 것이야말로 우리의 신앙 여정이 아닐까요.

바티칸시국의 시스티나성당(Cappella Sistina)은 미켈란젤로가 그린 천장화 〈천지창조〉로 유명합니다. 그 백미는 가운데 있는 〈아담의 창조〉입니다. 이 그림에는 누구도 본 적 없는 두 존재, 하나님과 아담이 그려져 있습니다. 하나님은 오른팔을 뻗어 생명의 불꽃을 아담에게 전달하시고, 아담은 왼팔을 뻗어 그 불꽃을 받지요(저는 미술에 문외한이기에 이 명화의 예술적 가치를 논하는 건 아닙니다).

이 그림에서 제가 주목하는 건 '하나님과 아담의 형상'입니다. 누구도 하나님을 뵌 적이 없습니다. 하나님과 직접 대화한 최초의 인간 아담도 동산에 거니시는 하나님의 소리만 들었을 뿐입니다. 출애굽을 이끈 선지자 모세도 불타는 떨기나무 앞에서 하나님의 음성만을 들었습니다.

물론 미켈란젤로도 하나님을 직접 뵌 적이 없습니다. 하지만 천장화에 하나님의 형상을 그려야 했습니다. 그래야만 아담의 형상도 그릴 수 있으니까요. 그는 이 막중한 임무를 회피하지 않았습니다. 하나님의 뒷모습 혹은 손등 일부만 그린 게 아니라 그분 전체를 형상화했지요.

우리는 미켈란젤로에게 '하나님이 정말 그렇게 생기셨냐'고 물을 수 없습니다. 인간은 누구도 하나님의 형상을 정확하게 그릴 수 없지요. 하지만 그려야 합니다. 그래야 아담을 그릴 수 있고, 그 후예인 우리와 인격적 만남을 갖는 하나님을 구체적으로 형상화할 수 있기 때문이지요.

미켈란젤로뿐 아니라 많은 화가가 하나님의 형상을 그렸으나 그 결과물은 서로 다릅니다. 그렇다고 어느 화가가 정확히 그렸는지 따지는 건 무의미하지요. 그 누구도 정확하지 않다는 답을 이미 알고 있기 때문입니다. 어느 화가도 하나님을 정확히 그리지는 못했지만, 동시에 하나님을 정확히 그린 것이라고 할 수도 있습니다. 앞서 말한 '코끼리 동화'처럼 말입니다.

우리가 하나님과 예수님의 성품 일부만을 알고 있는 것처럼 그림 속 하나님의 형상은 화가가 인격적으로 만난 그분의 모습일 뿐입니다. 아마 그는 상상 속 그 형상과 대화하면서 그림을 완성했을 겁니다.

　신학적이고 교리적인 측면을 벗어나 하나님과 인격적 관계를 맺는 측면에서 본다면, 하나님이신 예수님이 인간의 몸으로 이 땅에 오신 것도 같은 효과를 지닌 것 아닐까요. 미켈란젤로가 아무리 하나님을 잘 그렸다 해도 그것은 상상에 불과합니다. 하지만 하나님이 직접 사람으로 오신다면 이야기가 달라지지요.

　누구도 뵌 적이 없는 하나님과 인격적 관계를 맺는 건 불가능해요. 하지만 하나님의 형상대로 창조된 인간의 모습으로 오신 예수님과는 인격적 관계를 맺을 수 있었습니다. 제자들은 3년 동안 그분과 함께 지내는 큰 기회를 얻었지요.

　마태복음 16장 13-19절을 보면, 예수님이 한때 제자들에게 물으셨습니다.

　"사람들이 나를 누구라고 하느냐?"

　그러자 제자들이 시중에 떠도는 소문으로 답했습니다.

　"어떤 사람은 세례 요한이라고 하고, 어떤 사람은 엘리야라고 하고, 또 어떤 사람은 예레미야나 예언자 중 한 사람이라고 합니다."

　이에 예수님은 구체적으로 다시 물으셨습니다.

　"그러면 너희는 나를 누구라고 생각하느냐?"

　"너희에게 나는 누구냐"라고 구체적인 정의를 물어보신 겁니다. 그러자 베드로가 대답했습니다.

　"주님은 그리스도시며 살아계신 하나님의 아들이십니다."

그랬더니 예수님이 기뻐하시며 베드로에게 막중한 임무와 권세를 주셨습니다.

"요나의 아들 시몬아, 너는 행복한 사람이다. 이것을 너에게 알리신 분은 사람이 아니라 하늘에 계시는 내 아버지시다. 너는 베드로다. 내가 이 반석 위에 내 교회를 세우겠다. 지옥의 권세가 이기지 못할 것이다. 내가 하늘나라의 열쇠를 너에게 주겠다. 네가 무엇이든지 땅에서 매면 하늘에서도 매일 것이며 땅에서 풀면 하늘에서도 풀릴 것이다."

예수님은 다른 사람의 대답이나 추상적인 답을 원하지 않으셨어요. 제자들과 인격적 관계를 맺고 싶어 하셨지요. 우리에게도 마찬가지입니다. 우리는 예수님과 인격적 관계를 맺기 위해 "내게 예수님은 이런 분입니다"라고 구체적으로 답해야 해요.

30여 년 전 제게 이런저런 이름을 붙여준 사람들이 오늘의 저를 보고도 같은 생각을 할지는 모르겠습니다. 하지만 변했기를 바랍니다. 왜냐하면 그때의 저와 지금의 제가 여러 면에서 많이 달라졌다고 생각하거든요. 앞으로도 계속 변할 겁니다. 그들 역시 많이 달라졌을 테지요.

저를 "빨갱이"라고 하신 교수님은 이미 소천하셨고, "미제 앞잡이", "인본주의자"라고 규정했던 학생들도 중년이 되었을 겁니다. 하지만 저에 대한 평가는 그들의 몫이니 바꿔달라고 요구하기는 어렵겠지요.

— chap.2 —

예수님은
원더풀 카운슬러

스스로 있는 자

창세기를 보면, 의미심장한 구절이 나옵니다.

> 여호와 하나님이 흙으로 각종 들짐승과 공중의 각종 새를 지으시
> 고 아담이 무엇이라고 부르나 보시려고 그것들을 그에게로 이끌
> 어 가시니 아담이 각 생물을 부르는 것이 곧 그 이름이 되었더라
> 창 2:19

이름을 짓는다는 건 굉장히 중요한 의미가 있습니다. 이름을 짓기 전까지는 그저 한 존재에 불과하지만, 이름을 짓게 되면 구체적인 대상으로 변하기 때문입니다. 그래서 학자에게도 자신이 연구하는 개념이나 대상에 이름을 붙이는 것, 즉 정의(定義) 내리는 게 매우 중요합니다. 정의를 통해 규정하면, 그 때부터 구체적인 연구 대상이 생깁니다. 이름을 갖는 순간 특정한 존재가 생겨나는 거지요. 따라서 이름 붙이는 사람이 이

름 붙여준 대상을 존재하게 하고 지배하게 됩니다.

그런데 하나님이 유독 한 대상에게만은 이름을 붙이면 안 된다고 명령하셨어요. 모세와의 아주 유명한 대화에서 말이지요 (출 3:10-14). 하나님이 모세에게 "내가 너를 바로에게 보내 내 백성을 이집트에서 인도해 내도록 하겠다"라고 말씀하시자 모세가 말합니다.

"만일 제가 이스라엘 자손에게 가서 '너희 조상의 하나님이 나를 너희에게 보내셨다'라고 하면, 그들이 제게 '그의 이름이 무엇이냐' 하고 물을 텐데, 제가 뭐라고 대답해야 합니까?"

여호와의 이름을 알려달라고 은근히 요구합니다. 그때 하나님께서는 이렇게 거부하시지요.

"나는 스스로 있는 자다. 너는 이스라엘 자손에게 이르기를 '스스로 있는 자가 나를 너희에게 보내셨다' 하여라."

하나님은 "스스로 있는" 분입니다. 그 유명한 "에고 에이미"(ἐγώ εἰμί), "나는 나다"(I am who I am)라는 명언을 남기셨지요. 그분은 존재하기 위해 누군가가 이름을 지어줄 필요가 없는 분입니다. 왜냐하면 스스로 존재하시기 때문입니다.

이제 '이름 붙이는 것'의 의미를 확실히 알겠지요. 우리가 "하나님은 이런 분이시다"라고 말하는 순간, 하나님은 이미 그런 분이 아니십니다. 그분은 우리의 제한된 인지 능력으로 알 수 있는 분이 아니기 때문입니다. 그래서 이름이 없으십니다. 이름으로 규정할 수 없는 분이기 때문이지요. 하나님을 '망령되게'

부르면 안 되는 이유가 여기 있습니다. 생각하면 할수록 아주 심오한 말씀이지요. 사실 하나님은 우리가 정확히 알 수 없는 분이며, 그분이 자신을 우리에게 계시하시는 만큼, 우리가 이해하는 만큼만 알 수 있는 분입니다.

그러나 앞서 살펴보았듯이 그분이 누구인지 구체적으로 정의 내리지 않으면 그분을 인격적으로 만날 수 없습니다. 그분과 인격적 관계를 맺기 위해서는 그분에 대한 나름의 정의를 내려야 하지요. 그에 따라 그분과 우리의 관계가 달라집니다. 그래서 예수님이 누구신지를, 나는 그분을 어떤 분으로 알고 있는지를 계속 생각해 볼 필요가 있습니다.

놀라운 상담자, 예수님

구약의 창세기부터 신약의 요한계시록까지 성경은 예수님이 어떤 분인지를 설명합니다. 그중 비교적 다양한 측면에서 자세히 알려주는 구절이 이사야서 9장 6절입니다.

> 이는 한 아기가 우리에게 났고 한 아들을 우리에게 주신 바 되었는데 그의 어깨에는 정사를 메었고 그의 이름은 **기묘자**라, **모사**라, **전능하신 하나님**이라, **영존하시는 아버지**라, **평강의 왕**이라 할 것임이라

이사야 선지자는 앞으로 오실 메시아가 어떤 사역을 하시

며, 어떤 특성을 가진 분인지를 자세히 설명합니다. 첫째로 그 분은 "기묘자, 모사"십니다. 둘째로 "전능하신 하나님"이시고, 셋째로 "영존하시는 아버지"시며, 마지막으로 "평강의 왕"이십니다. 그런데 개역개정판에는 "기묘자라, 모사라"라고 쓰여 있어서 둘을 예수님의 각기 다른 속성으로 오해하기 쉽습니다.

그러나 후에 번역된 다른 성경에 "놀라우신 조언자"(새번역) 또는 "위대한 스승"(현대인의성경)으로 바뀐 것을 보면 "기묘자이신 모사"로 번역하는 것이 더 자연스럽습니다. 그렇게 해야 "전능하신 하나님", "영존하시는 아버지", "평강의 왕"과 같이 앞에 수식어가 있는 동일한 형식이 됩니다.

하지만 "기묘자이신 모사"도 쉽게 이해되지 않을 수 있습니다. 왜냐하면 '기묘자'라는 단어는 일상에서 거의 쓰지 않고, '모사'도 부정적 이미지가 강하기 때문이지요.

당신은 이사야 선지자가 소개한 예수님의 네 가지 이름 중 무엇을 가장 좋아하나요? 내가 관계 맺고 있는 예수님의 특성을 하나만 고른다면, 무엇을 고르겠어요?

① 기묘자이신 모사   ② 전능하신 하나님

③ 영존하시는 아버지   ④ 평강의 왕

물론 네 가지 모두 예수님이십니다. 그래도 더 친숙하거나 더 좋아하는 예수님의 모습을 하나 골라보세요.

자, 어떤 예수님을 골랐나요? 국내는 물론이고 해외에서 신

앙생활 하는 사람들까지도 거의 같은 대답을 합니다. 바로
"전능하신 하나님"이지요. 그다음 "평강의 왕", "영존하시는
아버지" 순으로 답합니다. 언제, 어디서, 어떤 사람에게 질문해
도 "기묘자이신 모사"를 고르는 사람은 거의 없었습니다. 어떤
집회에서는 한 사람도 없었어요. 신기하지요!

만일 1번을 골랐다면, 참 독특한 분이라 생각합니다. 왜
기묘자이신 모사인 예수님은 기독교인에게 인기가 없는지 잘
모르겠습니다.

모태에서부터 시작한 제 신앙생활을 돌이켜보면, 교회학교
에 다닐 때부터 지금까지 들었던 수많은 설교와 읽어온 기독
서적에 예수님을 '기묘자이신 모사', '놀라운 상담자'로 소개한
대목이 거의 없었습니다. 예수님이 하신 상담에 대해 알려준 설
교나 서적도요. 물론 제가 보고 들은 것이 적은 탓이기도 하겠
지만요.

그래서 저는 기묘자이신 모사, 즉 놀라운 상담자이신 예수
님을 소개하려 합니다. 기독교인뿐 아니라 이 시대를 살아가
는 모든 사람에게 그분의 이러한 성품이 정말 필요하다고 생각
합니다. 더 솔직히 말하면, 제가 기묘자이신 모사로서의 예수
님을 제일 좋아합니다. 지금부터의 내용은, 그 이유에 대한 고
백이 될지도 모르겠습니다.

물론 전능하신 하나님, 영존하시는 아버지, 평강의 왕으로
서의 예수님이 중요하지 않다는 말은 절대 아닙니다. 다만 이
런 예수님은 이미 교회에서 많이 배우고, 실제로도 믿고 있을

것이기에 굳이 이 책에서 얘기하지 않겠습니다.

그런데 왜 기묘자이신 모사로서의 예수님에 대한 소개가 많지 않을까요? 저는 목회자나 신학자가 아니기에 잘 모릅니다. 그러나 "기묘자이신 모사"라는 말 자체가 주는 느낌이 다른 이름에 비해 다소 부정적이고 격이 떨어지는 듯한 느낌이 들어 충분히 소개되지 않은 것 아닐까 추측해 봅니다.

또는 예수님은 하나님이시며 동시에 인간이시지만, 우리가 하나님으로서의 예수님만 좋아하고 인간으로서의 예수님에게는 별로 관심이 없는 것 아닐까요. 앞서 말했듯이, 신본주의와 인본주의를 엄격히 구분하여, 예수님을 하나님으로 믿고 구원받는 것에만 관심을 두고, 인간으로서 예수님이 어떻게 사셨는지를 배우고 닮아가려는 노력은 간과하는 것 아닐지요.

"기묘자이신 모사"라는 말을 들으면 느낌이 어떤가요? 우선 '기묘자'라는 용어를 일상에서 쓰질 않아요. 부부간에도 "당신, 정말 기묘자야!"라고 말하지 않잖아요. '모사'(謀士)라는 단어는 가끔 씁니다. 그 사전적 의미는 "꾀를 써서 일이 잘 이루어지게 되도록 하는 사람"이에요. 그러나 대부분 뒤에 '꾼'을 붙여 사용합니다.

"그 사람, 가까이하지 마. 모사꾼이야."

대개 명사 뒤에 접미사 '꾼'이 붙는 것치고 바람직한 단어가 별로 없지 않나요. '꾼'의 사전적 의미는 "어떤 일, 특히 즐기는 방면의 일에 능숙한 사람을 낮잡아 이르는 말"입니다. '꾼'이 붙으면 낮잡아 이르는 말이 돼요.

제일 많이 떠오르는 게 '사기꾼'일 거예요. 또는 주정꾼, 노름꾼, 난봉꾼 같은 표현도 있지요. 물론 장사꾼, 사냥꾼 등 중립적 의미를 지닌 단어도 있습니다. 하지만 대체로 부정적 뉘앙스를 풍기기에 '기묘자이신 모사'라고 하면 '아니, 예수님이 기묘하게 잔꾀나 부리는 사람이란 말인가' 하고 느끼게 합니다. 그로 인해 한국 교회에서 상대적으로 덜 중요하게 취급한 게 아닐까요. 제 주관적 생각에 불과하지만, 아주 틀린 건 아니라고 생각하는 이유가, 다양한 번역 때문입니다.

현재 한국 교회는 대부분 1998년에 번역된 개역개정판을 사용합니다. 이 외에도 여러 역본이 출간되었습니다. 그런데 예수님에 대한 네 가지 소개 중 "기묘자, 모사"라는 대목만 역본에 따라 다릅니다. 예를 들면, 공동번역성서 개정판에는 "탁월한 경륜가", 새번역에는 "놀라우신 조언자", 현대인의성경에는 "위대한 스승"으로 번역했어요. 다른 부분은 동일한데, 왜 이 대목만 역본에 따라 다를까요? 아마도 시대가 변하면서 번역도 변화하는 다층적 함의가 있는 용어로 볼 수 있겠지요. 또는 역자의 해석에 따라 다르게 번역했을 수도 있습니다.

"기묘자"의 히브리 원어는 '펠레'(פֶּלֶא)인데 '놀라운, 초자연적인, 기적'이라는 뜻입니다. "모사"로 번역된 '야아츠'(יָעַץ)는 '조언하다, 제안하다'라는 의미지요. 이 두 단어를 합치면 '놀라운 조언자'라고 해석하는 게 제일 무난합니다.

하지만 흥미롭게도, 여러 역본의 영어 성경에는 이 구절이 "Wonderful Counselor", 한 가지 표현으로 통일되어 있습니다. 'wonderful'은 '놀라운, 뛰어난, 탁월한, 위대한' 등으로 번역할 수 있고, 'counselor'는 '상담자'가 제일 적합한 번역이지요.

과거에는 단어가 분화되지 않아서 한 단어가 여러 유사한 뜻으로 쓰였습니다. 'counselor'도 '고문(顧問), 조언자, 변호사, 교도 교사'를 지칭할 때 쓰였고, 여전히 드물기는 하지만 '변호사'의 의미로 쓰이기도 합니다. 지금은 각 의미에 맞게 고문은 'consultant', 조언자는 'advisor', 변호사는 'lawyer'로 쓰는 게 일반적이지요. 그러니 "Wonderful Counselor"는 '놀라운 상담자'가 제일 무난한 번역일 겁니다.

이사야 선지자가 예수님이 태어나시기 700여 년 전에 앞으로 오실 메시아의 첫 번째 역할이 '놀라운 상담자'라고 알려준 거예요. 정말 '놀라운' 소개 아닌가요!

너희를 쉬게 하리라

성경에 예수님이 직접 자신을 '상담자'라고 천명하시는 대목이 있습니다.

> 내가 아버지께 구하겠으니 그가 **또 다른 보혜사**를 너희에게 주사 영원토록 너희와 함께 있게 하리니 요 14:16

예수님은 자신이 보혜사신데, "또 다른 보혜사"를 보내주겠다고 하셨어요. 바로 '성령님'입니다. '보혜사'(保惠師)도 일상에서 잘 쓰지 않는 단어입니다. 지킬 보, 은혜 혜, 스승 사. 직역하면 '보살피고 은혜 베푸시는 스승'이지요.

그러면서 예수님은 보혜사인 성령님의 역할을 소개하십니다.

> 보혜사 곧 아버지께서 내 이름으로 보내실 성령 그가 너희에게 모든 것을 가르치고 내가 너희에게 말한 모든 것을 생각나게 하리라
> 요 14:26

보혜사의 헬라어는 '파라클레토스'($\pi\alpha\rho\acute{\alpha}\kappa\lambda\eta\tau\sigma\varsigma$, parakletos)로 '옆에'라는 뜻인 '파라'(para)와 '부르다'라는 뜻인 '클레토스'(kletos)의 합성어입니다. '옆에 불린 자'라는 뜻이지요. 영어로는 'paraclete'이며 그 뜻은 '상담자, 대변자, 변호사, 중재자, 위로자'입니다. 한글 성경에는 보혜사 외에 "협조자"(공동번역)로도 번역되었습니다. 영어 성경에는 "Counselor"(상담자, RSV), "Comforter"(위로자, KJV), "Helper"(돕는 자, NASB), "Advocate"(변호자, NIV·NRSV) 등으로 번역되었지요.

이 중에서 '상담자'라고 이해하는 것이 제일 적합할 것 같습니다. 왜냐하면 이 말 안에는 '위로자, 협조자, 돕는 자, 변호자'라는 의미가 다 포함되어 있기 때문이지요.

저는 놀라운 상담자(Wonderful Counselor)이신 예수님을 참 좋아합니다. 이유는 많습니다. 제가 가르치는 대표 과목이 '상

담심리학'입니다. 저는 평생 상담심리를 공부하고 가르쳤으며 현장에서 직접 상담해 왔습니다. 그러니 놀라운 상담자이신 예수님을 좋아하는 건 당연하지요. 그분께 배울 게 얼마나 많겠습니까! 이건 심리학자로서 큰 기쁨이자 영광입니다.

게다가 한평생 신앙인으로서 놀라운 상담자와 함께 사는 것이 얼마나 든든하고 신나는 일인가요! 많은 분이 상담자도 상담을 받는지 궁금해합니다. 거의 매일 내담자의 가슴 아픈 사연을 듣고 같이 울고 웃으면서 힘든 일이 왜 없겠습니까. 전문 분야가 상담일 뿐 다른 면에서는 일반인과 똑같지요. 그래서 저도 동료 상담자에게 상담받기도 합니다. 하지만 그 누구보다 놀라운 상담자에게 상담받을 수 있어 얼마나 좋은지 모릅니다!

외람되지만, 저는 상담심리학자로서 인간이신 예수님과 '상담자'라는 공통점이 있습니다. 뒤에 자세히 설명하겠지만, 현대 상담심리학은 예수님에게 빚진 것이 많습니다. 예수님의 상담 철학과 방법에 그 기원이 있다고 해도 과언이 아니지요. 이미 2,000년 전에 놀라운 상담자로 활동하신 예수님에게 겨우 150여 년의 역사를 가진 현대 상담심리학이 큰 도움을 받은 건 지극히 당연합니다.

그러나 신앙인들은 심리학을 인본주의라며 백안시(白眼視)하고, 심리학자들은 신앙이 학문의 영역이 아니기에 관심을 두지 않습니다. 하지만 놀라운 상담자이신 예수님을 연결고리로 삼고, 상대를 인정하고 도움을 받는다면 자기 영역의 한계를 극복하고 더 많은 사람을 효과적으로 도울 수 있지 않을까요. 기독교 신앙을 가진 상담심리학자로서 이 두 영역이 서로 보완하며 조화를 이루는 데 작게나마 이바지할 수 있다면 큰 기쁨이겠습니다.

예수님은 과연 어떤 상담을 해주실까요? '상담의 정의는 상담학자만큼 있다'라는 우스갯소리가 있습니다. 따라서 예수님의 상담을 이해하기 위해서는 그분이 내린 상담의 정의부터 살펴봐야 하지요.

예수님은 마태복음에서 자신의 상담이 어떤 것인지, 그 목표가 무엇인지를 정확하게 정의 내려주셨습니다.

수고하고 무거운 짐 진 자들아 다 내게로 오라 내가 너희를 쉬게 하리라 나는 마음이 온유하고 겸손하니 나의 멍에를 메고 내게 배우라 그리하면 너희 마음이 쉼을 얻으리니 이는 내 멍에는 쉽고 내 짐은 가벼움이라 하시니라 마 11:28-30

아! 언제 들어도 가슴 뭉클한 말씀입니다. 예수님은 "수고하고 무거운 짐 진 자들"에게 관심을 두셨습니다. 그분의 상담 사역의 본질은 "내가 너희를 쉬게 하리라"였지요. 예수님은 고아와 과부, 힘들고 천대받는 사람들의 친구이시며, 수고하고 무거운 짐을 진 이들을 위한 상담자이십니다.

우리는 무거운 짐 때문에 수고하며 살아갑니다. 짐이 없는 사람은 한 사람도 없을 겁니다. 정도의 차이가 있거나 원인이 다를 뿐, 모두 무거운 짐을 지고 살아가지요. 이들을 쉬게 하는 활동이 바로 '상담'(相談)입니다. 지난 몇십 년간 상담의 수많은 정의를 접했지만, 예수님이 내리신 정의가 제일 분명하고 확실하다고 생각합니다.

늘봄 전영택 목사님이 작사했고, 숙명여대 작곡과 교수를 역임한 구두회 장로님이 작곡한 찬송가 〈사철에 봄바람 불어 잇고〉 1절에 이런 가사가 있습니다.

"우리 집 즐거운 동산이라~ 고마워라 임마누엘~ 예수만 섬기는 우리 집."

찬송가 〈내 영혼이 은총 입어〉에는 이런 가사가 있지요.

"주 예수와 동행하니 그 어디나 하늘나라~"

왜 예수님만 섬기는 우리 집이 즐거운 동산이 되고, 예수님과 동행하면 그 어디나 하늘나라가 될까요?

이 땅을 살아가는 한 우리는 수고하고 무거운 짐을 질 수밖에 없습니다. 하지만 뛰어난 상담자, 예수 그리스도와 24시간 동행하면 괴로울 때 즉시 상담받고 쉼과 평안을 누릴 수 있지요. 그래서 언제 어디서나 하늘나라에 살 수 있는 겁니다.

상담이 절실히
필요한 시대

흔들리는 삶

현대를 어떤 시대라고 정의할 수 있을까요. 저는 '상담이 절실히 필요한 시대'라고 하겠습니다. 상담이란 용어가 여기저기 널리 회자되는 걸 봐도 분명하지요.

요즘 우리 주위에는 마음이 힘들고, 우울한 사람이 많습니다. 그렇지 않아도 사는 게 힘든데, 불과 몇 년 전에는 '코로나19'라는 듣도 보도 못한 바이러스가 전 세계적으로 유행하는 바람에 일상의 리듬이 깨지고 매우 혼란스러운 시대를 살았지요. 이제 겨우 일상을 회복했지만, 아마도 그 전으로 완전히 돌아가기 어려울 만큼 코로나 팬데믹이 우리 삶에 끼친 영향은 막대합니다. 저도 30년 넘게 대학이나 여러 모임에서 강의했는데, 3년 가까이 비대면 강의를 한 것은 처음이었습니다. 덕분에 이제는 비대면 강의나 모임이 익숙해졌지요.

이처럼 이 시대는 너무나 많은 변화가 일어나고 있습니다. 지금까지 살아온 삶의 양식이 근본부터 흔들리고 있지요. 빠른 변화 속도에 효과적으로 대응할 수 없어서 불안하기도 합니다. 아마 대부분 그럴 거로 생각합니다.

물론 이전에는 행복하고 즐거웠다는 게 아닙니다. 삶에는 늘 고난과 고통이 있지요. 창세기를 보면, 아담과 하와가 하나님의 명령을 어기고 선악과를 따먹은 후 인간은 실낙원(失樂園)의 시대로 들어갑니다. 남자는 평생 얼굴에 땀을 흘려야 그 소산을 얻을 수 있는 노동의 고통을, 여자는 수고해야 자식을 낳는 해산의 고통을 갖고 살아가게 되었지요(창 3:16-19).

사실 그 후로 고통의 원인이 다양해졌을 뿐이지, 우리는 세상 끝날까지 계속 고생스럽게 살 수밖에 없습니다. 그래서 우리에게 하나님을 향한 믿음이 필요한 겁니다. 믿음을 통해 에덴동산으로 돌아감으로써(다시 하나님과 하나가 됨으로써) 비로소 평안을 느끼게 되니까요.

현재 우리나라는 경제적으로 세계 10위권 안팎의 국가로 성장했습니다. 그런데 그만큼 우리 마음도 편해졌을까요? 기쁨의 찬송이 터져 나오는 삶을 살아가고 있나요? 아니요. 오히려 경제적으로 어려웠던 시절보다 훨씬 불안하고 우울하게 살고 있다고 생각합니다.

2003년 한국자살예방협회 창립 당시, 저는 이사로 참여했습니다. 자살은 경제적 요인 외에도 다양한 요인이 복합적으로 관여된 행동입니다. 우리나라는 경제협력개발기구(OECD) 회원국 중 자살률이 제일 높고, 생활 만족도가 매우 낮은 편에 속합니다. 그동안 정부와 한국자살예방협회 같은 전문가 단체 그리고 한국생명의전화 같은 상담단체에서도 자살을 줄이려고 큰 노력을 해왔습니다. 그 결과 자살률이 조금 줄었지만, 여전히 매우 높은 축에 속합니다.

언뜻 먹고살기 힘들어서 자살한다고 생각하기 쉬운데 실은 그렇지 않습니다. 세계적으로 복지제도가 잘되어 있는 나라도 자살률이 높습니다. 우리나라도 한국전쟁 당시 피난 와서 먹고살기 힘들 때는 자살률이 낮았습니다. 오히려 경제적으로 나아진 시기에 자살률이 높아졌어요. 단순히 먹고사는 문제만 해결된다고 삶이 행복한 건 아니라는 사실이 여러 간접적인 통계로 밝혀졌지요.

요즘 목사님이나 교회학교 선생님들이 염려하는 게 있습니다. 바로 청년이 교회를 떠나고, 교회학교 아이들이 줄어든다는 거예요. 전반적인 인구 감소로 나타나는 현상으로 이해할 수도 있지만, 과연 교회가 오늘날 수고하고 무거운 짐을 진 이들에게 심리적, 영적으로 적절한 도움을 주고 있는지 돌아볼 필요가 있습니다.

청년들에게 교회에 와서 가장 얻고 싶은 것을 조사한 결과, 1위가 '마음의 평안'이었다고 합니다. 이를 뒤집어 말하면, 삶이 매우 힘들고 불안하다는 것이겠지요. 그와 동시에 청년들이 교회를 떠난다는 것은 평안을 얻지 못함을 의미하겠지요.

왜 현대사회에 접어들어 우리 마음이 더 힘들어졌을까요?

마음이 편하려면 어떤 노력을 해야 할까요? 이 절박한 질문을 더 이상 미뤄서는 안 됩니다. 예전처럼 교회가 한국 사회를 선두에서 이끄는 귀한 사역을 지속하기 위해서는, 이 문제의 해결이 매우 중요한 과제일 겁니다.

이 과제를 해결할 때, 한국 교회는 또 한 번 부흥의 시즌을 맞이할 겁니다. 또한 교회만이 이 문제를 효과적으로 해결할 수 있습니다. 교회의 머리이신 예수님이 바로 놀라운 상담자시기 때문이지요.

가장 가깝지만 가장 먼 관계

오늘날 가정생활의 어려움을 토로하는 이들이 많습니다. 평균 결혼 연령이 점차 늦춰질 뿐 아니라 결혼 자체를 안 하겠다는 청년들, 결혼은 해도 자녀를 낳지 않는 부부가 늘었습니다. 왜일까요?

한국문화의 특성을 한마디로 요약하면 '가족 중심' 문화입니다. 한국인에게 가족이 어떤 의미인지 모르면 한국문화를 이해하기 어렵지요. 우리는 전 국민을 '가족화'해야만 마음이 놓이는 민족입니다.

예를 들면, 우리는 나이가 들어 보이는 남자 어른에게 비록 처음 봐도 '아저씨'라고 부르고, 여자 어른에게는 '아주머니'라고 부릅니다. 사실 이건 친족끼리 쓰는 호칭입니다. 그런데 우리는 생면부지의 사람에게도 이렇게 부르는 것이 아주 자연스럽고 당연합니다. 오히려 "저기요"라고 부르면 결례가 될 수 있지요. 또 예의를 차린다고 "선생님" 혹은 "여사님"이라고 부르면 어색합니다.

식당이나 카페, 백화점 등에서 우리를 도와주는 사람을 부를 때도 마찬가지입니다. 나이 많은 여성이면 '이모'라고 부르고, 미혼으로 보이는 여성에게는 '언니'나 '누나'라고 부르잖아요. 또 많은 어머니가 자녀에게 본인의 친구를 '이모'라고 소개합니다. 이 모든 게 가족끼리 부르는 용어입니다. 엄밀히 따지면, 아무한테나 사용하면 안 되는 호칭이지요.

이런 현상을 보면 한국인이 얼마나 가족 관계를 좋아하고 중시하는지를 알 수 있습니다. 아마 전 국민을 친척화, 가족화하길 좋아하는 나라는 한국밖에 없을 겁니다.

게다가 우리는 '가족'이라는 단어도 아주 좋아합니다. 가족은 영어로 'family'입니다. 미국 영화를 보면 마피아 같은 폭력 조직을 'family'라고 부릅니다. 제45회 아카데미 시상식에서 작품상, 남우주연상, 각색상 등을 수상하며 공전의 히트를 기록한 영화 〈대부〉(1973)에서 주인공은 마피아 조직인 '돈 코를레오네 패밀리'의 두목이지요. 대부의 역할은 같은 패밀리의 어려움을 해결해 주는 것입니다. 미국적 사고방식으로 바라본다면, 한국은 온 국민이 마피아 조직원이 되는 겁니다.

한국인이 가족을 중시하는 또 다른 예를 가훈(家訓)에서도 찾을 수 있어요. 여전히 많은 가정에서 거실에 가훈을 걸어두거나 붙여놓습니다(기독교인은 좋아하는 성경 구절을 가훈으로 삼기도 하지요). 그중 '가화만사성'(家和萬事成)이 참 많습니다. 집안이 화목하면 만사가 잘 이뤄진다는 뜻으로, 그만큼 가족의 화목을 중시하는 가훈이지요. '소문만복래'(笑門萬福來)도 많은데, 웃는 집에는 만복이 들어온다는 뜻으로 가족이 화목하고 웃어야 함을 강조하는 가훈입니다.

하지만 실제로 이렇게 소중한 가족이 즐겁게 담소를 나누는 모습을 자주 볼 수 있나요? 당신의 가족은 어떤 모습인가요. 흩어져 살던 가족이 오랜만에 명절 때 모이면 어떤가요. 남자들은 따로 모여 화투를 치거나 술을 마시고, 여자들은 부엌에서 음식을 준비하며 따로 이야기를 나누지 않나요. 자녀들은 방에서 따로 놀고요.

온통 '따로' 가족입니다. 온 가족이 모여 같은 활동을 하거나 담소를 나누는 단란한 집이 얼마나 되나요?

가족을 중시하고 가족의 화목을 강조하면서, 실상 가족끼리는 속 깊은 대화를 별로 나누지 않습니다. 일상적이고 상투적인 이야기만 하다가 다음 만남을 기약하고 헤어집니다. 속마음이야 다르겠지만 겉으로는 별로 친밀하지 않고, 오히려 함께 있으면 어색해하는 가정도 많습니다. 신기한 일입니다.

부부간에도 평소에는 속마음을 잘 표현하지 않습니다. "사랑해." 이런 말을 굉장히 쑥스러워합니다. 특히 남편들은 더 그렇지요. 아내가 "당신, 나 사랑해요?"라고 물으면, "얘기 안

하면 몰라?"라고 퉁명스럽게 핀잔주기 일쑤입니다. "당신을 많이 사랑해"라고 한마디만 하면, 그동안 쌓였던 자잘한 불만이 눈 녹듯 사라질 텐데 말이지요. 이는 감정을 이야기하는 것을 남자답지 못하다고 생각하기 때문입니다.

자녀와도 "학교 잘 다니냐", "성적은 요즘 어떠냐", "학원 잘 갔다 왔냐" 등의 사무적인 질문만 합니다. 정작 자녀가 어떤 생각을 하고, 어떤 마음으로 지내는지를 묻는 친밀한 대화는 하지 않지요. 참 모순입니다. 가족 중심 문화에서 실제로는 살가운 관계를 맺지 않고 살아가니까요.

아버지들은 가족을 위해 밖에서 온갖 힘듦을 참아가며 열심히 일하는데, 막상 가족이 모이면 별로 즐겁지 않은 것이 한국 문화의 특성이자 이중성입니다.

만일 퇴직이나 여러 이유로 가족이 집에서 함께 지내는 시간이 많아지면 어떨까요? 원래 친밀한 사이면 더 친밀해지지만, 그렇지 않으면 더 불편해집니다. 아버지는 아버지대로, 어머니는 어머니대로, 자녀는 자녀대로 따로 지내는 게 편했는데, 갑자기 같이 있는 시간이 많아지니 어색하고 신경이 예민해지지요. 무심하게 지나갔던 것도 계속 함께 있다 보면 눈에 거슬리고 짜증이 납니다. 그래서 가장이 퇴직하고 집에 머무는 시간이 많아지면 부부간 다툼도 잦아지지요.

상담이 절실한 시대

현재 우리 사회에는 많은 어려움이 있습니다. 오죽하면 젊은이들이 '헬조선'(지옥 같은 한국이라는 뜻의 신조어)을 떠나겠다고 부르짖겠어요. 취업도 어렵고, 취업이 돼도 집 하나 마련하기가 무척 어려운 실정이니까요.

중년층은 노후 대책 없이 퇴직 압박을 받으니 불안해합니다. 노년층은 젊었을 때 열심히 일하고 연세 많은 부모님을 잘 모시면, 본인의 노년에 자녀가 잘 봉양해 줄 거로 예상했습니다. 그런데 막상 나이 들어보니 사회가 많이 변했지요. 자녀 세대에 의지할 수 없고, 스스로 경제적 자립을 해야 하는데 준비되어 있지 않으니, 앞으로 어떻게 살아갈지 매우 막막합니다.

국가적, 가정적, 개인적으로도 굉장히 두렵고 불안한 사회가 되었어요. 수고하고 무거운 짐을 지고 사는 이들이 너무나 많지요. 이런 현실은 다양한 증상으로 나타나는데, 연일 신문 사회면에 끔찍한 사건이 일어나는 것만 봐도 알 수 있습니다. 심하게 말하면, 지금 한국 사회는 '사회적 병리(病理)'가 만연한 상태예요.

이 암담한 사회에 가장 필요한 게 무엇일까요? 개인적으로는 수고하고 무거운 짐을 내려놓는 노력이 가장 필요하겠지요. 국가와 사회도 개인에게 조직적이고 체계적인 도움을 주어야 합니다. 예수님의 정의처럼 수고하고 무거운 짐을 내려놓는 활동이 '상담'이라면, 오늘날 우리 사회에 무엇보다 시급한 게 상담이라고 할 수 있습니다.

요즘 제가 운영하는 상담소에 문의하거나 상담받으러 오는 사람들이 늘고 있습니다. 이건 매우 염려스러운 현상입니다. 상담자가 바라는 건 더 이상 상담이 필요 없는 사회입니다. '상담자'라는 직업이 사라지는 사회를 만들기 위해 노력하는 게 제 이율배반적인 임무지요. 그러나 아쉽게도 지금 우리 사회는 상담이 절실히 필요합니다.

　　어느 대학이나 학생들이 가장 많이 지원하는 전공이 상담입니다. 신학대학원에서도 목회 상담을 향한 관심이 높아지고 있습니다. 저 역시 미국 미드웨스턴 침례신학대학원에 특훈교수로 있으면서 예수님의 상담을 심리학적으로 이해하는 공부를 하고 있지요.

　　수강한 목회자들이 사역에 큰 도움이 된다고 이구동성 말합니다. 그만큼 수고하고 무거운 짐을 진 성도들이 많다는 이야기지요. 무엇보다 교회의 주인이신 예수님이 뛰어난 상담자시니, 당연히 교회는 상담소가 되어야겠지요.

　　하지만 수고하고 무거운 짐을 진 사람들이 교회에만 있을까요. 우리나라는 통계상 자신을 '개신교인'이라고 밝힌 사람이 전체 인구의 약 16퍼센트밖에 안 된다고 합니다. 그 수는 더 적어질 거로 예상하고요. 더욱 염려스러운 건, 이삼십 대를 대상으로 하면 그 수는 더더욱 적어집니다.

　　그러니 교회를 떠난 '가나안' 성도뿐 아니라, 예수님을 믿지 않는 이들을 교회로 이끄는 방법을 더 늦기 전에 찾아야 합니다. 성도는 물론이고, 비신자에게도 예수님이 상담자이심을 알려주고, 그분께 상담받을 수 있도록 교회가 노력해야 합니다. 그래서 수고하고 무거운 짐에 고통받는 이들이 제일 먼저 교회를 찾도록 해야 합니다.

그리고 예수님처럼 살아가려고 애쓰는 성도 한 사람 한 사람이 예수님의 상담법을 배워 이웃을 돕는다면 금상첨화겠지요. 교회에 가면 예수님을 만날 수 있고, 실제적인 상담을 받을 수 있음을 경험하게 하는 것이 가장 효과적인 전도가 될 겁니다. 상담료 없이 수고하고 무거운 짐을 내려놓고 진정한 평강을 누릴 수 있다는 걸 알면, 누가 마다할까요!

마음의
건강

마음 건강, 챙기고 있나요?

"당신의 마음은 지금 건강합니까?"

이 질문에 대답하기 쉽지 않을 겁니다. 정신의학이나 상담심리학 전공자가 아니면 마음 건강의 정의나 기준, 혹은 증상에 대해 정확히 답하기 어렵습니다. 더군다나 평소 '마음의 건강'이라는 주제를 별로 생각하지 않잖아요. 그렇지만 몸의 건강처럼 '마음이 건강한지'를 수시로 점검할 필요가 있습니다. 그래야 즐겁게 살아갈 수 있으니까요.

부모가 자녀에게 가장 바라는 게 뭔가요? 설날에 어른들을 찾아뵙고 세배드리면 "올해도 건강하게 지내라"라는 덕담을 많이 해주시지요. 건강은 정말 중요합니다.

유대인들이 곁에 두고 삶의 지혜를 얻는 《탈무드》에 이런 내용이 있습니다.

"돈을 잃는 것은 조금 잃는 것이고, 명예를 잃는 것은 많이 잃는 것이지만, 건강을 잃으면 모든 것을 잃는 것이다."

우리는 '건강' 하면 몸의 건강부터 생각합니다. 몸을 건강하게 유지하기 위해 운동하고, 몸에 좋은 음식이나 보조 식품을 섭취하고, 정기적으로 검진을 받습니다. 그런데 '마음의 건강'을 지키기 위해서는 어떤 노력을 하고 있나요?

이 질문을 하면 다들 난감해합니다. 이런 질문을 처음 받아 보는 사람도 있겠지요. 성도들은 대부분 "기도합니다", "성경을 읽습니다", "찬송합니다"라고 답합니다. 하지만 엄밀히 말하면, 이건 영적 건강을 위한 활동입니다. 사람에게는 몸, 마음, 영의 건강이 다 필요해요. 이 세 가지는 서로 긴밀히 연결된 불가분의 관계지요. 어느 것 하나 병들면 온전한 건강에 이를 수 없습니다. 동시에 이 세 가지는 서로 다릅니다. 불가분의 관계라는 말에 다르다는 의미가 함축되어 있지요.

교회에서는 종종 마음의 건강과 영의 건강을 같은 것으로 치부하는 경향이 있습니다. "영육(靈肉)이 건강해야 한다"라는 말은 몸과 영의 건강만 언급합니다. 하지만 영(靈)은 마음(魂)도 포함하지요. 제가 즐겨 부르는 찬송가는 "내 영혼이 은총 입어…"로 시작합니다. '영혼'은 영과 혼의 복합체입니다. 일반적으로 혼은 마음의 영역을, 영은 영적인 영역을 일컫지요.

"당신은 사랑하는 가족들의 마음 건강을 지켜주기 위해 무엇을 하나요? 찬송을 불러줍니까, 아니면 성경을 읽어줍니까?"

이 질문에 '나 자신이나 가족들을 위해 뭘 했지' 하고 당황할 사람이 많을 겁니다. 이처럼 우리 대부분은 마음의 건강을 지키는 데 별로 신경 쓰지 않고 살아갑니다. 가정이나 학교에서도 마음의 건강이 중요하다고 말은 하지만, 그 방법에 대해 어떤 교육도 하지 않지요.

이 장에서는 '마음의 건강'에 대해 다룰 것입니다.

'나'보다 '너'가 더 고통받는 마음의 병

이제부터 마음의 건강을 지키기 위해 무엇을 해야 하는지 알아보겠습니다. 마음이 건강하지 못하면 영적으로도 건강할 수 없습니다. 건강하지 않으면 병든 거예요. 몸이 병들거나 마음이 병드는 것에는 공통점과 차이점이 있습니다.

핵심 공통점은 고통을 느낀다는 겁니다. 허준은 《동의보감》에서 건강의 핵심을 불통즉통(不通卽痛)으로 설명합니다. 기(氣)와 혈(血)이 통하지 않으면 고통을 느낀다는 거지요. 마음도 마찬가지입니다. 마음은 '나'와 '너'의 관계에 밀접한 연관이 있습니다. '나'와 '너'가 통하지 않으면 병들어 고통을 느끼지요.

영의 건강도 마찬가지로 '나'와 '절대자'의 관계에 밀접한 연관이 있습니다. 기독교에서의 영적 관계는 조물주이신 '하나님'과 '나'의 관계입니다. 하나님과 내가 잘 통하면 영적으로 건강해지지만, 통하지 않으면 영적으로 병들고 고통을 느끼게 됩니다. 아담과 하와를 떠올려 보세요. 하나님과 관계가 돈독했을 때와 선악과를 따먹은 후 분리된 상태를 비교하면, 쉽게 이해할 수 있습니다.

몸이든 마음이든 병들면 고통을 느낀다는 공통점이 있습니다. 그렇다면 차이점은 무엇일까요. 몸의 건강은 개인적인 문제지만, 마음의 건강은 사회적인 측면이 강하다는 겁니다.

우선 몸이 병들면 당사자만 실질적인 고통을 느낍니다. 예를 들어, 가족 중에 몸이 아픈 사람이 있다면 그 사람만 신체적 고통을 받습니다. 물론 가족들이 '내가 대신 아프면 좋겠다'라고 생각할 수는 있지만, 그건 바람일 뿐, 몸이 아픈 환자가 오롯이 고통을 감내해야 하지요. 누구도 대신 아파줄 수 없어요. 이런 면에서 몸의 건강은 개인적입니다.

하지만 마음의 병은 다릅니다. 몸의 병은 '나'가 아프지만, 마음의 병은 '너'가 더 고통을 받습니다. 만약 가족 중에 마음이 병든 사람이 있다면 그 자신도 물론 힘들겠지만, 실은 다른 가족이 더 심한 고통을 느낀다는 겁니다. 마음이 병든 본인은 별로 고통을 느끼지 않는 경우도 종종 있고요. 동시에 자신이 가족을 위시해서 주변 사람들에게 얼마나 많은 고통을 주고 있는지를 의식하지 못하는 경우도 왕왕 있습니다.

또한 몸이 아프면 스스로 병원에 갑니다. 전문적인 치료를 받으려고 노력하지요. 그런데 마음이 병든 사람은 스스로 전문적인 도움을 받으려 하는 경우가 거의 없습니다. 주변 사람들이 견디다 못해 전문가의 도움을 받아보길 권하면 오히려 화내는 경우도 많습니다. 이런 면에서 마음의 건강은 사회적입니다.

대부분 사람이 몸의 건강에는 관심이 많지만, 다른 사람과의 관계에 크게 영향을 주는 마음의 건강에는 별로 신경을 쓰지 않고 살아가는 현실이 안타깝습니다.

한국인의 화병

마음이 병들었다는 건 과연 무엇일까요? 한국인이 제일 많이 앓고 있는 마음의 병이 바로 화병(火病)입니다.

1994년에 발간된 《정신질환 진단 및 통계 편람(DSM-4)》4판에 '화병'(Hwa-Byung)이라는 병명이 등재되었습니다. 마음 건강을 진단하기 위해 전 세계에서 사용하는 이 편람에 한국인의 대표적인 마음의 병이 화병이며, 이는 한국문화에서 많이 나타나는 병이라고 실렸지요.

화병은 말 그대로 '화(火)가 나서 생기는 병(病)'입니다. 정확히 말하면, '화를 잘 풀지 못해서 생기는 병'입니다. 화가 나도 잘 풀면 병이 되지 않습니다. 화(火)의 의미는 '불'입니다. 화가 난다는 건 '마음속에 불이 난다'라는 뜻입니다. 그러면 마음이 화상을 입겠지요. 화병은 마음이 화상을 입어 생기는 병입니다.

말썽꾸러기 자녀를 둔 어머니들이 "너희 때문에 내 속이 타들어 간다"라는 말을 종종 하지요. 또 할머니들이 젊었을 때 바람을 피운 남편에게 "당신 때문에 내 속이 새까맣게 탔다" 또는 "이미 숯검정이 다 됐다"라는 말씀을 하곤 합니다. 자녀가 말썽을 피우니까, 배우자가 외도하니까 열불이 나서 속이 타들어 가는 거지요.

'화'는 '몹시 못마땅하거나 언짢아서 일어나는 불쾌한 감정'입니다. 노여움, 분노 등도 화와 비슷한 감정이지요. 마음속에 불쾌한 감정이 생기면 풀어야 해요. 마음에 불이 나면 꺼야 합니다. 안 그러면, 마음이 계속 타들어 가니까요.

일반적으로 가정이나 학교에서는 "화내는 건 나쁜 거야. 화내면 안 돼"라고 훈계합니다. 마음속 불을 꺼야 화가 풀리는데 억누르라고만 하니, 마음이 화상을 입어 아프다는 표현도 참는 이가 많지요. 또 화를 푸는 방법을 배운 적이 없으니 마음이 속절없이 타들어 갑니다.

풀지 못한 화를 마음속에 간직하고 있으면 화가 쌓입니다. 화가 더 심해집니다. 화(火)가 두 개가 되어 '불탈 염'(炎)이 됩니다. 화가 풀리지 않은 채 평소에도 속이 타들어 가는 상태가 되지요[한자를 아는 분은 쉽게 이해할 겁니다. 한자는 같은 자를 여러 개 쓰면 양이 많아지는 걸 나타내는 경우가 있습니다. 예를 들어, 나무 '목' 자가 많아질수록 나무가 많이 있다는 뜻이 됩니다. 하나를 쓰면 '나무 목'(木)이고, 둘을 쓰면 '수풀 림'(林)이고, 셋을 쓰면 '나무 빽빽할 삼'(森)입니다]. 이러면 소위 '화병'에 걸립니다. 그리고 증상이 외부로 나타나지요.

대표적인 증상은 '폭력'입니다. 화병에 걸린 사람은 폭력적으로 행동합니다. 쉽게 폭력을 행사하는 사람들이 하는 말은 언제나 똑같습니다. '홧김에' 그랬다는 거지요.

폭력에는 신체적 폭력과 언어폭력이 있습니다. 신체적 폭력은 실제로 때리고 부수는 거예요. 술만 마시면 폭력적으로 변하는 사람들이 있습니다. 이들은 집에서건 술집에서건 싸움을 벌이기 일쑤입니다. 술주정뱅이 가장을 둔 가족은 그가 술에 취해 귀가하는 낌새를 보이면 벌써 두려움에 떨기 시작합니다. 이후에 벌어질 사태가 눈에 선하기 때문이지요.

언어폭력은 주로 욕으로 나타납니다. 화가 난 사람들은 욕을 많이 합니다. 오죽하면 '욕을 입에 달고 산다'라는 표현이 있을까요! 예전에는 어머니들도 자녀에게 험악한 욕을 많이 했어요. 그만큼 고달픈 인생을 살았다는 방증이지요. 하지만 욕의 기저에는 자녀에 대한 헌신과 사랑이 있음을 자녀들은 다 느꼈을 겁니다.

폭력과 자살로 이어지는 화

그런데 화가 날 때마다 겉으로 드러내거나 욕할 수 있는 건 아닙니다. 그러지 못할 경우가 더 많지요. 화나게 한 사람이 나보다 힘이 셀 경우, 섣불리 덤볐다가는 더 얻어맞겠지요. 직장에서 상사에게 부당하게 질책당하면 당연히 화가 납니다. 그렇다고 상사에게 대들었다가는 해직당하겠지요. 아마 이런 경우, 가장은 처자식을 생각하며 화를 참을 겁니다.

또한 어릴 때부터 화를 참으라는 교육을 강하게 받으면 참는 수밖에 없습니다. 한국문화 특성상 남자보다 여자에게 화를 참으라는 교육을 더 강하게 하니, 여성에게 화병이 더 많은 건 어쩌면 당연한 결과입니다.

이처럼 이런저런 이유로 화를 참아야 하는 경우가 다반사입니다. 그러면 화는 마음속에 계속 머물게 됩니다. 그리고 정상적으로라면 '나'를 화나게 한 '너'에게 화를 내야 하지만, 안타깝게도 '나'에게 화내게 됩니다. 나를 때리고, 내게 욕하게 되지요. 그러니 더 억울하고 비참해집니다. 이것이 '화병'이라고 부르는 증상입니다.

이는 서양 정신의학에서 말하는 우울증과 유사합니다. 하지만 우리의 경우 단순 우울증이 아니라 '울화증'입니다. '울화'의 사전적 의미는 "마음속이 답답하여 일어나는 화", 곧 '억울한 화'입니다.

왜 마음속이 답답할까요? 화를 풀지 못해 마음이 화상을 입으니 당연히 답답하지요. 더구나 자신이 힘이 약해서, 지위가 낮아서, 그렇게 교육받아서 어쩔 수 없이 화를 참아야 하니 얼마나 억울하겠어요! 우리는 일상에서 '울화가 치밀어 오른다'라는 표현을 종종 씁니다. 참고 참다가 어느 순간, 눌렸던 화가 갑자기 '치밀어' 오르는 거지요.

계속 화가 쌓이면 '화'가 세 개가 되는 '불꽃 염'(焱)의 단계로 넘어갑니다. 이 단계가 되면 더 이상 참지 못합니다. '뚜껑이 열린다'라는 속된 표현처럼 폭력이 극단적으로 나타납니다. 가장 극단적 형태로 표출되면 '살인'까지도 할 수 있지요.

반대로 화가 풀리지 않고 응축되어 있다가 내부적으로 폭발하면 '자살'로 이어집니다. '너'를 죽이는 것과 '나'를 죽이는 건

동전의 양면과도 같습니다. 겉으로 나타나는 양상은 반대지만, 내면의 기제는 결국 '사람을 죽이는 것'으로 같아요. 살인이나 자살이나 똑같이 폭력의 극단적 형태입니다. 살인과 폭력이 난무하는 사회에는 자살도 많이 일어납니다. 애석하지만, 마음 건강을 등한시한 당연한 결과지요.

우리나라 자살률이 높은 데는 이유가 있습니다. 대개 화를 폭발적으로 표출하는 사람은 폭력 범죄를 저지르고 교도소로 갑니다. 반면에 화를 참고 속으로 삭이는 사람은 정신병원이나 상담소에서 도움을 받아야 할 확률이 높습니다. 하지만 한국문화에서는 그런 곳에 가는 것을 쉬쉬하며 감추는 일이 흔합니다. 가문의 수치로 여기기도 하지요. 그로 인해 우울증이나 화병을 앓는 이들이 제때 필요한 도움을 받지 못하고 악화하는 경우가 종종 있습니다.

그나마 도움을 받으러 오는 곳이 교회입니다. 물론 신앙의 도움으로 마음의 병을 고치는 경우도 많습니다만, 효과적인 도움을 주기 위해서는 교회가 화의 원인과 의미 그리고 해소법을 알려줄 필요가 있습니다. 화병은 예방하는 게 더 중요하니까요. 이것이 바람직한 '성도의 교제'가 아닐까요. 사도 바울도 에베소 교회에 보낸 편지에서 이렇게 조언합니다.

화가 나더라도 죄를 짓지 말고 해가 지기 전에 곧 화를 푸십시오.

엡 4:26 현대인의성경

예수님이 주시는 마음의 쉼

화를 푸는 제일 바람직하고 효과적인 방법은 무엇일까요. 만약 길을 가다가 애들끼리 싸우는 현장을 목격하면 뭐라고 하면서 싸움을 말리나요. 두 아이를 떼어놓으며 "싸우지 말고 말로 해라"라고 하지요. 또 가족 중 한 사람이 짜증 난다고 방문을 걸어 잠그고 나오지 않을 때 뭐라고 하나요. "뭐가 불만인지 말 좀 해봐"라고 하지요. 결국 말을 해야 속이 시원해집니다. 이는 '마음속 불이 꺼졌다', '화가 풀렸다'라는 비유적 표현입니다.

여러 방법이 있겠지만 '말'로 푸는 게 제일 좋은 방법입니다. 한자 '談'(담)은 '말씀 담'으로 '말하다'라는 뜻입니다. 이 안에는 마음의 병의 원인에 관한 '병인론'(病因論)과 마음의 병을 치료하는 '치료론'(治療論)이 다 들어 있습니다. 즉 한국인의 대표적 마음의 병이 화병이고, 이는 말을 못 해서 생기는 병인데, 이 화(炎)를 말(言)로 푸는 게 가장 효과적이라는 것을 알려주지요. 한마디로 '담'(談) 자는 '말로 화를 푼다'라는 뜻입니다.

가끔 혼자서 중얼중얼하는 사람을 보면, "실성했다"라고 말합니다. '실성'(失性)은 '사람이 나면서부터 지닌 성품(性)을 잃어버린(失) 것'입니다. 인간은 사회적 동물로 다른 사람과 관계를 맺으며 살아가려는 본성이 있습니다. 이 사회적 관계는 일차적으로 말을 주고받으며 맺어지지요.

그런데 화는 다른 사람과 말이 통(通)하지 않아서 생깁니다. 이때 말로 푸는 것이 정상이고 효과적이지만, 주위에 내 이야기를 들어줄 사람이 없는 거예요. 하지만 속에서 열불이 나서 차라리 혼자라도 속에 있는 이야기를 해서 억울한 속을 풀려고 하는 겁니다. 안 그러면 속이 다 타버리니까요. 죽겠으니까요! 답답한 마음을 이야기하는 게 그만큼 중요합니다.

혼잣말하는 것과 다른 사람과 함께 이야기하는 것 중 무엇이 더 효과적일까요. 물론 후자예요. 그래서 '담'(談) 앞에 '서로 상'(相)을 붙이면 '상담'(相談)이 됩니다. 결국 상담은 '서로 상대(相)의 마음속 화(炎)를 대화(言)로 풀어주는 것'입니다.

눈에 보이지 않는 상대의 마음속 화를 어떻게 알고 풀어줄 수 있을까요? 서로 상(相)은 '나무 목'(木)과 '눈 목'(目)이 붙어 있어요. 그 의미는 '어린나무를 심고 자주 눈으로 자세히 확인하다'입니다. 상대를 어린나무처럼 귀히 여기고 관심을 두고 자세히 살펴보면, 그 내면의 화가 보이기 시작하고, 마음의 소리가 들리며, 억울한 심정도 느껴지지요.

예수님의 진단에 의하면, 수고하고 무거운 짐을 지면 화가 납니다. 억울하고, 섭섭하고, 외로울 때 느끼는 대표 감정이 '화'입니다. 이 화를 풀어야 합니다. 그래야 마음이 편해지고 쉼을 얻을 수 있지요.

예수님은 우리와 만나서 대화로 마음속 화를 풀어주는 분이세요. 그분은 놀라운 상담자셔서 우리가 짊어진 어떤 짐이든 말끔히 풀어주실 수 있습니다. 그분께 배우면 '마음의 쉼'까지 주십니다.

그분이 우리 곁에 계셔서, 화날 때마다 상담받을 수 있으니

"그 어디나 하늘나라"인 겁니다. 그분을 우리 집에 모시고 있으니, 가정에 갈등이 생길 때마다 상담받으며 "복되고 즐거운 하루하루"를 살아갈 수 있지요. 이는 주님을 믿는 자만이 누릴 수 있는 엄청난 축복입니다.

이 사실을 깨닫고 그분께 상담받는 것이 건강한 마음으로 행복하게 살 수 있는 유일한 방법입니다. 하지만 예수님에게 상담받기를 저항하는 기독교인도 적지 않습니다. 그러니 비기독교인은 말할 것도 없겠지요.

제가 한국자살예방협회에서 일하며 가장 가슴 아팠던 건, 교회에 다니는 사람도 많이 자살한다는 겁니다. 지금도 연예인 등 유명 기독교 인사가 자살하는 경우가 종종 있습니다. 방송 보도에 빨간 십자가 밑에 "성도 ○○○"라고 적힌 위패가 나올 때 참 안타깝습니다. 또한 유명인이 자살하면 세간의 관심이 폭발하고 모방 자살이 일어나는데, 이를 '베르테르 효과'라고 하지요. 게다가 비기독교인들이 신앙의 역할에 큰 회의를 느끼는 것이 안타까울 뿐입니다.

일반인과 교인의 자살률을 비교한 자료가 없어서 정확한 차이를 알 수는 없지만, 목회데이터연구소에 의하면, 크리스천 중고생과 청년의 자살 충동률이 비기독교인과 크게 다르지 않다고 합니다. 2023년 초 교회에 출석하는 이삼십 대 성도를 대상으로 조사한 결과, "자살을 심각하게 생각해 본 적 있다"라는 답변이 26퍼센트나 되었습니다.

요즘은 이십 대와 노인의 자살률이 급증하고 있습니다. 이에 전문가들은 교회 공동체 안에서 자신의 문제를 거리낌 없이 이야기하는 분위기가 형성되면 자살을 예방할 수 있다며, 교회의 상담 사역을 강조합니다.

교회가 설교와 성경 공부에만 지나치게 의존하는 방식에서 벗어나 성도 개개인의 마음 건강에 더 관심을 두고 화를 풀어 주는 상담 사역을 활성화한다면, 천하보다 귀한 생명을 살릴 수 있습니다. 더욱 본질적인 건, 예수님이 원더풀 카운슬러이심을 알려주고, 그분께 상담받도록 돕는 것이겠지요.

한국문화와
화병

관계 중심 문화

앞서 한국인의 대표적인 마음의 병인 화병이 한국문화와 밀접한 관련이 있다고 말했습니다. 화병은 하나의 증상이고, 그 원인을 알면 병을 예방할 수 있고, 걸려도 쉽게 고칠 수 있습니다. 심리학자가 관심 있는 행동을 연구할 때 금과옥조(金科玉條)로 사용하는 공식이 있습니다.

행동 = f(개인×환경)

이를 풀어 설명하면, 우리의 행동은 '개인적 특성과 환경적 요인의 상호작용에 달려 있다'라는 겁니다. 그래서 화병의 원인도 개인의 특성을 무시하면 안 됩니다. 동시에 한국의 독특한 문화적 특성, 즉 환경적 요인을 빼놓고도 충분히 이해할 수 없습니다.

먼저 한국문화의 특징을 서구문화와 비교해 보겠습니다. 서구문화의 특징은 한마디로 '개인주의'(individualism)입니다. 이는 개인을 뜻하는 'individual'에 사상, 이념을 뜻하는 '-ism'을 합성한 단어입니다. 'individual'은 'in/divid/ual'로 구성되어 있어요. 곧 '나눌 수(divisible) 없는(in) 것'이라는 뜻의 합성어지요. 개인이란 '더 이상 나눌 수 없는 상태의 사람', '다른 사람과 공유할 수 없는 독특한 존재'입니다. 따라서 개인주의는 '국가나 사회보다 개인의 존재와 가치를 더 중시하는 사상과 태도'입니다.

그래서 개인주의 문화의 핵심 행동 주체는 당연히 '나'입니다. 영어에서 제일 특별한 단어는 'I'(나)라는 인칭대명사입니다. 모든 인칭대명사는 문장 서두에서 대문자로 쓰이지만, 문장 안에서는 소문자로 변합니다. 하지만 'I'는 늘 대문자로 씁니다. 사실인지는 모르지만, 'I'는 삶에서 가장 중요한 존재이고 항상 중심이 되어야 하므로 문장 어디서든 눈에 잘 띄도록 대문자로 쓴다고 합니다. 대부분 '나'라는 주어가 빠지는 우리말에 익숙한 사람에게는 조금 이해하기 어려운 문법이지요.

반면에 한국문화의 특징은 무엇일까요. 개인주의에서 'I'(나)에 해당하는 것이 우리 문화에서는 무엇일까요? "She is my mother"를 우리말로 직역하면 "그녀는 나의 어머니다"가 되겠지요. 그런데 우리말에서 '나의 어머니'와 '우리 어머니' 중에 어느 것이 더 자연스러운가요?

영어의 'I'를 '나'로 번역하면 어색한 경우가 많습니다. '우리'로 번역하는 게 더 자연스럽지요. 이처럼 '나'보다 '우리'를 더 우선하는 게 한국문화입니다. 바로 '집단주의'(collectivism, '함께 모이다'를 뜻하는 collect와 -ism의 합성어)지요. 집단주의는 혼자보다 함께 모이는 것이 더 중요하다고 생각하는 겁니다. 개인을 뜻하는 '나'보다 집단을 뜻하는 '우리'를 더 중시하지요.

일반적으로 서양은 개인주의이고, 한국을 포함한 동양은 집단주의 문화로 구분합니다. 더 나아가 한국문화를 정확하게 이야기하면 '관계 중심' 문화입니다.

'우리'가 되기 위해서는 최소한 '나'와 '너'가 있어야 합니다. '나'만 있는 상황에서는 '우리'가 될 수 없습니다. '너'가 필수지요. 따라서 '우리'를 강조하는 문화는 개인주의가 될 수 없습니다. 그래서 한국문화에서는 '나+너=우리'라는 공식이 성립됩니다. 그리고 '나'는 동일하므로 '너'가 누구인지에 따라 '우리'의 성격이 달라지지요. '나'와 '너'의 관계가 '우리'에게 절대적 영향을 미칩니다. 그런 의미에서 한국문화는 관계 중심적이라고 볼 수 있습니다.

인간이 지켜야 할 도리를 나타내는 '오륜'(五倫)을 보면 쉽게 이해할 수 있습니다. 임금과 신하가 '우리'의 관계를 맺을 때는 의리가 중요합니다(君臣有義). 아버지와 자식이 '우리'가 될 때는 친애가 중요하지요(父子有親). 남편과 부인이 부부로서 '우리'가 될 때는 구별이 중요합니다(夫婦有別). 어른과 어린이가 '우리'가 될 때는 서열이 있고(長幼有序), 벗과 내가 친구로 '우리'가 될 때는 믿음이 있어야 합니다(朋友有信).

한국문화에서는 내가 누구와 관계 맺는지에 따라 지켜야 할 도리가 달라집니다. 대조적으로, 개인을 중시하는 서구문화의 '나'는 누구와 함께 있어도 정체성을 일관되게 유지합니다.

나, 너, 우리

초등학교는 의무교육입니다. 초등학교 1학년은 앞으로 나라를 이끌어갈 2세에게 공식적으로 처음 교육하는 것인만큼 그 내용이 아주 중요하지요. 따라서 이때 사용하는 교재를 보면 국가가 교육을 통해 어떤 국민을 양성하려는지 알 수 있어요. 특히 국어 과목은 2세에게 우리말을 가르치는 것인 만큼 그 내용에 중요한 상징적인 의미가 있습니다.

초등학교 1학년 1학기 국어 교과서에 제일 먼저 나오는 내용은 '나/너/우리'입니다. 이때 '나'와 '너'가 누구인지는 중요하지 않습니다. 오히려 '우리'가 되는 데 방해 요소로 간주하지요. 한국문화에서는 아이들에게 '나는 누구인가'를 가르치지 않습니다. 각자의 '정체성'보다 '나와 너는 우리가 된다'라는 걸 알려주지요.

그다음에 나오는 내용, 즉 '아버지/아버지/우리 아버지'를 보면 더욱 분명해집니다. 첫째 단원은 '나/너/우리// 아버지/아버지/우리 아버지// 어머니/어머니/우리 어머니// 아가/아가/우리 아가// 나/아버지/어머니/아가/우리는 가족'입니다.

한국 전통문화의 핵심 키워드가 다 나옵니다. '우리'와 '아버지', '가족'이지요. 한국문화의 특징은 '가족' 중심입니다. 그리고 가족에서는 '아버지'가 우선입니다. 가부장(家父長)적 가족 문화를 드러내지요. 이것이 초등학교에서 처음 배우는 국어 내용입니다.

우리가 일상적으로 쓰는 표현 중에 "우리가 남이가?" 또는 "우리는 하나" 등이 있습니다. '너'와 '나'가 합쳐서 너도 아니고, 나도 아닌 '우리'가 되니 남이 아닙니다. 더 정확히 말하면, 네가 없는 나도, 내가 없는 너도 우리가 될 수 없으니까 우리는 남일 수가 없습니다. 그래서 '우리는 하나'와 같은 표현이 우리 정서에서는 자연스럽게 들립니다.

또 가족을 중시해서 '가족'이라는 단어를 굉장히 많이 씁니다. 회사 같은 단체나 조직에서도 '○○ 가족'이란 표현을 쓰면서 하나임을 강조하지요. 당연히 일치단결(一致團結)을 좋아합니다. 노래를 부를 때도 각자 다른 가락을 부르면서 화음을 만드는 서양음악과 달리, 우리는 한목소리로 모두 같은 가락을 부르는 제창(齊唱)을 좋아합니다.

대조적으로 서양의 개인주의에서는 내가 누구인지를 드러내는 게 중요합니다. 예를 들면, Tom과 Mary는 나름의 개성이 있습니다. 그 개성을 마음껏 표현하는 것이 '나'를 드러내는 첩경입니다. 그리고 자기 잠재력을 실현할수록 개성이 더욱 분명하게 드러나겠지요. 이렇게 사는 것을 '자기실현'(自己實現)으로 봅니다. 자기실현을 위해서는 먼저 '자기'가 있어야 합니다. 그래서 끊임없이 남과 다른 '나는 누구인가'를 탐색하면서 살아야 합니다. 이것이 개인주의 문화에서 자기실현이 삶의 중요한 가치인 이유지요.

문화심리학자 최상진 교수는 《한국인의 심리학》(2011, 학지사)에서 "서구인은 자기(self)를 독특하고, 경계가 분명하고, 독립적이고, 자율적이며, 자체로 독립된 기능을 할 수 있는 것으로 표상화한다"라고 했습니다. 따라서 서양인에게는 '자신의 이성적 의식을 통해 이런 성격의 자기를 발견하고 발달시키고 통합된 형태로 조직해서 그렇게 살아가는 것이 바로 자기실현'인 겁니다.

쉽게 말하면, Tom은 Mary와는 다른 Tom대로, Mary는 Tom과 다른 Mary대로 끊임없이 자신의 개성을 발견하고 발달시키고, 그 모습대로 최대한 살려고 노력하는 겁니다. '나는 나답게', '너는 너답게' 사는 거지요.

그러면 '나'보다 '우리'를 우선하는 한국문화에서 자기실현은 과연 어떤 의미일까요? 쉽게 생각하면, '나'가 있어야 실현이 될 게 아니겠어요? 철수는 철수답게, 영희는 영희답게 살아야 하는데, 철수와 영희보다는 우리가 더 중요하잖아요. 그러면 한국문화에서는 자기실현이 불가능할까요?

사실 자기를 실현하려는 경향은 배워서 되는 게 아니고 선천적인 겁니다. 일반적으로는 '본성'이라고 부릅니다. '타고난 성품'이라는 뜻이지요.

그렇다면 한국문화에서는 그동안 '자기' 대신 무엇을 실현하면서 살아왔을까요? 우리 문화에서 행동의 주체는 '우리'입니다. '나'는 우리의 일부지요. 그렇다면 우리를 실현하는 것이 결국 나를 실현하는 게 됩니다. 그리고 나와 제일 가까운 우리는 바로 '가족'이지요. 우리 문화에서는 가족을 실현하는 것이 '나'를 실현하는 것과 같은 의미입니다.

'입신양명'이라는 말이 익숙할 겁니다. '출세(立身)하여 이름을 세상에 떨친다(揚名)'라는 뜻이지요. 입신양명의 원래 의미는 '권세나 부귀를 얻어 부모에게 자랑스러운 자식이 되기 위해 노력해야 한다'라는 효(孝)의 실천 내용입니다. '가문(家門)'을 일으켜 세운다'라는 말도 유사한 뜻이지요. 출세하여 이름을 드높이는 이유도 가문을 널리 알리고 부모에게 효도하기 위한 겁니다. 이런 문화에서 자기 잠재력을 실현하는 건 언제나 집안을 일으켜 세우는 것에 밀리고 맙니다.

왜 이렇게 나보다 가족을 더 중시하는 문화가 발달했을까요. 문화란, 한 집단이 주변 환경 속에서 제일 잘 살아가기 위해 습득되고 전달되는 생활양식입니다. 넓은 의미의 문화 안에는 언어, 풍습, 종교, 학문, 예술, 제도 등이 모두 포함됩니다. 물론 가족이나 친족 제도는 문화의 중요한 요소 중 하나지요.

우리가 가족을 중시하는 문화를 가진 것은 이것이 과거 우리 선조들이 주어진 여건 속에서 살아남기 위한 제일 효율적인 방식이었음을 의미합니다. 그리고 가족은 가장을 중심으로 일사불란하게 움직일 때 그 역할을 제일 잘할 수 있다는 것을 알았음을 의미하지요.

우리나라는 지정학적으로 반도(半島) 국가입니다. 한반도를 둘러싸고 있는 나라로는 중국, 일본, 러시아 그리고 바다 건너 미국이 있습니다. 세계 평화와 안보를 담당하는 유엔의 주요 기관인 유엔안전보장이사회는 상임이사국 5개국(미국, 러시아, 중국, 영국, 프랑스)과 2년 임기의 비상임이사국 10개국으로 구성됩니다. 일본과 브라질은 비상임이사국으로 10번 선출됐습니다.

제가 자세히 설명하는 이유는 한국이 유엔안전보장이사회 회원국, 즉 강대국으로 둘러싸여 있는 유일한 나라라는 점을 부각하기 위함입니다. 한마디로 강대국에 둘러싸인 전략적 요충지라는 뜻입니다. 그래서 중국과 일본 등으로부터 수많은 침략을 받았지요. 그중에서도 임진왜란과 병자호란 등은 국가의 존망이 걸린 주요 침략 전쟁이었습니다.

우리 선조들은 침략받지 않던 시기에도 침략받을 수 있다는 불안과 긴장 속에서 생활했을 겁니다. 생존이 위협받는 여건 속에서 고난과 두려움을 이기기 위해 가족끼리 똘똘 뭉치는 것이 환란을 극복하는 제일 효율적인 방법임을 깨달았을 겁니다. 또한 국가도 가족처럼 일사불란하게 움직여야 전쟁에서 승리하고 나라가 보전된다고 생각했을 겁니다.

그래서 전 국민의 가족화, 친척화 문화가 자연스럽게 습득되고 유지되었을 겁니다. 평소에는 지지고 볶고 다퉈도, 어려울 때 가족만큼 의지가 되고 도움이 되는 관계는 없다는 걸 경험을 통해 알았을 겁니다. 어쨌든 피는 물보다 진하니까요.

잠재력을 억압하는 문화

가족 중심 문화의 제일 큰 장점은 '안정성'(安定性)입니다. 가족은 개인에게 의식주와 같은 기본적 욕구를 충족시켜 주고 심리적 안정을 마련해 줍니다. 그래서 가족의 중요한 기능은 가족 간 정서적 지지를 통한 심리적 안정의 제공과 의식주와 같은 기본 욕구의 해결입니다.

더군다나 잦은 외세의 침입과 같은 불안정한 상황에서는 안정을 제공해 주는 가족의 기능이 더욱 중요해집니다. 그래서 화목한 가족은 '한목소리'를 내야 한다는 생각이 강하게 자리잡게 되지요. 그 하나의 목소리는 자연스럽게 가장(家長), 즉 아버지의 목소리인 겁니다.

하지만 가족 중심 문화의 단점은 안정성을 택하는 대신 가족 구성원 개개인의 특성은 무시되는 거예요. 일치단결해야 살아남는다는 지상과제 아래서 개인은 무시당할 수밖에 없습니다. 개인을 존중하기에는 생존 자체가 너무 절박하니까요.

지나치게 간략한 느낌이 있지만, 우리나라가 가족을 중시하는 가부장적 문화를 갖게 된 배경을 설명해 보았습니다.

가족 중심 문화에서 정체성 형성의 가장 중요한 원천은 가족입니다. 즉 '나'보다 '가족의 일원'으로 생활하는 것이 더 중요하다는 가치관을 갖고 성장합니다. 바로 문화의 영향이지요. 그리고 '나'는 가족의 일원으로서 내 몫을 잘해야 합니다. 분수(分數)를 지키는 거지요. 여기서 '분'은 '나눌 분'(分)입니다. 우리는 각자 가족 내에서 내가 할 몫이 있어요. 무엇보다 그 몫을 잘하는 것이 사람의 도리를 지키는 길입니다. 그보다 지나치게 하는 건 분수를 모르고 날뛰는 것이 되지요.

이런 문화 속에서 나의 자기실현은 항상 가족 실현의 뒷전으로 밀립니다. 가족의 일원으로 내 몫을 잘하는 것이 내가 원하는 대로 하는 것보다 더 중요하다는 가치를 내재화하게 됩니다. 그러면 나의 개성, 나의 잠재력은 억압됩니다. 가족 구성원이 모두 자기 잠재력을 실현하겠다고 나서면 가족 사이에 갈등이 증폭되고, 결국 가족이 와해하고 말 테니까요.

한국인도 사람이기에, 당연히 자기 잠재력을 실현하려는 본성이 있습니다. 그렇지만 가족의 영달(榮達)을 위해 억누르곤 하지요. 예전에는 가문을 일으키기 위해 오빠나 남동생의 대학 등록금을 벌려고 딸들은 상급학교 진학을 포기하고 일찍 취직하는 일이 비일비재했어요. 또는 집안 형편이 넉넉하지 않으면 큰아들만 대학에 가고 둘째부터는 고등학교만 졸업하고 취직하기도 했고요.

내 꿈을 포기하고 남을 위해 희생한다면, 마음이 어떨까요. 오빠나 형이 아무리 가까운 가족이어도 엄밀하게 말하면 '남'이잖아요. 나도 내 생각을 말하고 싶고, 원하는 대로 살고 싶은데 못하게 한단 말이에요. 내가 딸로 태어나고 싶어서 태어난 것도 아니고, 큰아들로 태어나고 싶지 않았던 것도 아니잖아요.

그래서 예전부터 우리에게는 '팔자타령'이 낯설지 않고, '사주팔자'가 숙명론적 인생관이 되었습니다. 이 인생관은 역경이

나 처지를 헤쳐 나가기보다 순응하며 살도록 만드는 데 일조했지요.

사실 이런 상황에서는 억울한 게 많습니다. 더군다나 가족 중심 문화에는 위계질서가 강조됩니다. 위아래 서열을 철저하게 지키지요. 부모와 자녀 간에는 부모의 말을 들어야 하는 '효'가 강조됩니다. 부부 사이에도 남편이 위고 부인이 아래가 됩니다. 그래서 '부창부수'(夫唱婦隨) 문화가 생기지요. 부부 사이뿐 아니라 형제끼리도 서열이 있습니다. 부모가 없을 때는 맏이가 부모 역할을 대신한다고 가르칩니다. 그래서 "형만 한 아우 없다"라는 말이 회자하지요.

가부장 문화에서 가장의 뜻은 절대명령과 같은 권위를 갖습니다. 그리고 이런 가족문화가 일반 조직에도 퍼집니다. 그래서 조직에도 제일 윗사람인 '장'(長)이 있고, 장의 결정은 곧 조직의 결정이 됩니다.

예를 들면, 학교에서는 교장의 뜻이 절대적이고, 교사를 비롯한 모든 조직원은 그 뜻에 복종해야 하지요. 각 교사가 제 뜻에 따라 학생들을 가르치고 싶어도, 교장의 뜻을 거부하면 안 됩니다. 모든 교사가 일사불란하게 그의 뜻에 따라 움직여야 하지요. 더 나아가 국가에서는 임금의 명령이 곧 법이 됩니다.

이런 문화에서 개인의 뜻과 잠재력이 실현될 여건이 형성되기는 매우 힘듭니다. 제 뜻을 밝히지도 못하고, 제 뜻대로 살지도 못할 때 느끼는 가장 보편적인 부정적 감정은 무엇일까요. 억울함입니다. '누를 억'(抑)과 '막힐 울'(鬱)의 조합인 억울의 사전적 의미는 "아무 잘못 없이 꾸중을 듣거나 벌을 받거나 하여 분하고 답답한 심정"입니다.

단지 여자로, 동생으로 태어났다고 무시당하고 길이 막힐 때 분하고 답답하겠지요. 더군다나 뛰어난 자질과 능력을 제대로 펼쳐볼 기회조차 갖지 못한다면 얼마나 억울하고 속에서 '열불'이 날까요. 그것이 울화(鬱火)입니다. 그런데 더 화나는 건, 억울하다는 표현도 못 하게 하는 겁니다. 억울하다고 하소연하면 주변에서 뭐라고 하나요.

"네가 참아라. 그래야 모두가 편해진다."

만약 이런 조언을 무시하고 화를 내면 가족이나 조직의 단합을 해치는 나쁜 사람으로 매도되기 마련이지요. 그러니 억울해도 울며 겨자 먹기로 참아야 합니다. 화는 표현해서 풀어야 하는데 그러질 못하니 마음에 차곡차곡 쌓이지요.

물론 서양인도 사람인지라 화를 냅니다. 화내는 이유는 우리와 다를 수 있겠지요. 그런데 개인주의 문화에서는 화가 나면 그 이유를 잘 표현합니다.

"지금 내가 이러이러해서 화가 나니까 앞으로 조심했으면 좋겠어."

그래서 마음속에 쌓이는 것이 적습니다.

앞서 설명한 대로, 문화는 주변 환경 속에서 잘 살아가기 위해 습득되고 전달되는 생활양식입니다. 그런데 주변 환경은 고정적이지 않고 계속 변합니다. 예를 들면, 한국문화에 큰 영향을 준 주변 강대국의 군사적 침략이 이제는 없고, 또 없어야 합니다. 지금은 군사적 위협보다는 경제력을 기반으로 하는 문화적 영향이 훨씬 중요한 환경이 되었지요. 따라서 변화된 환경에 효율적으로 대응하기 위해 문화도 많이 변하고 있습니다. 개개인의 개성과 능력이 최대한으로 발휘되는 '창의성'이 주요 국력이 되었지요.

봉준호 감독이 연출한 영화 〈기생충〉(2019)이 92회 미국 아카데미 시상식에서 작품상, 감독상, 각본상, 국제장편영화상을 받는 쾌거를 이루었고, 정이삭 감독이 연출한 영화 〈미나리〉(2021)에 출연한 원로배우 윤여정 님이 93회 아카데미 시상식에서 여우조연상을 받는 영광을 안았습니다. 또 대중음악에서는 방탄소년단이 한 주에 빌보드 '핫 100' 순위와 '빌보드 200' 순위 정상을 동시 정복한 최초 그룹으로 대한민국 위상을 전 세계에 알렸습니다.

2024년에는 소설가 한강 님이 노벨문학상을 받는 영예를 누렸지요. 33회 파리 하계올림픽대회에서는 한국이 금메달 13개, 은메달 9개, 동메달 10개를 따서 종합성적 8위를 기록했습니다.

이제 대한민국은 더 이상 강대국에 둘러싸여 침략의 불안에 떠는 약소국이 아니라 강국입니다. 하루빨리 그에 걸맞은 문화로 바뀌어야 합니다.

지금보다 마음이 더 건강한 문화로 발돋움하기 위해서는 무엇보다 억울한 사람이 줄어야 합니다. 하지만 살다 보면 억울한 일이 생기니, 그 억울함을 편하게 표현할 수 있는 문화로 바꾸어야겠지요. 이를 위해 사회가 화를 풀도록 도와주는 체제를 확립하고 전파해야 합니다.

동시에 개인도 자신의 화를 잘 다루는 법을 배우고 익혀야 해요. 그래야 '화병 많은 문화'라는 오명을 벗을 수 있습니다.

가인과 가룟 유다
: 화

화를 다스리는 법

마음이 제대로 작동하지 않으면, 어떤 증상이 제일 먼저 나타날까요. 이것을 알아야 그 증상이 나타났을 때, 마음이 아프다는 것을 알고 적당한 조처를 할 수 있겠지요.

몸이 아프면 열이 나는 것처럼 마음이 제대로 작동하지 못해도 열이 납니다. 마음의 열이 바로 '화'입니다. 몸의 열과 마음의 화는 성질이 매우 비슷합니다. 둘 다 뜨거워요. 그래서 화가 나면 얼굴이 벌겋게 달아오르지요.

화는 나쁘거나 억압해야 하는 것이 아닙니다. 오히려 화는 마음이 아프다는 걸 나타내는 순기능을 합니다. 몸이 아플 때 열이 나지 않으면 병을 조기에 발견할 수 없는 것처럼, 마음이 아플 때 화가 나지 않으면 병을 조기에 발견하고 필요한 조처를 할 수 없게 됩니다. 그러니 화를 부정적으로 보는 편견에서 벗어나야 합니다.

화가 나면 어떻게 해야 할까요. 열날 때 먼저 열부터 내리듯이, 화가 나면 화부터 풀어야 합니다. 그 후 원인을 찾아서 제거하거나 조정해야 합니다. 그 결과, 마음이 다시 정상적으로 기능하면 더 이상 화가 안 나겠지요.

화가 난다는 것은, 예상하거나 노력한 대로 결과가 나오지 않아서 내 마음이 '지금 굉장히 억울하고 불편하고 타들어 가고 있어요. 그러니 그 원인을 없애주세요'라고 호소하는 겁니다. 그럴 땐 내 마음을 먼저 다독여야 합니다.

'네가 화났구나. 지금 어딘가가 불편하구나. 그것을 없애도록 같이 노력하자.'

그리고 원인을 찾아 효과적인 조처를 하는 것이 화를 처리하는 가장 좋은 방법입니다.

우리가 화를 나쁘게 보는 이유는, 화를 '푸는' 것과 화를 '내는' 것을 혼동하기 때문입니다. 마음속에 화가 생겼을 때 잘 풀면 화낼 필요가 없겠지요. 잘 풀어주지 않으니 화를 '내는' 거예요. 소리를 지르거나 물건을 집어 던지고 폭력적인 행동을 하기도 하지요. 왜 이런 행동을 할까요. 비록 바람직하지는 않지만, 화를 '풀기' 위해서입니다. 그렇게라도 표현하지 않으면 속이 타서 죽을 것 같으니까요. 이때 주변에서 "화내지 마"라고 하는 건 이런 행동을 하지 말라는 겁니다. 더 정확히 말하면, "화를 풀려는 행동을 하지 마"예요.

이런 바람직하지 못한 행동을 사전에 방지하는 방법은 행동으로 표현하기 전에 화를 푸는 겁니다. 그러면 화를 내려고 해도 화가 안 납니다. 마음속에 화가 없기 때문이지요. 하지만 우리는 대개 상대에게 화를 내지 말라고만 하지, 화를 풀어주질 않습니다. 그래서 현재 한국 사회에 곳곳에 화내는 사람들이 늘고 있어요. 빨리 해결해야 할 중차대한 과제입니다.

화는 빨리 풀어야 한다

우리 마음은 풍선과 같습니다. 풍선에 바람을 불어 넣으면 크게 부풀어 오릅니다. 그러다가 바람을 빼면 원래 크기로 돌아옵니다. 좋은 풍선은 빨리 원래 크기로 돌아오지만, 질 나쁜 풍선은 잘 돌아오지 않고 조금씩 부풀어 있습니다. 이걸 몇 번 반복하면 곧 터져버리고 말지요.

우리 마음도 마찬가지입니다. 마음이 건강하다는 건 화를 느끼지 않는 게 아니라 화가 났다가도 빨리 풀고 원래대로 돌아오는 겁니다. 사실 한국문화는 '푸는' 문화예요. 화도, 한도, 회포도 풀어야 합니다. 그만큼 쌓이는 것이 많은 문화지요. 그러니 마음이 건강하려면 잘 풀어야 합니다.

결혼식 주례사에 꼭 등장하는 말이 있습니다.

"서로 양보하고 싸우지 말고 잘 사세요."

사실 이 말은 현실적으로 불가능합니다. 사랑해서 결혼했는데 어느 부부가 싸우고 싶겠어요. 하지만 어떻게 싸우지 않을 수 있을까요. 남자와 여자는 세상을 바라보고 해석하는 틀과 표현 방식이 너무나 다릅니다. 오죽하면 존 그레이의 《화성에서 온 남자 금성에서 온 여자》가 전 세계 150개국에서 5천만 부 이상 판매되었을까요. 가정환경이 다르고 가치관이 다르면 당연히 의견이 충돌하고 다투게 됩니다. 게다가 사랑하는 것과 싸우는 건 관계가 없습니다. 사랑하기 때문에 싸울 수는 있어도, 사랑하지 않으면 싸우지도 않습니다. 무관심해질 뿐이지요.

행복한 부부는 부부싸움을 안 하는 게 아니라, 빨리 화를 풀고 서로 사랑하는 상태로 돌아갑니다. 오히려 부부싸움을 슬기롭게 하면 그동안 쌓여온 부정적 감정이 표현되고 화가 풀리기에 사이가 더 좋아질 수 있어요. 그러나 건강하지 못한 부부는 한 번 싸우면 며칠 혹은 몇 달씩 말도 안 하고 지냅니다. 화를 풀지 않아 마음속에 불덩어리를 오래 가지고 있으면 마음이 심하게 화상을 입고 말지요.

결국 인간은 화났다가 빨리 풀고, 또 화났다가 빨리 푸는 과정을 통해 서로 맞추며 살아갑니다. 그러니 "싸우지 말고 화내지 마라"라고 충고하기보다는 '화를 잘 풀고, 잘 싸우는 법'을 알려주는 게 더 도움이 되지 않을까요!

부부싸움을 하다가 배우자가 심하게 화를 내면 "별것도 아닌 것 가지고 왜 그렇게 화내는 거야"라고 하면서 싸움을 키우는 경우가 종종 있습니다. 이때는 싸움을 유발한 그 일 자체가 대단해서가 아니라, 평소에도 마음속에 배우자에 대해 화가 나 있었다고 보는 게 더 정확합니다. 그런 상태이기에 조그만 자극이라도 마음속 화를 촉발할 수 있는 거지요. 이미 마음의 병이 된 상태로 볼 수 있습니다.

불이 사람을 죽인다

앞서 말했듯이, 화(火)가 쌓여 불꽃 염(焱)이 되면 극단적인 행동이 나타납니다. 극단적 폭력의 형태인 '살인'이나 내부적으로 폭발하면 '자살'로 이어지지요. 마음속 불이 사람을 죽이는 데까지 이를 수 있습니다.

창세기 4장에는 인류 최초의 살인사건 전말이 자세히 나옵니다. 아담과 하와의 큰아들 가인은 하나님께서 자신의 제사는 받지 않으시고 동생 아벨의 제사만 받으시자, 화가 났습니다. 인류 최초로 화를 낸 사람이 바로 가인입니다.

하나님께서도 가인에게 "어찌하여 네가 화를 내느냐? 얼굴빛이 달라지는 까닭이 무엇이냐?"(6절, 새번역)라고 물으셨지요. 이후 가인은 동생 아벨을 들에서 쳐 죽이고 맙니다(8절). 화가 나면 형제지간에도 살인할 수 있다는 것이 여실히 증명된 비극적 사건이지요.

이 사건을 조금 다른 시각에서 볼게요. 가인도 나름 준비해서 제사를 지냈는데, 하나님께서 자신의 제사는 안 받으시고 동생의 제사만 받아주시는 걸 보고 어떤 감정을 느꼈을까요.

'내가 뭔가 부족해서 내 제사를 받지 않으시는 건가….'

이런 죄책감이 들기도 했을 거예요. 그러나 한편으로는 억울하고 섭섭하고 당황스러웠을 거예요. 두 감정 중에 어느 감정을 더 강하게 느꼈을까요? 그 답은 가인의 행동을 보면 알 수 있습니다.

네가 옳은 일을 했다면 왜 내가 네 예물을 받지 않았겠느냐? 그
러나 네가 옳은 일을 하지 않으면 죄가 네 문 앞에 도사리고 앉을
것이다. 죄가 너를 다스리고 싶어 하여도 너는 죄를 이겨야 한다.

창 4:7 현대인의성경

하나님께서도 가인에게 옳은 일을 하지 않았다고 꾸중과 충
고만 하셨습니다. 아벨이 형에게 무슨 말을 했는지는 성경에
나오지 않지요.

현대인의성경을 보면 "하루는"이라는 구절이 나옵니다(창
4:8). 하나님이 가인의 제사를 거부하신 지 시간이 얼마간 지났
음을 추론해 볼 수 있습니다. 이 기간에 부모인 아담과 하와
가 가인의 화를 풀어주었다는 말은 없습니다. 안타깝게도 모
두들 화가 난 가인을 비난하거나 방관하기만 한 것입니다.

그 결과 가인은 동생 아벨을 죽이는 끔찍한 일을 저지르고
맙니다. 참 안타까워요. 하나님이 직접 만드신 최초의 인류,
아담과 하와가 이룬 가정에서 인간이 저지를 수 있는 가장 잔
인하고 끔찍한 범죄, 살인이 일어났습니다. 그것도 친족 살인
이요. 가인은 인류 최초의 살인자, 그것도 동생을 죽인 천인공
노할 죄인으로 영원히 남게 되었습니다. 이는 사람이 화가 나
면 살인까지 할 수 있음을 보여주는 명백한 예가 되었지요. 그
대상은 가족도 예외가 아니라는 것을요.

물론 하나님께서 실수하셨다거나 가인의 행동이 옳았다고
말하는 게 절대 아닙니다. 다만 화를 제때 풀지 않고 쌓아두면

둑이 터지듯이 극단적 행동을 하게 되며, 그 행동이 본인뿐 아니라 주변 사람들을 불행하고 마음 아프게 한다는 겁니다. 화를 억압한다고 문제가 해결되지 않습니다. 오히려 문제를 더 키울 뿐이지요.

우리나라에 아시아 최초의 민영교도소인 소망교도소(아가페재단, 2010년 12월 개소)가 있습니다. 저는 이 교도소 설립을 위한 준비 단계에서부터 전문위원으로 참여했습니다. 주로 맡은 분야는 상담자원봉사자 교육이었지요.

이미 알려진 사실이지만, 교정행정의 효과는 생각보다 크지 않습니다. 그래서 거듭 죄를 짓는 누범률이 증가하고 있지요. 오죽하면 '교도관의 노래' 2절에 "굽은 나무 펴기보다 더욱 힘든 일/ 굽은 사람 바로 잡기 우리가 맡았네"라는 구절이 있겠습니까. 굽은 나무 펴기보다 더 힘든 일이 교정입니다.

그런데 소망교도소의 재범률은 국영교도소보다 놀랄 만큼 낮습니다. 그렇다고 착한 재소자만 들어오는 건 물론 아닙니다. 재소자 중 살인, 강도, 강간 등을 저지른 강력범이 55퍼센트 이상입니다. 하지만 재범률이 5.2퍼센트에 그쳤습니다(2023년 기준). 국영교도소의 평균 재범률이 22퍼센트인 것에 비해 놀랍도록 적습니다. 그만큼 교정 효과가 크다는 거지요.

이에 대해 여러 전문가는 소망교도소의 철저하고 체계적인 '인성교육' 덕분이라고 말합니다. 이곳 재소자들은 입소 후 8개월 동안 작업에서 완전히 배제된 채 명상·상담 등 4단계의 강도 높은 인성교육을 받습니다. 이 중에서도 역점을 두는 것이 상담과 신앙교육입니다.

교화는 마음속에 쌓인 화를 상담으로 풀어주고, 신앙교육을 통해 삶의 의미와 목표를 찾아주는 게 핵심이어야 합니다. 그리고 민간 자원봉사자와의 소통 기회도 늘려 사회적응을 착실히 준비하게 해야 하지요.

자괴감이 부른 비극

예수님의 제자였던 가룟 유다는 스스로 목숨을 끊었습니다. 그는 처음에 회계 업무를 맡았을 만큼 예수님과 다른 제자들의 신임을 받았습니다. 하지만 성경은 유다를 "그는 도둑이라 돈궤를 맡고 거기 넣는 것을 훔쳐 감이러라"(요 12:6)라고 설명합니다. 끝내 그는 대제사장과 장로들에게 은 30냥을 받고 예수님을 팔아넘깁니다.

그 결과 예수님은 사형선고를 받으셨지요. 그걸 보고 유다가 뉘우쳤다고 성경은 기록합니다(마 27:3). '뉘우치다'의 사전적 의미는 "스스로 잘못을 깨닫고 마음속으로 가책을 느끼다"입니다. 가책은 꾸짖고 책망하는 겁니다.

유다는 은 30냥을 받고 예수님을 판 잘못을 깨닫고 마음속으로 자신을 책망합니다. 그래서 그 돈을 대제사장과 장로들에게 돌려주며 "내가 죄 없는 사람을 죽이려고 팔았으니 정말 큰 죄를 지었소"라고 하지요. 아마 그러면서 예수님의 석방을 간청했을 겁니다. 그러자 그들은 "그것이 우리와 무슨 상관이 있소? 당신이 알아서 할 일이오"라며 매몰차게 대답합니다. 잘 못을 되돌릴 수 없음을 깨달은 유다는 예수님을 판 대가로 받은 돈을 성전에 내던지고 나가서 목매달아 자살하고 말지요 (마 27:4,5 현대인의성경).

당시 유다의 마음이 어땠을까요. 은 30냥에 3년 동안 따르던 스승을 팔아넘겼다는 죄책감에 몸서리쳤을 겁니다. 오죽했으면 대가로 받은 돈을 성전에 내던졌을까요. 예수님은 유다에게 "나를 파는 사람에게는 불행이 닥칠 것이다. 그 사람은 차라리 나지 않았더라면 좋았을 것이다"(마 26:24 현대인의성경)라고까지 하셨어요. 유다는 그 말씀을 떠올리며 심한 자괴감을 느꼈을 겁니다. 자신에게 몹시 화났을 거예요. 그리고 결국 자괴감과 화를 이기지 못하고 스스로 목숨을 끊습니다. 자신을 향한 강한 부정적 감정을 풀지 못한 거지요.

가룟 유다의 자살 사건에도 안타까운 점이 있습니다. 예수님은 유다의 배반을 예견하시고 "몹시 괴로워하시며 '내가 분명히 말해두지만 너희 중의 하나가 나를 팔아넘길 것이다'"(요 13:21 현대인의성경)라고 말씀하셨어요. 그리고 빵 한 조각을 찍어 유다에게 주십니다. 이는 유다의 악한 계획을 이미 아신다는 걸 그에게 직접 알려주신 거였지요. 이때가 유다가 회개하고 돌이킬 수 있는 마지막 기회였습니다.

예수님은 유다에게 "네가 하고자 하는 일을 속히 하라"라고 말씀하셨지만, 속마음은 "유다야, 이제라도 뉘우치고 돌아오너라"가 아니었을까요. 하지만 유다가 빵 조각을 받는 순간 사단이 그에게로 들어갔고, 그는 즉시 밖으로 나갔지요. 예수님에게로 돌아올 마지막 기회를 사단이 막은 겁니다.

제자들은 예수님이 유다에게 "네가 하고자 하는 일을 속히 하라"라고 말씀하시는 이유를 몰랐습니다. 그저 유다가 돈궤를 맡고 있었기에 예수님이 명절에 쓸 것을 사라고 하셨거나 가난한 사람들에게 무엇을 주라고 하신 줄로만 생각했지요.

만약 그때 제자들이 유다의 사악한 계획을 알았다면 모두 나서서 말렸을 겁니다. 3년간 예수님과 동고동락했던 유다가 그분을 팔도록 놔두지는 않았을 거예요. 하지만 아무도 그의 계획을 눈치조차 채지 못했습니다. 사단의 지배를 받은 유다의 주위에는 아무도 없었지요.

또한 그가 누군가에게 속마음을 나누고 극심한 죄책감에서 벗어날 수만 있었다면, 스스로 생을 마감하지 않았을 수 있습니다. 그러나 그는 흥분된 마음을 가라앉히고 자기 행동을 이성적으로 정리할 여유가 없었습니다. 그를 도와줄 사람이 곁에 없었다는 게 참 안타깝습니다.

상담자로서 내담자가 어떤 잘못을 저질렀는지보다는 자신의 부정적 감정을 극복하지 못하고 극단적 선택을 했다는 점이 더 안타까울 뿐입니다. 예수님도 가룟 유다가 베드로처럼 잘못을 뉘우치고 새사람으로 거듭나기를 바라지 않으셨을까요.

.

수고하고 무거운
짐

사람이 부과한 율법

원더풀 카운슬러이신 예수님은 자신이 하는 상담의 정의를 내려주셨습니다. 예수님이 해주시는 상담은 어떤 것일까요. 마태복음 11장 28절에 잘 나와 있습니다.

"수고하고 무거운 짐을 지고 힘들게 살아가고 있지? 다 내게 오렴. 너희가 짐을 내려놓고 쉬게 해줄게."

이 구절이 예수님의 상담의 정의 또는 본질입니다. 그런데 왜 우리는 수고하고 무거운 짐을 지고 살아갈까요? 그 짐을 지지 않으면 상담받을 필요조차 없잖아요. 그러면 상담자로서의 예수님도 필요하지 않고요.

유명한 상담자들은 하나같이 자신만의 상담 정의를 내리면서, 사람들이 왜 상담받아야 할 만큼 고통스러운 생활을 하는지 원인을 밝힙니다. 그래야 상담을 통해 원인을 해결하고 건강한 생활을 하도록 도울 수 있으니까요.

교회학교 때부터 배운 교리에 의하면 우리가 '죄인'이기 때문입니다. 하나님의 명령에 불순종한 아담과 하와로부터 원죄를 물려받아 우리도 하나님과 분리된 죄인으로 살기에 삶에 고통이 따른다는 거지요. 따라서 자신이 죄인임을 깨닫고 통회 자복하며 예수님을 구주로 믿고 구원받아야 이 원죄의 굴레, 삶의 고통에서 벗어날 수 있습니다.

성경은 우리가 수고하고 무거운 짐을 지고 살아가는 이유를 설명해 주지 않습니다. 저는 오랫동안 마태복음 11장 28절을 읽으며 그 이유를, 삶이 고통의 연속이기 때문이라고 막연히 생각했습니다. 실제로 우리 삶이 얼마나 힘들고 지겹고 어려운 일들의 연속인가요!

그러던 어느 날, 우연히 《복음: 설명과 그림이 있는 현대 독일어 성경》(독일성서공회, 1983, 이하 '독어 성경')을 읽고 큰 충격을 받았습니다. 독어 성경에는 마태복음 11장 28-30절이 지금껏 읽어온 것과 다르게 쓰여 있었어요.

Ihr plagt euch mit den Geboten, die die Gesetzeslehrer euch auferlegt haben. Kommt doch zu mir; Ich will euch die Last abnehmen! Ich quale euch nicht und sehe auf keinen herab. Stellt euch unter meine Leitung und lernt bei mir; dann findet euer Leben Erfullung. Was ich anordne, ist gut fur euch, und was ich euch zu tragen gebe, ist keine Last.

우리말로 번역하면 다음과 같습니다.

"율법학자들이 부과한 계명으로 괴로워하는 사람들아, 내게로 오라. 내가 너희의 짐을 덜어주겠다. 나는 너희를 괴롭히지 않고 누구를 업신여기지도 않는다. 내 지도를 받고 내게서 배우라. 그러면 너희의 삶이 실현될 것이다. 내가 명하는 것은 너희에게 유익하고, 내가 지우는 것은 너희에게 짐이 되지 않는다."

비교를 위해 한글 성경 개역개정판도 소개합니다.

수고하고 무거운 짐 진 자들아 다 내게로 오라 내가 너희를 쉬게 하리라 나는 마음이 온유하고 겸손하니 나의 멍에를 메고 내게 배우라 그리하면 너희 마음이 쉼을 얻으리니 이는 내 멍에는 쉽고 내 짐은 가벼움이라 하시니라

차이점을 발견했나요? 독어 성경은 우리가 왜 수고하고 무거운 짐을 지고 괴로워하는지를 분명히 밝힙니다. 율법학자들이 부과한 '계명' 때문이라는 겁니다. 저는 이 내용을 읽고 너무나 놀랐습니다. 율법은 우리가 어떻게 살아야 하는지를 가르쳐주는, 소중하게 지켜야 하는 하나님의 법이 아닌가요!

그러면서 예수님이 왜 그렇게 율법학자와 바리새인을 미워하셨는지도 알았습니다. 예수님은 그들에 대해 마태복음 23장에서 이렇게 말씀하셨어요.

율법학자들과 바리새파 사람들은 모세의 율법을 가르치는 사람

들이다. 그러므로 너희는 그들이 말하는 것이 무엇이든지 따르고 지켜야 한다. 그러나 그들의 행동은 본받지 말아라. 그들은 말만 하고 실천하지 않는다. 그들은 무거운 짐을 남의 어깨에 지우고 자기들은 손끝 하나 까딱하려 하지 않으며 또 하는 일마다 남에게 보이려고 기도할 때 차는 작은 성구함을 크게 하고 옷 술을 길게 달고 다닌다. 2-5절 현대인의성경

율법학자들과 바리새파 사람들아, 너희 위선자들에게 불행이 닥칠 것이다. 너희는 회칠한 무덤과 같은 자들이다. 회칠한 무덤은 겉은 아름답게 보이지만 속은 해골과 더러운 것으로 가득 차 있다.
27절 현대인의성경

이 뱀들아, 독사의 자식들아, 너희가 어찌 지옥의 심판을 피할 수 있겠느냐? 33절 현대인의성경

예수님은 율법학자와 바리새인이 "무거운 짐을 남의 어깨에 지우고 자기들은 손끝 하나 까딱하려 하지 않"는 위선자라고 힐책하십니다. 그들에게 비난과 저주의 말을 퍼부으셨어요. 왜냐하면 그들이야말로 당신의 백성이 수고하고 무거운 짐을 지고 살아가게 하는 원흉이었기 때문이지요.

당시는 율법을 굉장히 강조하고, 율법대로 살아가도록 엄격히 요구하던 시대였어요. 그러나 예수님의 태도는 매우 달랐습니다. 심지어 율법을 무시하는 것처럼 보이기도 했지요. 제자

들이 안식일에 밀 이삭을 잘라 먹은 사건만 봐도 그래요.

예수님을 탐탁지 않게 여기던 바리새인들이 예수님에게 제자들이 금지된 행동을 했다며 트집을 잡았습니다. 그때 예수님은 다윗의 고사를 인용하며 제자들을 변호하시고는 청천벽력 같은 말씀을 하셨지요.

안식일은 사람을 위해 있는 것이지 사람이 안식일을 위해 있는 것이 아니다. 그러므로 나는 안식일에도 주인이다. 막 2:27,28 현대인의성경

이 말씀을 들은 바리새인들은 '아니, 사람이 안식일의 주인이라니!' 하고 깜짝 놀랐을 겁니다.

안식일에 대한 예수님의 태도는 이외에도 안식일에 손 마른 사람을 고치신 사건에서도 잘 드러납니다(막 3:1-5). 그러면서 언뜻 보기에 이율배반적인 말씀도 하십니다.

내가 율법이나 예언자들을 없애러 왔다고 생각하지 말아라. 없애러 온 것이 아니라 완전하게 하러 왔다. 마 5:17 현대인의성경

모세오경을 보면, 하나님의 백성이 지켜야 하는 계명은 모두 613개입니다. "~하라"라는 긍정적 계명 248개와 "~을 하지 마라"라는 금지적 계명 365개로 되어 있지요. 하지만 이 계명들을 현실에서 실천하는 데는 어려움이 있었습니다. 원론만 있고 세부 규정이 없다든지, 시대 변화에 따라 문자 그대로 실천하

기가 어렵다든지, 613개의 계명으로는 실제 생활에서 일어날 수 있는 다양한 경우를 규율하기에 부족하기도 했습니다. 이런 문제를 해결하기 위해 랍비들과 율법학자들이 논의와 토론을 통해 새로운 법을 만들었고, 이 법이 입에서 입으로 전해져 구전법이 되었지요.

학자들에 의하면, 모세오경에 공식적으로 밝힌 계명 외에 구전으로 내려오는 계명까지 합하면 그 수를 셀 수 없을 만큼 더 많다고 합니다. 그러니 그것들을 지키는 게 얼마나 수고스럽고 무거운 짐처럼 느껴졌을까요!

유진 피터슨은 메시지성경에서 마태복음 11장 28-30절을 이렇게 표현했습니다.

너희는 피곤하고 지쳤느냐? 종교 생활에 탈진했느냐? 나에게 오너라. 나와 함께 길을 나서면 너희 삶은 회복될 것이다. 내가 너희에게 제대로 쉬는 법을 가르쳐주겠다. 나와 함께 걷고 나와 함께 일하여라. 내가 어떻게 하는지 잘 보아라. 자연스런 은혜의 리듬을 배워라. 나는 너희에게 무겁거나 맞지 않는 짐을 지우지 않는다. 나와 함께 있으면 자유롭고 가볍게 사는 법을 배울 것이다.

여기서도 피곤하고 지친 삶의 이유가 "종교 생활에 탈진"했기 때문이라고 밝힙니다. 아마도 계명을 엄격히 지키는 율법적인 삶을 뜻하는 것이겠지요.

다시 독어 성경의 해석으로 돌아가서, 우리가 눈여겨보아야 할 대목은 "율법학자들이 부과한 계명"입니다. 이는 하나님이 아닌 율법학자들이 부과한 계명이라는 겁니다. 예수님은 마태복음에서 이사야 선지자의 말을 인용하여 바리새인과 율법학자들을 꾸짖으십니다.

> 그들은 사람이 만든 법을 마치 내 교훈인 것처럼 가르치고 있으니 나를 헛되이 예배하고 있다. 마 15:9 현대인의성경

예수님 당시 율법학자들은 모세의 율법에 정통한 전문가로서 회당에서 구전 율법으로 강의했지만, 이런 가르침을 하나님의 비밀로 여겨 대중에게 문서로 유포하는 것을 철저히 금했습니다. 그리고 자신들이 만든 율법을 마치 하나님의 명령인 양 가르쳤습니다.

그들은 독선과 위선으로 가득 차서 누구도 감당할 수 없는 수많은 계명을 사람들에게 부과하고 강요했지요. 그러나 정작 자신들은 그 계명을 철저히 지키지 않을뿐더러, 계명의 본래 정신은 잊어버린 채 겉으로 지키는 척만 했습니다. 이에 예수님이 계명의 본질인 하나님과 이웃 사랑보다 율법에 더 집착하는 그들의 위선적 태도를 통렬히 꾸짖으신 겁니다.

한글 성경과 독어 성경을 종합해 보면, 율법학자들이 부과한 계명 때문에 사람들이 괴로워하는데(독어 성경), 그 이유가 수고하고 무거운 짐을 지고 있기 때문입니다(한글 성경).

계명이란 '하나님의 명령으로서 신앙적 인격을 완성할 수 있

도록 제시된, 반드시 지켜야 할 기본적인 생활 규준'입니다. 예수님도 "율법학자들과 바리새파 사람들은 모세의 율법을 가르치는 사람들이다. 그러므로 너희는 그들이 말하는 것이 무엇이든지 따르고 지켜야 한다"(마 23:2,3 현대인의성경)라고 말씀하셨어요.

하지만 지켜야 할 계명이 너무 많고, 지키기 어렵고, 그럼에도 꼭 지켜야 한다는 압박이 크면 삶이 경직되고 힘들어지겠지요. 자유롭고 즐거운 삶은 뒤로한 채 온통 그 계명을 지키는 데만 전력할 거예요. 그런다고 계명을 다 지킬 수 있기는 한가요. 불가능합니다. 불가능한 것을 가능하게 하려고 애쓰며 사는 것이 바로 '수고하는' 삶 아닐까요.

모든 계명의 핵심, 사랑

그래서 예수님이 새 계명, 그분의 가벼운 멍에를 알려주신 겁니다. 한 율법학자가 예수님을 시험하기 위해 물었습니다.

"율법 중에 어느 계명이 가장 큽니까?"

예수님이 대답하셨어요.

"네 마음을 다하고 정성을 다하고 뜻을 다하여 주 너의 하나님을 사랑하라." 이것이 제일 중요한 계명이다. 그다음은 "네 이웃을 네 몸과 같이 사랑하라"는 계명이다. 모든 율법과 예언자들의 가르침은 이 두 계명에서 나온 것이다. 마 22:37-40 현대인의성경

'하나님을 사랑하고, 이웃을 사랑하는 것'이 계명의 본질이라는 거지요. 이것이 모든 율법과 예언자들의 가르침의 핵심이고 정신이라는 겁니다.

예수님은 죽음을 앞두고 제자들과 최후의 만찬을 하시면서 유언처럼 다시 한번 새 계명을 말씀하십니다.

> 이제 내가 새로운 계명을 너희에게 준다. 서로 사랑하여라. 내가 너희를 사랑한 것처럼 너희도 서로 사랑하여라. 너희가 서로 사랑하면 모든 사람들이 그것을 보고 너희가 내 제자라는 것을 알게 될 것이다. 요 13:34,35 현대인의성경

예수님의 제자가 되는 유일한 길은 "서로 사랑"하는 거라고 하셨습니다. 결국 모든 계명의 핵심은 '사랑'입니다. 사도 바울의 가르침처럼 우리가 "사람의 방언과 천사의 말을 할지라도 사랑이 없으면 소리 나는 구리와 울리는 꽹과리"에 지나지 않습니다(고전 13:1). 사랑 없이 부과하는 계명은 수고하고 무거운 짐이 될 뿐입니다.

계명을 지키려고 노력하는 삶은 매우 수고스럽고 힘듭니다. 모든 것을 완벽하게 수행함으로써 자신에게 돌아올지 모르는 비난이나 처벌을 면하려는 심리적 방어기제를 '완벽주의'라고 합니다. 매사에 높은 기준을 갖는 완벽주의적 성향은, 고난과 장애 속에서도 성실함과 목표에 대한 추구를 촉진하는 힘의 원천이 되므로 긍정적 측면이 있습니다. 뛰어난 업적을 이룬 운동

선수, 학자와 예술가에게서 이 성향을 찾아볼 수 있지요.

윤동주 시인의 〈서시〉는 이 점을 잘 드러내고 있습니다.

"죽는 날까지 하늘을 우러러 한 점 부끄럼이 없기를, 잎새에 이는 바람에도 나는 괴로워했다."

죽는 날까지 하늘을 우러러 한 점 부끄럼 없는 삶, 얼마나 아름답고 존경스러운 삶인가요. 우리 모두 그렇게 살도록 노력해야 합니다. 하지만 그렇게 살지 못할 땐 얼마나 괴로울까요. 완벽하지 못한 인간의 한계와 개인 욕망의 철저한 포기를 넘어서는 불가능한 삶을 살기 위해 얼마나 수고해야 할까요.

무거운 짐은 무엇일까요? 살다 보면 아무리 노력해도 어쩔 수 없이 율법을 어길 경우가 생깁니다. 의도적이든 실수든 계명을 어기면 처벌이 따르지요. 만약 처벌이 없다면 사람들이 쉽게 어기므로 계명의 기능을 할 수 없습니다.

처벌은 내부와 외부에서 옵니다. 내부의 처벌은 죄책감이나 양심의 가책 등이지요. 율법학자도 지키지 못하는 율법을 어겼을 때 오는 죄책감이 얼마나 클까요. 또 외부에서 받을 처벌이 얼마나 두려울까요. 성경은 이런 상태를 "수고하고 무거운 짐"을 지고 있다고 표현합니다.

이렇게 괴로워하며 살아가는 사람들에게 제일 필요한 건 '쉼'입니다. 육체적, 정신적으로 긴장하고 피로한 사람에게 쉬는 것만큼 절실한 게 없지요. 예수님은 지나치게 많고 엄격한 계명으로 힘들어하는 사람들에게 "다 내게로 오라 내가 너희를 쉬게 하리라"라고 말씀하십니다. 메시지성경도 "나에게 오너라. 나와 함께 길을 나서면 너희 삶은 회복될 것이다. 내가 너희에게 제대로 쉬는 법을 가르쳐주겠다"라고 표현합니다. 예수님과 함께하면 제대로 쉴 수 있습니다. 그야말로 '구원'의 말씀이지요.

이어서 예수님은 그 이유까지 명백히 밝히십니다.

나는 마음이 온유하고 겸손하니 나의 멍에를 메고 내게 배우라 그리하면 너희 마음이 쉼을 얻으리니 이는 내 멍에는 쉽고 내 짐은 가벼움이라 마 11:29,30

예수님은 멍에는 쉽고 그분의 짐은 가볍습니다. 그러므로 그분께 배우면 우리 마음이 평온하게 쉴 수 있습니다. 다만 이것이 그분의 계명을 지키기 쉽다는 뜻은 아닙니다.

내가 율법이나 예언자들의 말을 폐하러 온 줄로 생각하지 말아라. 폐하러 온 것이 아니라, 완성하러 왔다. 마 5:17 새번역

예수님이 완성하신 율법은 유대인들이 지키려고 애썼던 율법보다 더 무거울 수 있습니다. 아니, 실제로 더 무거울 겁니다. 기존 수많은 율법을 완성하신 거니까요.

그렇다면 예수님의 멍에가 가벼운 이유는 무엇일까요? 바로 예수님에게 배우기 때문입니다. 율법학자들은 자기들은 지키

지 않고 강요만 했습니다. 하지만 예수님은 계명을 지키는 모습을 몸소 보여주셨습니다.

> 새 계명을 너희에게 주노니 서로 사랑하라 내가 너희를 사랑한 것 같이 너희도 서로 사랑하라 요 13:34

예수님 자신이 먼저 제자들을 사랑하는 본을 보여주셨기 때문에 우리는 그분에게 배울 수 있습니다. 그 본을 따라 행하는 것이 율법학자들이 요구하는 율법을 지키는 것보다 쉽지 않을까요. 상담을 배우려는 사람에게 말로만 설명하기보다 상담하는 모습을 직접 보여주는 게 제일 좋은 가르침입니다. 백문이 불여일견이지요.

또한 예수님의 짐이 가볍다는 것은 상대적으로 율법학자들이 지워준 짐이 무겁다는 뜻입니다. 이는 지키지 못했을 때 처벌이 심함을 의미합니다. 외부의 처벌도 두렵지만, 특히 마음속 처벌인 죄책감이 심하다는 거지요.

메시지성경은 "나는 너희에게 무겁거나 맞지 않는 짐을 지우지 않는다. 나와 함께 있으면 자유롭고 가볍게 사는 법을 배울 것이다"라고 표현합니다. 예수님과 함께하면 '자유롭고 가볍게' 살 수 있다는 거예요. 수고하고 무거운 짐을 지고 살다가 재미있고 신나게 살 수 있도록 해주시는 예수님이야말로 놀라운 상담자이시지 않습니까!

또 하나 짚고 넘어가야 할 점은 예수님이 우리를 대하시는 태도입니다. 예수님은 수고하고 무거운 짐을 지고 살아가는 사람들에게 '온유하고 겸손하게' 대해주십니다.

'온유'의 사전적 의미는 "성격, 태도 따위가 온화하고 부드러움"입니다. 즉 예수님은 계명을 지키라고 강압적이고 엄한 모습으로 채찍질하지 않으신다는 거예요. 율법학자들과 예수님의 자세는 극과 극입니다. 독어 성경에도 예수님이 "나는 너희를 괴롭히지 않는다"라고 말씀하시는 것으로 번역됩니다.

또 예수님은 겸손하십니다. '겸손'은 '남을 높이고 자신을 낮추는 태도'입니다. 예수님은 힘들게 살아가는 사람들을 높이시고 자신은 낮추십니다. 비록 계명을 지키지 못해도 비난하거나 무시하거나 경멸하지 않으신다는 겁니다. 그렇게 우리를 대해주신다는 거예요. 독어 성경에도 "나는 너희를 업신여기지 않는다"라고 분명히 말씀하십니다.

이제 제가 왜 놀라운 상담자이신 예수님을 좋아하는지 아셨을 겁니다. 비단 종교적 계명뿐 아니라 우리는 모두 이루고 싶은 것이 있습니다. 공부를 잘하고, 좋은 배우자를 만나고, 훌륭한 직장에 들어가 승진하는 등 여러 기준이 있지요. 이 기준을 성취하면 기쁘고 자긍심을 느끼겠지만, 실패하면 절망하고 우울해지겠지요. 더구나 자신이나 누군가가 성취를 강요하거나, 실패했을 때 무시하고 경멸한다면 정말 힘들 거예요.

이때 상담자 예수님이 온유하고 겸손한 태도로 "괜찮아, 사람이 만들어놓은 기준을 따를 필요 없어. 서로 사랑하기만 하면 행복하게 살 수 있어. 하나님이 원하시는 건 오직 사랑이란다"라고 말씀해 주신다면, 얼마나 기쁘고 행복하겠어요. 너무나 좋으신 예수님이시지요!

상담의 목표

이제 상담 활동의 핵심인 '목표'에 대해 알아볼게요. 상담은 앞서 설명했듯이 '서로 이야기해서 상대의 화를 풀어주는 것'입니다. 그러면 상담의 근본 목표가 단지 마음속 불을 끄는 걸까요? 불을 끈 다음에는 어떻게 살아야 할까요?

상담에는 더 크고 깊은 목표가 있습니다. 마음속 화를 푸는 것은 그 목표에 도달하기 위한 과정일 뿐이지요. 그 목표를 알기 위해 다시 한번 놀라운 상담자이신 예수님의 말씀을 들어볼게요.

> 율법학자들이 부과한 계명으로 괴로워하는 사람들아, 내게로 오라. 내가 너희의 짐을 덜어주겠다. 나는 너희를 괴롭히지 않고 누구를 업신여기지도 않는다. 내 지도를 받고 내게서 배우라. 그러면 **너희의 삶이 실현될 것이다**. 내가 명하는 것은 너희에게 유익하고, 내가 지우는 것은 너희에게 짐이 되지 않는다. 마 11:28-30 독어 성경 해석

위 독어 성경의 한글 해석에 상담 목표에 해당하는 구절이 있습니다. 바로 "너희의 삶이 실현될 것이다"입니다. 우리에게

는 "너희 마음이 쉼을 얻으리니"라는 구절이 더 익숙하지요. 영어 성경으로는 "rest for your souls"입니다. 예수님의 상담의 목표는 '마음의 쉼'에 있어요.

개역개정에는 '마음의 쉼', 독어 성경에는 '삶의 실현', 메시지성경에는 '자유롭고 가볍게 사는 것'으로 번역되어 있습니다 (번역이 조금씩 다른 이유는 번역자의 해석과 번역 시기의 차이 때문일 겁니다. 하지만 관통하는 정신은 같습니다). 이 세 가지 번역을 한 문장으로 엮으면, 이렇게 정리할 수 있습니다.

"마음이 쉼을 얻으면 자유롭고 가볍게 살 수 있고, 그 결과 삶이 실현된다."

예수님을 만난 사람들은 모두 즐거워졌습니다. 삭개오가 그랬고, 사마리아 수가성 여인도 그랬습니다. 그 외에도 복음서에 보면 많은 사람이 예수님을 만난 뒤 즐거워졌습니다. 수고하고 무거운 짐을 내려놓고, 마음이 쉼을 얻었기 때문이지요. 마음이 편하면 당연히 즐겁습니다.

예수님의 상담의 목표는 우리가 하나님께 받은 재능, 곧 잠재력을 실현하고, 이웃과 사랑의 관계를 맺으며 즐겁게 살게 해주는 겁니다. 이는 현대 상담심리학에서 강조하는 상담의 목표와 같습니다.

사람은 모두 잠재력을 가진 '백조'로 태어납니다. 하지만 살면서 중요한 타인들에 의해 형성된 '미운 오리'라는 자기관을 '참 나'로 알고 살아갑니다. 그래서 상담심리학에서는 근본적으로 '자기실현'이 중요하다고 알려줍니다. 이때 '자기'는 '참 나'를 의미하지요. 예수님은 우리가 '참 나'를 깨닫고 실현하기 위해 먼저 그분께 배워야 한다고 말씀하십니다. 그분만이 100퍼센트 자신을 실현하신 분이며, 우리의 잠재력을 100퍼센트 실현하도록 이끌어주실 유일한 분이기 때문이지요.

기독교 신앙과 현대 상담심리학은 서로 배울 것도, 도움 줄 것도 많습니다. 신앙과 학문은 서로 다른 영역에 관심이 있고, 신앙은 '믿음'의 세계인 반면 학문은 '앎'의 세계입니다. 그래서 결론을 도출하는 방법에 큰 차이가 있지만, 서로 다르기에 한 가지 기준으로 옳고 그름을 판단하기는 어렵습니다.

마치 과일과 채소 중 어느 것이 더 맛있고 중요한지 판단하는 것과 유사하지요. 과일에는 과일 맛이 있고 채소에는 채소 맛이 있습니다. 어느 것이 더 소중한지는 판단하기 어렵지요.

마찬가지로 '믿음의 언어'로 '앎의 세계'를 판단할 수 없습니다. '앎의 잣대'로 '믿음의 세계'를 재단할 수도 없지요. 하지만 두 세계 모두 '이 세상에서 살아가는 인간의 삶'을 이해하고, 그것을 바탕으로 더 행복하게 살도록 도와주려는 목표는 같을 겁니다. 그 공통점을 가지고 기독교 신앙과 현대 상담심리학이 서로를 존중하고 이해한다면 이 땅에서 힘들게 살아가는 사람들을 더욱 실질적으로 도와줄 수 있지 않을까요.

심리학은 앎의 세계의 방법론으로는 측정하거나 설명할 수 없는 초월적 믿음의 영역이 있음을 인정해야 합니다. 신앙은 믿음의 세계에 국한되는 교리를 보완할 수 있는 인간에 대한 보편적 지식과 적용의 결과를 받아들여야 합니다. 그러면 서로 도움을 주고받으며 공통의 목표를 이룰 수 있을 겁니다.

'하나님이신 예수님'은 구주로 믿어야 할 대상이지만, '인간 예수님'은 배우고 따라야 할 본보기입니다. 예수님은 "나를 믿어라. 그러면 마음의 쉼을 얻을 것이다"라고 말씀하시지 않고, "내게 배우라. 그러면 마음의 쉼을 얻을 것이다"라고 말씀하십니다.

그렇다면 원더풀 카운슬러이신 인간 예수님이 신앙과 심리학, 그 보완적 관계의 핵심 연결고리가 되실 수 있지 않을까요. 예수님을 따르는 삶이란 놀라운 상담자이신 그분처럼 이 땅에서 우리도 이웃에게 좋은 상담자가 되는 것 아닐까요!

상담자 예수님과
'참 나'의 만남

Wonderful Counselor

— *chap.8* —

나는
누구인가?

'참 나'를 찾아서

예수님이 어떤 분인지를 알았다면, 그분과 관계 맺는 '나'는 과연 누구인지를 살펴볼 필요가 있습니다. 예수님과 좋은 관계를 맺으려면 '나'는 누구인지를 정확히 아는 것이 필수입니다. 상대를 안 후에는(知彼) 나를 알아야 합니다(知己).

내가 누구인지를 왜 새삼스럽게 알아야 하는지 의아해하는 사람도 많을 겁니다. 왜냐하면 대부분 자신이 누구인지를 잘 알고 있다고 생각하기 때문입니다. 그러나 과연 그럴까요? 여러분은 자신이 누구인지를 정확히 알고 있나요?

전통적으로 인간과 삶에 대한 탐구를 제일 먼저 그리고 깊게 했다고 평가받는 학문이 '철학'입니다. 서양 철학을 이해하려면 고대 그리스 철학부터 시작하는 게 일반적이지요.

'고대 그리스 철학' 하면 소크라테스, 아리스토텔레스, 플라톤 등의 철학자들이 떠오릅니다. 고대 그리스 철학부터 현대의 다양한 학문에 이르기까지 탐구의 궁극적 주제 혹은 질문이 바로 '나는 누구인가'입니다. 인간을 '만물의 영장'이라고 합니다. 그렇다면 현생인류, 즉 '호모 사피엔스 사피엔스'(Homo sapiens sapiens)가 다른 동물과 가장 뚜렷하게 다른 점은 무엇인가요? 그것은 인간만이 유일하게 '나는 누구인가'를 진지하게 탐구하는 존재라는 겁니다.

오랑우탄이나 침팬지 같은 유인원은 인간 유전자와 99퍼센트 일치한다고 합니다. 생활하는 모습도 사람처럼 가족을 이루며, 먹이를 구하기 위해 간단한 도구를 사용하기도 하지요. 한평생 침팬지를 연구한 제인 구달(Jane Goodall)은 침팬지가 흰개미 굴속에 꺾은 나뭇가지를 집어넣었다 뺀 다음 나뭇가지에 달라붙은 흰개미를 먹는 것을 발견했습니다.

이 발견이 중요한 이유는 지금까지 인간만이 도구를 사용한다고 믿어왔기 때문이지요. 동물행동학과 생태학 연구가 많이 활성화되면서 인간 고유의 행동으로 알려졌던 많은 행동을 다른 동물들도 한다는 게 밝혀졌습니다.

하지만 인간과 99퍼센트 유전자를 공유하고 인간과 유사한 행동을 해도 동물이 못 하는 가장 중요한 세 가지 활동이 있습니다. 첫째는 '학문'을 통한 진리 탐구입니다. 물론 동물도 모방을 통해 간단한 행동을 학습합니다. 먹이 활동을 하는 등 생존의 가장 기초적인 방법을 학습하지만, 지식을 체계적으로 연구하고, 그 결과를 축적하고, 이웃에게 효과적으로 전달하는 학문 활동은 하지 못합니다.

둘째는 '종교'를 통한 존재의 의미 탐색입니다. 아무리 원시

생활을 하는 원주민이라도 나름의 종교가 있습니다. 그리고 삶의 중요한 고비마다, 죽음과 같은 사건을 마주할 때, 종교 활동을 통해 의미를 찾고 위안을 얻지요. 하지만 유인원류의 동물이 아무리 인간과 유사해도 종교 활동은 못 합니다.

마지막 세 번째는 '예술'을 통한 아름다움의 추구입니다. 인간은 다양한 예술 활동을 통해 자신의 존재를 표현합니다.

인간이 이 세 활동을 하는 공통의 이유는 무엇일까요? 바로 '나는 누구인가'를 알기 위함입니다. 학문은 인간과 자연을 체계적이고 경험적으로 연구함으로써 '나'를 찾아가는 활동이고, 종교는 자신의 유한성과 무력함을 인식하는 인간이 궁극적 존재와의 관계를 통해 '나'를 찾아가는 활동이며, 예술은 자신의 감정을 진술하고 아름답게 표현함으로써 '나'의 존재를 확인하는 활동입니다.

이것을 인간만이 하는 이유는 인간만이 '나'는 누구인가를 알아내기 위한 체계적이고 진지한 탐구를 하기 때문이지요.

"너 자신을 알라"는 고대 그리스 델포이의 아폴론 신전 현관 기둥에 새겨져 있고, 고대 그리스 철학의 대표자 격인 소크라테스가 자주 사용했다고 널리 알려진 경구입니다.

이 말의 뜻은 무엇일까요. 소크라테스는 인간의 지혜가 신에 비하면 하찮은 것에 불과하다는 뜻에서, 무엇보다 먼저 자기의 무지를 아는 엄격한 철학적 반성이 중요하다는 의미로 이 격언을 사용했다고 합니다. 간단히 줄이면, '너는 너 자신을 정확히 모른다'가 아닐까요. 만약 우리가 정확히 안다면 구태여 "너 자신을 알라"라는 경구가 회자할 이유가 없지 않을까요. 이 경구가 2,500년 이상 인류에 회자하고 아직도 깊은 울림을 준다는 건, 우리 자신이 누구인지를 진정으로 모른다는 방증이 되고도 남습니다.

　기독교도 지금 우리 모습은 참된 모습이 아니라는 명제에서 출발합니다. 우리의 참모습은 '하나님의 형상'대로 지음을 받은 고귀한 존재지만, 지금은 죄인의 삶을 살고 있다는 거지요. 그러므로 지금의 나는 매일 십자가에 못 박고(갈 2:20) 매일 새롭게 거듭 태어나야 한다고 가르칩니다. '중생'(重生)해야 진정한 나, '참 나'를 찾을 수 있다는 겁니다.

　앞에서 인간만이 '나'를 찾아가는 존재라고 했습니다. 그러므로 인간만이 종교를 갖고, 학문을 합니다. 종교(宗敎)는 '으뜸 되는'(宗) '가르침'(敎)입니다. 결국 종교나 학문에서 궁극적으로 추구하는 건 '참 나'입니다. 수천 년 동안 인류에게 큰 영향을 미친 종교와 학문의 가르침은 결국 '참 나'는 누구인지, 어떻게 하면 그것을 찾을 수 있는지로 귀결됩니다.

　동시에 종교와 예술은 불가분의 관계입니다. 문학은 말할 것도 없고 음악과 미술 그리고 건축 등 위대한 예술의 배경에는 모두 인간의 깊은 종교심이 깃들어 있지요.

　'너 자신을 알라'라는 교훈의 의미를 좀 더 쉽게 이해하기 위해서는 '나'를 알게 되는 과정을 살펴볼 필요가 있습니다. 이 과정을 잘 이해해야만 '나'로 알고 있는 내가 '참 나'가 아님을 알 수 있지요.

지금 우리는 두 개의 '나'에 대해 말하고 있어요. 하나는 '참 나'입니다. 그리고 '나'라고 알고 있는 또 다른 '나'가 있습니다. 우리는 "내 마음을 나도 몰라"라는 말을 하곤 합니다. 여기도 두 '나'가 있습니다. 내 마음이 있고, 그 마음을 모르는 또 다른 내가 있지요. 하지만 대부분은 두 개의 '나'가 동시에 존재한다는 사실을 의식하지 못하고 삽니다. 특별한 경우가 아니면, '나'는 하나밖에 없다고 느끼지요.

자기관의 형성

현재 내가 아는 '나'는 어떻게 알게 되나요? 나를 제일 잘 증명해 주는 신체 부위가 어디인가요? 바로 얼굴입니다. 그래서 증명사진을 내라고 하면 누구나 얼굴 사진을 제출합니다. 우리는 얼굴로만 자신을 증명하고 식별할 수 있어요. 단체 사진에서 나를 찾을 수 있는 것도 얼굴을 통해서입니다.

하지만 여기에 중요한 모순이 있어요. 얼굴이 나를 증명하는 가장 중요한 부분인데, 우리는 정작 얼굴을 한 번도 직접 본 적이 없다는 겁니다. 일반적으로 거울에 비치는 모습을 자기 얼굴이라고 인식하고 믿지요. 거울에 비친 모습으로 나를 인식하는 게 너무 익숙해서 이 중요한 사실을 잊고 있는 것뿐입니다.

요즘은 기술이 발달해서 좋은 거울을 만듭니다. 피사체를 조금도 왜곡하지 않고 있는 그대로 비춰주는 거울이 좋은 거울이지요. 제가 어렸을 때는 피사체를 정확하게 보여주지 못하고, 얼굴도 약간 찌그러진 모습으로 비춰주는 거울도 많았습니다. 지금도 놀이터에 가면 홀쭉하게 혹은 뚱뚱하게 보여주는 재미있는 거울도 있지요.

거울에 비치는 얼굴이 내 진짜 얼굴임을 확신하려면 그 거울이 내 모습을 정확하게 비춰준다는 기본 전제가 있어야 합니다. 거울을 통해 자신의 용모를 알아가는 것의 비극은 동화 〈백설 공주와 일곱 난쟁이〉에 잘 나타납니다.

백설 공주의 고약한 계모 왕비는 아름다웠지만 오만했고 성품이 바르지 못했지요. 그는 자신보다 미모가 더 뛰어난 사람이 있는 걸 참을 수 없었습니다. 그래서 진실만을 말하는 마법 거울에 물으며, 자신이 이 세상에서 가장 아름답다는 사실을 매일 확인하곤 했지요. 그는 "왕비 마마보다 더 아름다운 사람은 없습니다"라는 거울의 답변을 들어야 만족했습니다.

어느 날 왕비가 평소처럼 질문하자, 거울이 "백설 공주가 더 아름답습니다"라고 답했습니다. 이 말을 듣자 질투심이 일어난 왕비는 백설 공주를 죽이도록 했습니다. 결말은 다 알고 있으니 생략하지요. 이 동화에서 중요한 점은 왕비가 자신이 아름답다는 사실을 확인하는 과정입니다. 그는 거울에 비친 자기 얼굴을 보고 스스로 아름답다고 깨달은 게 아니라 거울의 답을 통해서 확인했어요. 자신의 판단에 의지하지 않고 외부 판단에 의존했습니다.

이 동화가 진정 말하려는 슬픈 점이 바로 이겁니다. 일단 거울을 통해 우리가 어떻게 생겼는지 알 수 있다는 사실을 이해했나요? 또 내 모습이 왜곡될 가능성이 항상 있다는 사실도 알았나요? 왜냐하면 우리가 가진 거울은 동화책에 나오는 진실만을 말하는 마법 거울이 아니기 때문입니다.

얼굴은 거울을 통해 알 수 있지만, 거울에 비치지 않는 나 자신은 어떻게 알까요? 내가 나라고 알고 있는 그 '나' 말이에요. 우리는 자신이 남자인지 여자인지 압니다. 어떻게 아나요?

갓난아이는 거울에 비친 모습이 자기 자신이라는 것도 모릅니다. 이런 점에서는 다른 동물과 다르지 않습니다. 다만 다른 점은, 다른 동물은 죽을 때까지 거울에 비친 모습이 자기라는 걸 모르고 사는 거지요. 최근 유인원류도 가장 초보적인 수준에서 자기를 알고 있다는 연구 결과가 나왔습니다. 하지만 인간처럼 정확히 자신을 알지는 못합니다.

그렇다면 자기가 누구인지 전혀 모르는 갓난아이는 언제, 어떻게 자기 성별(性別)을 알까요? 물론 어른, 즉 부모들이 알려줄 겁니다.

내가 알고 있는 '나'를 심리학에서는 '자기관'(自己觀)이라고 합니다. 심리학에서는 어떤 과정을 통해 사람이 자기관을 갖게 되는지가 중요한 연구 주제입니다. 자기관의 내용에 따라 인생이 달라질 수 있으니까요.

자기관의 형성 과정을 이해하기 위해서는 미국의 사회학자

쿨리(Charles Cooley)의 '거울-자기관' 이론을 살펴볼 필요가 있습니다. 그에 의하면, 어린아이는 자신을 둘러싼 주변 사람들에게 비치는 자신의 단편적 모습을 종합해서 내재화하며 자기관을 형성해 갑니다.

물론 이 과정은 전 생애에 걸쳐 지속되지요. 성인이 되어서도 다른 사람의 시각을 통해 자신을 바라보며, 의식적 또는 무의식적으로 주변 사람의 기대에 부합하는 모습으로 살아갑니다. 거울을 보고 내 모습을 알 수 있듯이 나를 둘러싼 주변 사람들의 평가와 반응으로 자기관을 형성하기에 거울-자기관 이론이라고 합니다.

따라서 자기관 형성에 결정적 영향을 미치는 '거울'은 바로 나를 둘러싼 주변 사람들의 '평가'입니다. 나에 관한 그들의 평가나 기대 등이 내재화되어 자기관이 되지요. 다른 사람이 내 행동을 긍정적으로 인정해 주면 나를 긍정적으로 받아들이지만, 부정적으로 평가하면 내 자기관도 부정적으로 변합니다.

결국 '나'는 주위 사람들에 의해 결정됩니다. 그런 의미에서 우리는 처음부터 다른 사람과 유기적 관계를 맺으며 삽니다. 누구와 관계를 맺는지, 그가 나를 어떻게 평가하는지가 삶의 방향과 질을 결정한다고 할 수 있지요.

예를 들어볼게요. 창수와 철수는 같은 반 친구입니다. 시험을 봤는데 둘 다 80점을 맞았어요. 잘한 건가요, 못한 건가요? 창수 어머니는 최소한 90점은 맞아야 앞으로 성공할 거로 생각해요. 그래서 창수에게 더 열심히 공부해서 90점을 맞으라고 요구했어요. 그런데 창수가 다음 시험에 또 80점을 맞았어요. 어머니가 창수에게 뭐라고 할까요.

"전에 내가 얘기했지? 80점 받아서는 안 된다고! 더 열심히 해서 최소한 90점은 받아야 해. 그런데 성적을 보니까 넌 노력을 안 한 거야."

이렇게 꾸중하듯 말하면 창수는 '나는 노력하지 않는 사람이구나' 하고 느낄 거예요. 그래서 더 열심히 공부했는데 또 80점을 맞았어요. 그러자 어머니가 실망하며 말합니다.

"너는 그렇게 얘길 했는데도 80점밖에 못 받는 걸 보니까 머리가 나쁜 모양이다. 공부를 못 하면 사는 게 얼마나 힘든 줄 아니! 너보다 공부 잘하는 사람들 밑에서 심부름이나 하면서 살 수밖에 없어."

엄마의 말에 창수는 이런 자기관이 생깁니다.

'나는 공부를 못 하는 사람이고, 앞으로 성공을 못 할 사람이고, 나보다 위에 있는 사람들의 명령을 받으면서 살아갈 수밖에 없는 사람이구나.'

그러다가 결국 '나는 실패할 사람이다'라고 자신을 정의하기 시작할 겁니다.

이와 대조적으로 철수 어머니는 70점만 맞아도 괜찮고, 꼭 공부를 잘해야 잘 사는 게 아니라고 생각해요. 똑같이 80점을 맞았을 때 철수 어머니는 철수에게 뭐라고 말할까요.

"우리 아들, 별로 노력하는 것 같지 않은데 80점씩이나 맞아온 걸 보니 머리가 좋구나. 앞으로 조금만 노력하면 진짜 훌륭한 사람이 되겠다. 너는 뛰어난 사람이니 사회적으로도 인정받고 빨리 출세할 거야."

어머니는 철수가 또 80점을 받아도 계속 칭찬해 줄 겁니다. 어머니의 긍정적 평가를 반복해서 들으면서 철수도 나름의 자기관을 갖게 되겠지요.

창수와 철수는 똑같이 80점을 받았습니다. 하지만 둘의 지능과 학업 능력에 관한 자기관은 큰 차이가 납니다. 창수는 '부정적' 자기관을, 철수는 '긍정적' 자기관을 갖게 될 겁니다. 둘의 자기관은 80점이라는 객관적 점수에 의해 결정되기보다 그에 반응하는 어머니의 주관적 평가로 결정되지요. 거울이 얼굴을 비춰주는 것과 같이 거울 역할을 한 어머니의 판단이 자녀의 모습이 되는 겁니다.

앞서 설명했듯이, 얼굴을 정확히 알기 위해서는 거울이 우리 모습을 객관적으로 정확히 반영해 준다는 전제가 충족되어야 합니다. 그렇다면 창수와 철수 어머니의 평가가 객관적으로 정확할까요. 둘의 '참모습'을 정확히 반영해 주고 있나요. 안타깝게도 '어머니'라는 거울은 정확하지도 객관적이지도 않습니다. 개인 경험과 판단에 근거한 주관적 평가에 불과하지요. 하지만 그런 부정확한 평가가 자녀의 자기관 형성에 지대한 역할을 끼칩니다.

이 거울 역할을 하는 사람이 부모뿐일까요. 교사, 친구, 배우자도 있겠지요. 배우자도 우리에게 직간접적으로 얼마나 많은 평가를 합니까. "당신 친구들은 다 승진했다며"라는 무심코 던진 말이 배우자를 비참하게 만들 수 있습니다. 왜냐하면 '당신이 무능하다'라는 평가니까요.

사실 대부분의 남편이나 아내는 자신이 몇 점짜리 배우자인지 짐작하고 있을 거예요. 이 점수는 어떻게 나오나요? 여러 검사를 통해 자신을 객관적으로 평가한 건가요? 물론 언론에 발표되는 한국 직장인의 평균 임금 통계와 자신의 임금을 비교해보면 어느 정도 평가할 수 있을 거예요.

하지만 나란히 앉아 근무하는 두 직원이 동일한 임금을 받아도, 남편으로서 자기관은 서로 다를 수 있습니다. "쥐꼬리만한 월급을 갖다준다"라는 말과 "가족을 위해 수고한다"라는 말은 남편의 자존감에 다른 영향을 미칠 겁니다. 왜냐하면 아내가 남편을 어떻게 비춰주는지가 더 큰 영향을 미치니까요.

이렇게 자기관 형성에 큰 영향을 주는 사람을 '중요한 타자들'이라고 부릅니다. 삶에서 제일 소중하고 친밀한 사람들이지요. '친밀하다'라는 의미는 이들의 평가가 삶에 큰 영향을 준다는 뜻입니다. 우리는 이들과의 관계, 이들의 평가로 삶을 만들어가고 있습니다.

옛 어른들이 여러 복(福) 중에서 '인복'(人福)이 제일 중요하다고 하셨지요. 참으로 놀라운 혜안입니다. 우리 삶은 얼마나 좋은 중요한 타자들을 만나는지에 달려 있기 때문이지요. '좋은' 사람은 좋은 거울처럼 우리의 진정한 모습을 있는 그대로 비춰줍니다. 이런 사람을 많이 만나는 게 바로 인복이겠지요.

중요한 타자들 외에 다양한 사회적 평가로도 자기관이 형성됩니다. 예를 들면, 얼마나 지적으로 유능한지는 자신이 다니거나, 다닌 학교의 명성에 좌우되지요. 우리는 출신 학교에 대해 사회가 내리는 평가를 자기 능력을 알아내는 중요한 요소로 받아들입니다. 직업이나 다니는 회사에 대한 사회적 평가에 따라 자존감이 영향을 받는 것도 같은 이치입니다.

　　이렇게 보면, 나에게 영향을 주는 외부적 평가는 무수히 많습니다. 하지만 결론은 같습니다. 내가 누구인지를 외부의 평가에 의지해 알아간다는 거지요.

　　〈백설 공주와 일곱 난쟁이〉에 나오는 거울은 진실만을 알려줍니다. 하지만 우리 삶을 비춰주는 거울은 그렇지 않습니다. 당사자는 진실을 말한다고 생각할지 모르지만, 주관적 기준에 의한 판단에 불과하지요. 80점을 맞으면 공부를 잘하는 건가요, 못 하는 건가요? 누구도 정확히 대답할 수 없습니다. 주관적 판단에 의지할 수밖에 없지요. 그것이 인간의 한계이기도 합니다.

　　그러나 우리는 자신의 주관적 판단을 객관적 기준으로 오해하면서 삽니다. 그리고 '너'에게도 그 기준이 옳다며 강요하곤 하지요. 그에 따라 사랑하는 사람들에게 부지불식간에 큰 영향을 줍니다.

예수님이라는 거울

그렇다면 '참 나'를 알기 위해 어떻게 해야 할까요. 진정한 나를 찾기 위해, 먼저 내가 다른 사람의 평가로 만들어진 결과물임을 인정해야 합니다. 그리고 다른 사람의 인정과 좋은 평가를 받기 위해 진정한 나를 감추고 상대가 원하는 모습으로 '가면'을 쓰고 살았음을 깨달아야 하지요.

더욱 중요한 것은 왜곡하지 않고, 편견 없이 나를 정확히 비춰주는 거울 앞에 서는 것입니다. 그럴 때 비로소 나의 진정한 모습이 나옵니다. 처음에는 거울에 비치는 '참 나'의 모습에 당황할 수 있어요. 부정하고 싶을 수도 있고요. 지금까지 익숙하게 살아왔던 '나'가 아니기 때문입니다.

기독교인에게는 이 거울이 바로 '예수님'이십니다. 예수님은 우리 자신이 어떤 사람인지를 왜곡 없이 그대로 보여주십니다. 우리를 훌륭한 사람으로 비춰주시는 게 아니라, 현재 나라고 생각하는 모습이 '참 나'가 아님을 보여주십니다. 매일 수고하고 무거운 짐에 눌려 있는 '나', 상처받고 힘들어하는 '나'가 진짜 내가 아님을 보여주세요.

예수님은 우리가 하나님의 형상대로 지음 받은 귀한 존재임을 비춰주십니다. 그분의 거울에는 세리나 창기가 없습니다. 그것은 사람들의 평가이기 때문이지요. 예수님의 거울에는 하나님의 형상대로 지음 받은 고귀한 존재, '나의 참모습'이 보입니다.

왜 예수님 앞에서 진정한 나를 찾을 수 있을까요? 그분은 우리가 온갖 계명과 기준에 맞추어 살기 위해 진정한 나를 속이고, 수고하고 무거운 짐을 지고 산다는 걸 아시기 때문입니다. 그래서 칭찬받기 위해 나 자신을 과대 포장하거나, 비난을 면하기 위해 자신을 감출 필요가 없습니다.

예수님은 나를 있는 그대로 받아주시고, 긍정해 주십니다. 그분과 함께하면, 우리는 쉼을 얻고 진정한 내 모습을 찾아가게 됩니다.

'참 나'를 찾아가는 과정을 옆에서 도와주는 게 상담입니다. 예수님은 놀라운 상담자시기에 이 과정을 효과적으로 수행하도록 도와주십니다. 예수님이라는 거울 앞에 서야 비로소 지금까지 나인 줄 알았던 것이 틀렸음을 깨닫고, 조금씩 '참 나'를 찾게 되지요.

예수님 앞에 선 진정한 내 모습은 중요한 타자들이 비춰준 모습과는 다를 겁니다. 이렇게 그분과 함께 진정한 나를 찾아가는 과정이 '신앙의 성숙' 혹은 '성화'(聖化)가 아닐까요.

버려야 할 나와
지켜야 할 나

미운 오리의 반전

대학원에서 심리학을 전공하는 신앙심 깊은 한 제자가 어느 날 굉장히 혼란스러운 표정으로 찾아왔습니다. 그리고 아주 간절한 표정으로 저를 쳐다보면서 말했습니다.

"제가 지금 고민하는 것을 교수님이 잘 설명해 주실 거라고 믿어요."

학생의 집은 대대로 신앙 있는 집안이었고, 가족 중에 목회자도 여럿 있었습니다. 저도 목사의 아들이면서 심리학을 전공하니 제가 자기의 갈등과 혼란스러운 마음을 잘 이해할 수 있을 거로 생각했겠지요.

이 학생의 질문은 한마디로 '교회와 학교에서 가르치는 내용이 정반대'라는 거였습니다. 특히 삶의 제일 근본적인 전제가 서로 일치하지 않는다는 거였어요. 교회에 가면 '나를 십자가에 못 박고, 나를 버리는 자기 부인'을 강조하지만, 학교에서는 '나를 실현해라, 나를 드러내라'라고 한다는 거지요. 이 모순을 해결하지 않고는 심리학 공부도, 신앙생활도 잘할 수 없을 것 같다고 하더군요. 사실 굉장히 어려운 질문입니다.

솔직히 말하면, 저도 심리학을 공부하는 신앙인으로서 지금도 이 문제에 대한 답을 찾는 중입니다. 그 과정에서 현재까지 이해한 내용을 함께 나누고 싶습니다.

덴마크의 동화 작가 안데르센이 쓴 〈미운 오리 새끼〉부터 시작하지요. 워낙 유명하니까 대략의 내용만 소개하겠습니다.

어느 호숫가에 오리 부부 한 쌍이 살고 있었어요. 이들은 알을 여러 개 낳았는데, 유독 크고 못생긴 알 하나가 둥지 틈에 끼어 있었지요. 얼마 후 알들이 모두 부화했는데 몸집도 크고 색깔도 다른 큰 새끼 오리 한 마리가 있었습니다. 형제 새끼 오리들은 그 오리를 모습과 색깔이 다르다고 '미운 오리'라고 놀리며 괴롭혔지요. 어미 오리도 처음에는 부드럽게 위로해 주었지만, 나중에는 미운 오리 새끼가 사라져 버렸으면 좋겠다고 말하기까지 했어요.

믿었던 엄마마저 모질게 등을 돌리자, 큰 배신감과 상처를 받은 미운 오리 새끼는 무리에서 떠나 자신을 사랑해 줄 누군가를 찾아 떠돌아다니기 시작합니다. 그러나 만나는 동물마다 모두 그를 놀리고 괴롭힙니다.

정처 없이 떠돌던 어느 날, 호숫가 저편에 몸집도 크고 하얀 백조 무리가 재미있게 노는 모습을 부럽게 바라보면서 미운 오리가 조그맣게 중얼거립니다.

"난 왜 이렇게 못생기게 태어났을까? 이런 나를 사랑해 줄 누군가가 있기는 할까? 저 새들은 어떻게 저런 예쁜 모습으로 태어나 친구들과 재미있게 놀고 있을까!"

그런데 그중 한 마리가 "야, 너 이리로 와봐" 하고 부릅니다. 미운 오리는 두려운 마음으로 백조들 곁으로 다가갑니다. 그러자 백조들이 "어디 갔다가 지금 오니"라며 반갑게 맞아주는 거예요. 미운 오리가 놀라며 "나 알아?"라고 묻자 그들은 "알지, 너 백조잖아"라고 했지요.

미운 오리가 "난 백조가 아니야. 오리야"라고 힘없이 대답하자 백조들이 "너는 오리가 아니야. 백조야. 못 믿겠으면 물에 비친 네 모습과 우리 모습을 비교해 봐"라고 합니다.

그래서 미운 오리는 오래간만에 자기 모습을 물에 비춰봅니다. 그러고는 너무 놀랐어요. 자기 모습이 멀리서 부러워하던 새들과 같은 거예요.

"어? 내 모습이 너희들과 같네?"

미운 오리가 놀라며 소리치자 백조들이 말합니다.

"그래, 우리랑 모습이 같잖아. 너는 백조야. 그러니까 어디 가지 말고 우리랑 함께 지내자."

여러분은 "너는 백조야"라는 말을 들었을 때 어떻게 반응할 것 같나요? 대부분이 미운 오리처럼 "나는 백조가 아니야. 오리야"라고 답하지 않을까요. 주위에서 모두 "너는 미운 오리야"라고 놀리는 바람에 지금까지 자기가 미운 오리인 줄 알고,

오리들과 살았으니까요. 이럴 경우 자신의 참모습을 알기 위해 어떻게 해야 할까요? 백조들이 슬기로운 해결책을 제시했지요. 그로 인해 미운 오리는 자기가 백조라는 '엄청난 사실'을 받아들이기 시작합니다.

미운 오리와 백조들이 호숫가에서 재미있게 놀고 있는데, 한 백조가 "이제 섬으로 날아가서 놀자"라고 제안합니다. 그러자 다른 백조들이 미운 오리에게 "너도 따라와" 하고는 섬으로 아주 우아하게 날아가기 시작하지요. 새롭게 백조가 된 미운 오리도 그들을 따라 날기 시작합니다.

하지만 미운 오리는 오리처럼 나는 게 몸에 익어서 백조를 따라갈 수 없었어요. 그러자 다른 백조들이 "왜 오리처럼 나니? 넌 백조니까 편하게 날아봐. 네 몸이 제일 편하게 움직이는 대로 자연스럽게 날아봐"라고 용기를 북돋아 주었어요. 미운 오리는 처음에 조금 어색했지만, 몸이 가는 대로 자연스럽게 날자 어느새 우아한 백조의 날갯짓을 하면서 하늘을 훨훨 날았답니다(제가 재미있게 각색했지만, 줄거리는 비슷합니다).

교회에서는 '나를 버리라' 하고, 학교에서는 '나를 실현하라' 하는 모순되는 가르침에 혼란스러워하는 제자에게 제가 해준 답이 무엇일까요? 이 동화에 지금까지 설명한 내용과 앞으로 설명하려는 내용이 모두 들어 있어요.

놀랄 일입니다. 고대 철학부터 기독교 그리고 심리학이 오랫동안 고심해서 밝혀낸 진실이 이 동화에 다 들어 있다니요! 그것도 아이들이 읽는 동화에 말이지요.

먼저는 이 동화에 나타나는 '나'가 둘임을 알아야 합니다. 하나는 원래의 나, '참 나', 곧 백조입니다. 그런데 이 백조는 자신을 '오리'로 알고 살았습니다. 이것이 두 번째 '나'입니다. '나는 오리'라는 생각이 '자기관'입니다. 오리 틈에 살면서 주위에서 다 오리라고 하니까 자신을 오리라고 생각하게 된 겁니다. 그리고 '미운' 오리라고 하니까 그런 줄 알고 산 겁니다. 왜냐하면 호수에 비친 자기 모습이 다른 오리들과 달랐거든요.

성경에도 우리 마음속에 여러 '나'가 있다는 표현이 여러 군데 나옵니다. 예를 들면, 시편 42편 5절에 "내 영혼아 네가 어찌하여 낙심하며 어찌하여 내 속에서 불안해하는가 너는 하나님께 소망을 두라 그가 나타나 도우심으로 말미암아 내가 여전히 찬송하리로다"라고 말씀합니다. 이 구절에도 '나'가 둘 있습니다. 먼저 '두려워하는 나'의 영혼이 있고, 두려워하는 영혼을 책망하는 또 다른 '나'가 있지요.

일상에서는 대부분 인식하지 못하지만, 최소한 내 안에 두 개 이상의 '나'가 있습니다. 진정한 나, '참 나'가 있고, 나라고 생각하는 나, '자기'(自己)가 있지요. 위 동화에서 '참 나'는 백조입니다. 하지만 '자기'라고 부르는 또 다른 나, 오리가 있지요. 그래서 미운 오리는 자신이 백조임을 모르고 미운 오리로 삽니다.

이처럼 우리도 '참 나'를 모른 채 다른 사람들에 의해 정의된 '나'를 진정한 나로 여기며 살고 있는 겁니다.

우리는 지금 정말 중요한 사실을 이해한 겁니다. 나는 원래 백조인데 오리인 줄 알뿐 아니라, 스스로 '미운' 오리라고 여기며 예쁜 오리처럼 살아가려 애쓰고 있다는 사실 말입니다.

아무리 노력해도 백조는 오리가 될 수 없어요. 그러기에 미운 오리는 진짜 오리보다 여러 면에서 뒤떨어질 수밖에 없고, 또 그렇게 사는 게 즐거울 수 없겠지요. 하지만 주위의 인정을 받기 위해 예쁜 오리가 되려고 얼마나 애쓰고 또 실망했을까요!

진정한 나의 실현

우리는 어떤 '나'로 살아야 할까요? 당연히 백조로 살아야지요. 그러기 위해서는 먼저 자신이 백조라는 사실을 깨달아야 합니다. 그리고 지금까지 '나'인 줄 알았던 오리의 삶을 과감하게 버려야 하지요. 오리와 백조의 삶을 동시에 살 수는 없으니까요.

우리가 '나'라고 믿고 있는 나는 중요한 타자들을 포함한 다른 사람들과 사회에서 "너는 이런 사람이야"라고 알려줬기 때문에 만들어진 허상(虛像)에 불과합니다. 그들은 진정한 내 모습을 알려주는 게 아니라 자신들의 판단에 따른 평가를 하지요. 물론 그들은 우리를 잘 안다고 착각합니다. 하지만 우리 자신은 그 사실을 확실하게 깨닫고 타인에 의해 만들어진 나를 버려야 합니다.

비록 이 과정이 어렵고 큰 노력과 훈련이 필요하지만, 그래도 우리는 진정한 나를 찾기 위해 '가짜 나'를 버리는 혼란과 아픔을 감내해야만 합니다.

미운 오리는 호수에 비친 자기 모습과 앞에 있는 백조를 비교해 본 후에야 비로소 자신이 백조임을 깨달았습니다. 마찬가지로 우리도 나를 정확히 비춰주는 호수, 즉 거울을 만나야 합니다. 그리고 호수에 비친 자기 모습과 비교할 대상, 즉 백조가 있어야 합니다. 만약 자기 현재 모습과 비교할 모델이 없다면 자신이 백조임을 알 수 없으니까요.

자신이 백조임을 깨달은 후에는 오리로 살고 있는 자신을 버리면 버릴수록 백조인 본래 나의 모습에 다가가게 됩니다. 성경에 쓰여 있는 대로 '가짜 나'를 매일 십자가에 못 박으면 '참 나'에 다가갈 수 있지요.

예수님이 바로 우리의 참모습을 비춰주는 '거울'이면서 '모델'이십니다. 이것이 사도 바울이 "내가 나 된 것은 하나님의 은혜"(고전 15:10)라고 한 표현에 대한 심리학적 설명입니다. 지금까지 나를 잘못 알고 살았는데, 오늘 내가 진짜 나답게 살아가는 건 하나님의 은혜 덕분이라는 거지요.

사도 바울은 공부를 많이 한 사람이었고, 유대교 신앙이 돈독했습니다. 그래서 누구보다 앞장서 예수님을 따르는 자들을 죽이려고 혈안이 돼서 돌아다녔지요. 그것이 옳다고 생각하고 살다가 예수님을 만난 후 180도 달라졌습니다. 진정한 '나'를 찾고 위대한 선교 역사를 이루었지요.

이런 과정을 거친 이들은 하나님을 만나기 전후로 이름이 바꿉니다. 아브람이 아브라함으로, 시몬이 베드로로, 사울이 바울로 바뀌었지요. 심리학적으로 이름이 바뀐다는 건 자기관이 바뀌는 겁니다. 그러면 내가 누구인지를 규정하는 '정체성'이 바뀌지요.

성경은 우리가 '하나님의 형상대로 지음을 받은' 존귀한 존재라고 말씀합니다. 이 세상에서 하나님의 형상대로 지음을 받은 건 인간이 유일하지요. 하지만 우리는 그 사실을 인식조차 하지 못합니다. 그래서 주위 사람이나 사회적 평가로 만들어진 '나'를 진정한 나로 착각하고 사는 겁니다. 정말 비극이지요.

살아가는 목표가 '자기실현'인 사람들이 많습니다. 그래야 진정한 즐거움을 느낄 수 있으니까요. 다만 자기실현의 진정한 의미를 알아야 합니다.

자기실현을 할 때, 실현되는 또는 실현하려고 애쓰는 '자기'가 과연 어떤 '나'인지 정확히 구별해야 합니다. 그리고 진정한 나를 실현해야 합니다. 다시 말하면 '백조'가 실현되어야지, '미운 오리'가 실현되면 안 된다는 거예요. 미운 오리를 실현하려고 애쓸수록 진정한 오리가 되지 못할 뿐 아니라 백조의 삶과는 점점 멀어질 뿐입니다.

우리 삶도 '진정한 나'가 실현되어야지, '다른 사람이나 외부 영향으로 형성된 나'가 실현되면 '참 나'와는 점점 멀어집니다. 당연히 진정한 즐거움도 느끼지 못하며 살게 되지요. 예수님의 말씀대로 수고하고 무거운 짐을 지고 살게 됩니다.

그러면 교회에서 '나를 죽여야 한다'고 말할 때의 나는 누구인가요? 그것은 오리로 살아가는 나입니다. 그런 나는 죽어야 합니다. 그래야 '참 나'를 찾을 수 있습니다.

그러면 심리학에서 실현하라고 말하는 '나'도 자명해집니다. 백조로 살아가라는 겁니다. 진정한 나를 찾고 실현하라는 겁니다. 이 중요한 사실을 이해한다면 교회와 학교에서 배우는 내용이 어긋나지 않음을 알 수 있어요.

인간이 하나님의 형상(形象)을 따라 지음 받았다는 것은 완성체로 태어났다는 말이 아닙니다. 형상은 하나의 잠재력 혹은 가능성입니다. 살면서 그 잠재력이 실체로 드러나야 합니다. 이는 하나님의 형상을 '실체화'(실현)해야 함을 의미하지요. 그렇게 완벽하게 하나님의 형상이 실현된 모습이 바로 예수님입니다. 그래서 예수님은 하나님이신 동시에 인간이시지요.

우리가 예수님을 닮아간다는 것은 여러 가지로 설명할 수 있습니다. 심리학적으로는 가능성을 지니고 태어나는 인간이 예수님처럼 하나님의 형상을 실현하며 살아감을 의미하겠지요. 그것이 성화의 과정이며, 우리가 이 땅에 살면서 이루어야 할 책무입니다. 이 사실은 요한복음 1장 1절과 14절에 잘 나타나 있습니다.

태초에 말씀이 계시니라 이 말씀이 하나님과 함께 계셨으니 이 말씀은 곧 하나님이시니라 말씀이 육신이 되어 우리 가운데 거하시매 우리가 그의 영광을 보니 아버지의 독생자의 영광이요 은혜와 진리가 충만하더라

"말씀", 즉 형상이 육신이 되어 그 실체를 실현한 것이 예수님의 참모습과 삶입니다. 그분은 하나님의 형상이 인간의 삶에서 어떻게 실현되는지를 직접 보여주셨어요. 다시 말하면, 자신의 본성인 '참 나'를 실현하면서 살아가셨고, 그 실현된 모습을 '본보기'로 보여주셨습니다. 그래서 우리가 예수님에게 배우고, 그분을 닮은 모습으로 살아가려 노력해야 하는 거겠지요.

그러나 우리는 아무리 노력해도 자신의 형상, 즉 잠재력을 100퍼센트 완벽하게 실현할 수 없습니다. 자신이 백조인 걸 알아도 저절로 완벽한 백조가 될 수는 없어요. 이것이 인간의 본질적 한계이기도 합니다.

"다 이루었다"(요 19:30)라는 말은 오직 예수님만 하실 수 있습니다. 왜냐하면 그분은 하나님이시기 때문이지요. 우리 인간은 누구도 그렇게 말할 수 없을 겁니다.

내가 그를 위하여 모든 것을 잃어버리고 배설물로 여김은 그리스도를 얻고 그 안에서 발견되려 함이니 빌 3:8,9

이렇게 고백하며 온갖 고초와 죽음조차 하찮게 여기며 예수님만을 증거한 사도 바울조차도 앞에 있는 푯대를 향해 나아가고 있을 뿐이라고 고백합니다.

나는 아직 내가 잡은 줄로 여기지 아니하고 오직 한 일 즉 뒤에 있는 것은 잊어버리고 앞에 있는 것을 잡으려고 푯대를 향하여 그리스도 예수 안에서 하나님이 위에서 부르신 부름의 상을 위하여 달려가노라 빌 3:13,14

심리학에서 말하는 '참 나'도 완성체로 주어지는 게 아닙니다. 인간은 누구도 완성된 실체, 즉 진정한 나를 이미 실현한 존재로 태어나지 않습니다. '참 나'는 살아가면서 실현해야 하지요. 진정한 나의 실현은 우리가 살아가는 목표이고 푯대입니다. 마치 사과 씨에는 사과가 없지만, 좋은 환경에서 자라면 싱싱하고 맛있는 사과가 주렁주렁 열리는 사과나무로 성장할 잠재력이 있는 것과 마찬가지입니다.

동시에 사과 씨를 심고 자기가 좋아하는 배가 열리기를 간절히 기원한다고 해도 그것은 불가능한 일입니다.

긍정적 자기관

저는 오리보다 백조가 귀한 존재라고 말하는 게 아닙니다. 백조가 자신을 오리로 알고, 오리처럼 살아가려 애쓰는 것만큼이나 오리가 자신을 백조로 알고 살아가는 것도 안타까운 일입니다. 백조는 백조로, 오리는 오리로 살아가는 게 중요합니다. 둘 다 귀한 존재니까요.

하나님을 만나서 바뀐 이름으로 '참 나'의 삶을 실현하며 산 사람들이 성경에 많습니다. 비록 이름이 바뀌지는 않았지만 앞을 못 보던 사람이 예수님을 만나 앞을 보고, 날 때부터 불구로 살다가 그분을 만나 온전하게 된 사람도 있습니다. 이 모든 경우가 오리로 살다가 백조가 됐다는 상징적 의미가 아닐까요.

모세의 삶은 40년 주기로 크게 세 부분으로 나눌 수 있습니다. 그는 태어나자마자 친어머니와 지내지 못하는 비극을 맞습니다. 하지만 바로의 공주에게 발견되어 친어머니와 함께 궁전에서 자랍니다. 그리고 혈기 왕성한 40세에 동족 히브리인을 괴롭히는 애굽인을 죽이고 광야로 피신 갑니다. 그곳에서 결혼하고 40년을 지내다가 80세에 불타는 떨기나무에서 하나님을 만나고 중요한 임무를 부여받습니다.

"이제 내가 너를 바로에게 보내어 너에게 내 백성 이스라엘 자손을 애굽에서 인도하여 내게 하리라"(출 3:10).

하나님으로부터 출애굽 명령을 받은 모세가 자기는 말주변이 없어서 그런 큰일을 못 한다고 대답합니다.

"오 주여, 나는 본래 말을 잘하지 못하는 자니이다. 나는 입이 뻣뻣하고 혀가 둔한 자니이다"(4:10).

궁전에서 왕자로 지낸 40년과 달리 광야에서의 40년 동안 모세의 자존감은 낮아질 대로 낮아졌을 겁니다. 자신이 무능하다는 부정적 자기관을 갖게 되었겠지요.

그래서 하나님은 그것을 바꾸기 위해 지팡이가 뱀이 되고,

모세의 손이 나병에 걸렸다가 낫는 이적을 보여주십니다. 그리고 "이제 가라! 내가 네 입과 함께 있어서 할 말을 가르치리라"(12절)라며 힘을 주시지요. 하지만 모세는 "오 주여, 보낼 만한 자를 보내소서"(13절)라며 중요한 책무를 피하려고만 합니다. 부정적 자기관을 가진 사람의 전형적인 모습이지요.

속으로는 40년을 기다린 끝에 큰일을 맡게 되어 기쁘지만 겸손하게 보이려고 한두 번 사양한 게 아닙니다. 진심으로 자신은 그런 큰일을 할 수 없다고 믿은 거예요. 하나님이 직접 명하시는 일을 거부할 정도로 말입니다. 이는 한번 형성된 부정적 자기관에 근거해 오랫동안 살아왔기 때문입니다. '살인자'라는 오명을 쓰고 40년 동안 외롭고 무기력한 광야 생활을 한 결과였지요.

오죽하면 '사람은 고쳐 쓰는 게 아니다'라는 말이 있을까요. 이는 사람의 천성은 바뀌지 않으므로 문제 있는 사람을 교화하는 건 소용이 없다는 의미입니다. 하지만 사람이 정말 변하지 않는다면 종교나 교육, 상담 등의 노력을 할 필요가 없겠지요.

모세의 계속된 거절에 마침내 하나님도 화를 내십니다. 하나님도 이 정도니, 우리가 부정적 자기관을 가진 사람을 만나면 얼마나 안타깝고 화가 날까요! 모세는 그런 사람을 바꾸는 게 얼마나 어려운지를 여실히 보여주는 좋은 예입니다.

그런데도 하나님은 형 아론의 도움을 받으라는 대안까지 알려주시면서 모세를 안심시키시고 기적의 지팡이를 주시며 자신감을 북돋아 주십니다.

"너는 그에게 말하고 그의 입에 할 말을 주라. 내가 네 입과 그의 입에 함께 있어서 너희들이 행할 일을 가르치리라. 너는 이 지팡이를 손에 잡고 이것으로 이적을 행할지니라"(15, 17절).

모세의 부정적 자기관을 '난 할 수 있다'라는 긍정적 자기관으로 바꿔주시려는 하나님의 사랑에 감복할 따름입니다.

결국 하나님의 집요한 설득으로 모세는 마음을 고쳐먹습니다. 하나님이 함께하신다는 '믿음'이 그로 인류 역사에 전무후무한 '출애굽'의 대업을 이루게 했지요.

긍정적 변화를 위해 제일 중요한 순간이 바로 타인의 평가와 판단으로 형성된 '가짜 자기'가 진짜가 아님을 깨닫고, 변할 수 있다는 믿음으로 진정한 자기를 찾는 용기를 가질 때입니다.

예수님을 만난 사람은 모두 이런 변화를 겪습니다. 세리장이라는 사회적 지위를 가진 부자 삭개오는 이웃에게 멸시와 따돌림을 당하며 외롭게 살다가 예수님을 만나고 '참 나'로 변화됐습니다. 그는 자발적으로 재산의 반을 이웃에게 나누고 토색한 것이 있으면 네 배로 갚겠다고 했지요.

또 다섯 번이나 결혼하고 또 다른 남자와 동거하던 사마리아 지방 수가성 여인도 예수님을 만나고 '참 나'를 찾았을 뿐 아니라 고향 사람 모두가 예수님을 믿고 '진정한 나'를 찾으며 구원받게 하는 놀라운 역사를 만들었습니다.

우리는 살면서 여러 사람을 변화시키려고 애씁니다. 조언도 하고 충고도 하고 심지어는 처벌까지도 합니다. 그러나 원하는 만큼 변하지 않습니다. 그 변화가 일어나도록 돕는 게 바로 상담입니다. 그리고 예수님이 놀라운 상담자십니다.

우리는 먼저 예수님에게 상담받고 변해야 합니다. 이후 그 상담법을 배워 이웃을 변화시켜야 합니다. 사마리아 여인이 예수님을 만나 먼저 변화된 후, 마을로 뛰어가 주민들을 모두 구원받도록 한 것처럼 말이지요.

예수님 상담의 목적
: '참 나'의 실현

삶과 죽음의 의미

우리가 살아가는 목표는 '참 나', 즉 자기 잠재력을 충분히 실현하는 겁니다. 일상적으로 표현하면 '진정한 자기실현'의 삶을 사는 거지요.

삶과 죽음의 문제는 종교와 철학을 위시한 학문의 궁극적인 탐구 주제입니다. 인간만이 유일하게 자신이 죽는다는 사실을 인식하고 두려워합니다. 만약 삶과 죽음에 대해 인식하지 않고 본능대로 살아간다면 다른 동물과 다를 게 없겠지요.

삶과 죽음은 동전의 양면과도 같습니다. 그래서 삶을 진지하게 생각한다면 죽음에 관한 생각도 피할 수 없습니다. 이에 대해 얼마나 진지하게 성찰하고 삶에 반영하는지가 인간적 성숙의 척도가 될 수 있지요.

살고 죽는다는 것이 무엇일까요? 죽음은 일견 설명하기 쉬운 것으로 보입니다. 세계보건기구(WHO)는 죽음을 "소생할 수 없는 삶의 영원한 종말"이라고 정의합니다. 그렇지요. 죽음은 단 한 번만 경험할 수 있는 사건입니다. 또 누구도 예상할수 없는 순간에 찾아오는 불청객입니다. 하지만 죽음에 대한이 정의는 육체적 차원에서의 죽음을 설명할 뿐입니다. 육체적죽음은 일반적으로 맥박과 호흡이 정지하는 상태입니다.

육체적 죽음 외에 우리 주변에는 의외로 '죽음'과 관계된 표현이 많아요. 예를 들면, 작고한 부모님을 회고하면서 "아직도부모님은 제 마음속에 살아계십니다"라고 표현합니다.

부모님은 육체적으로 돌아가시는 순간, 우리와 관계가 끊어지는 게 아닙니다. 비록 그들과 다시는 육체적으로 함께할 수없지만, 그들과 함께한 삶과 그들의 정신 혹은 교육은 아직도우리 마음속에 생생하게 경험되고 있습니다. 그들은 그렇게 마음속에 지금도 살아계십니다. 그리고 실제로 살아계실 때처럼우리 삶에 큰 영향을 주기도 하지요.

다른 현상을 설명하는 데도 죽음이 등장합니다. 전도양양한 한 젊은 정치인이 불미스러운 행동을 한 것이 드러나 더 이상 경력을 이어가지 못할 때 "정치생명이 끝났다"라고 표현합니다. 그는 정치적으로 죽었으니 더 이상 정치인으로서의 잠재력을 실현하지 못할 겁니다.

또는 전도유망한 사람이 모함이나 음모 등으로 더 이상 정상적인 사회생활을 하기 힘들게 됐을 때, 사회적으로 '매장'(埋葬) 당했다는 표현을 씁니다. 매장은 시신을 땅속에 묻는 것이기에 죽음을 의미합니다. 앞으로 사회적으로 성공할 가능성이 전혀 없다는 뜻이지요.

　신앙의 차원에서도 영적으로 살았는지 죽었는지에 대해 설명할 수 있습니다. 영적으로 살아 있는 건 지속해서 영적 성숙을 향해 나아가는 것이고, 그 반대는 영적 성숙이 멈춰 있는 겁니다. 비록 개인적으로나 사회적으로 크게 성공한 사람이라도 영적으로는 죽어 있는 사람을 흔히 볼 수 있습니다.

　영적으로 살아 있는 것이 어떤 것인지는 심리학자인 저보다 영적 지도자들이 더 잘 설명할 겁니다. 하지만 분명한 건 영적 영역에서도 삶과 죽음이 있다는 거지요.

　이처럼 죽음은 단지 육체적 차원에서만 다룰 주제가 아닙니다. 오히려 심리적 혹은 영적 차원에서의 삶과 죽음이 우리 삶에 더 큰 영향을 미칩니다. 심리적 차원에서 주관적으로 어떻게 경험하는지, 또는 영적 차원에서 어떤 의미를 부여할 수 있는지에 따라 육체적 죽음을 대하는 자세도 크게 달라지겠지요.

　이 사실을 잘 보여주는 예가 사도행전 7장에 나오는 스데반의 순교입니다.

　그런데 스데반이 **성령이 충만**하여 하늘을 쳐다보니, 하나님의 영광이 보이고, 예수께서 하나님의 오른쪽에 서 계신 것이 보였다. 그래서 그는 "보십시오, 하늘이 열려 있고, 하나님의 오른쪽에 인자가 서 계신 것이 보입니다" 하고 말하였다. 사람들은 귀를 막고, 큰소리를 지르고서, 일제히 스데반에게 달려들어, 그를 성 바깥으로 끌어내서 돌로 쳤다. 증인들은 옷을 벗어서, 사울이라는 청년의 발

앞에 두었다. 사람들이 스데반을 돌로 칠 때에, 스데반은 "주 예수님, 내 영혼을 받아주십시오" 하고 부르짖었다. 그리고 무릎을 꿇고서 큰 소리로 "주님, 이 죄를 저 사람들에게 돌리지 마십시오" 하고 외쳤다. 이 말을 하고 스데반은 잠들었다. 행 7:55-60 새번역

영적 차원, 즉 "성령이 충만"하면 육체적 죽음을 맞이하는 최후의 순간에 자신을 돌로 쳐 죽이는 사람들을 위해 "주님, 이 죄를 저 사람들에게 돌리지 마십시오"라고 말할 수 있는 거지요. 이 순간을 성경은 '죽었다'가 아니라 "잠들었다"라고 표현합니다. 엄밀히 말하면 잠든 것은 죽은 게 아닙니다. 말 그대로 '영면'(永眠)한 거지요. 스데반은 영원히 살아 있는 겁니다.

따라서 죽음은 더 이상 숨을 안 쉬는 것만을 뜻하는 게 아닙니다. 다양한 상황에서 죽음을 상징적으로 사용하지요. 그러나 핵심 현상은 동일합니다. 어느 영역에서나 죽음은 '더 이상 잠재력을 실현하지 못하고 멈춘다'라는 의미입니다.

그렇다면 삶이란 '잠재력을 실현해 간다'라는 의미가 있겠지요. 모든 생명체는 잠재력을 갖고 태어납니다. 어느 생명체도 완전체로 태어날 수는 없습니다. 식물과 동물이 그렇듯, 사람도 마찬가지입니다.

각 사람의 잠재력은 정자와 난자가 만나 수정되는 순간에 결정됩니다. 그때부터 세포가 분열하면서 잠재력이 실현되기 시작하지요. 이는 죽는 순간까지 지속해서 실현됩니다. 다시 말해, 삶과 죽음의 차이는 '잠재력의 실현 여부'입니다. 살아 있

는 생명체는 계속 잠재력을 실현해 가지만, 죽으면 더 이상의 잠재력 실현은 불가능합니다.

잠재력과 가능성의 실현

모든 생명체는 잠재력을 100퍼센트 실현할 수 없습니다. 잠재력은 환경과의 상호작용을 통해 실현되기 때문이지요. 아무리 잠재력이 좋아도 그것을 완전히 실현할 완벽한 환경이란 존재하지 않기 때문입니다.

예를 들면, 키가 190센티미터로 자랄 수 있는 잠재력을 가지고 태어났다고 해서 현실적으로 190센티미터가 되는 건 아닙니다. 최대한 성장할 수 있는 좋은 영양분과 환경이 주어질 때만 그에 근접하도록 클 겁니다. 만약 영양분이 결핍되고 환경이 적합하지 않으면 실제 키는 훨씬 미치지 못하겠지요.

심리적인 잠재력과 가능성을 100퍼센트 실현하기는 더욱 어렵습니다. 왜냐하면 인간은 자기 생명이 유한하며 죽는다는 걸 아는 유일한 생명체니까요. 그래서 항상 불안합니다. 죽음의 공포에서 완전히 벗어날 인간은 없습니다.

불안은 인간 실존의 핵심 감정입니다. 인간은 불안에서 벗어나기 위해 다른 사람들과 관계를 맺을 수밖에 없습니다. 그런데 다른 사람과 좋은 관계를 맺기 위해서는 그가 원하는 모습의 삶을 살아야 합니다. 나의 잠재력을 실현하는 삶이 아니라 중요한 타자들이 원하는 삶을 살아야 합니다. 그래야 인정받을 수 있고 사랑받을 수 있지요.

일반적으로 다른 사람과 좋은 관계를 맺는다는 것은 삶의 근원적인 불안을 잠시나마 잊을 수 있는 관계를 맺는 것입니다. 이것이 기독교에서 하나님과 '하나 됨'을 강조하는 이유입니다. 하나님께서는 이사야 선지자를 통해 이스라엘 백성을 안심시키셨습니다.

두려워하지 말라 내가 너와 함께함이라 놀라지 말라 나는 네 하나님이 됨이라 내가 너를 굳세게 하리라 참으로 너를 도와주리라 참으로 나의 의로운 오른손으로 너를 붙들리라 사 41:10

하지만 하나님과 한 몸이신 예수님을 제외하고는 스데반처럼 죽음의 공포 앞에서 하나님이 함께하심을 100퍼센트 믿기는 거의 불가능하지요. 그래서 인간은 다른 사람이 원하는 모습을 따를 수밖에 없고, 그 결과 자기 잠재력을 완전히 실현하는 게 불가능합니다. 단지 사도 바울의 고백처럼 "푯대를 향하여 그리스도 예수 안에서 하나님이 위에서 부르신 부름의 상을 위하여 달려"갈(빌 3:14) 뿐입니다.

에덴동산의 이야기가 이 점을 잘 보여줍니다. 창세기 2장을 보면, 하나님께서 에덴동산 가운데 생명나무와 선악을 알게 하는 나무를 두셨습니다.

이 선악과 사건이 심리학적으로 의미 있는 것은 '부끄러움'과

'두려움'이라는 감정이 어디서 기인했는지를 보여준다는 점과 그것들이 인간의 핵심 감정이라는 점입니다. 부끄러움은 인간 사이의 감정이고, 두려움은 하나님과의 관계에서 느끼는 감정입니다. 그 원인은 '선악과'를 따먹지 말라는 하나님의 명령을 우리가 어겼기 때문이지요.

전지(全知)하신 하나님만이 절대 틀리지 않는 판단을 하실 수 있습니다. 사안(事案)의 단면만을 볼 수 있는 불완전한 인간이 마치 전지전능한 하나님인 것처럼 자신의 기준으로 옳고 그름을 판단하면, 필연코 부끄럽고 두려운 일이 발생합니다.

개인 간의 갈등뿐 아니라 국가 간에 발생한 전쟁과 같은 불행한 사건들은 모두 인간이 자기 판단이 옳다고 확신한 결과입니다. 불행하게도 그 확신은 편견이지요. 우리는 자신이 완전무결한 하나님 흉내를 내고 있다는 사실을 깨닫고, 옳고 그름의 판단을 멈출 때 비로소 악순환의 고리에서 벗어날 수 있습니다.

하지만 '원죄'로 불릴 만큼, 그 본성에서 완전히 벗어날 인간은 없습니다. 그래서 인간은 육체적으로만 아니라 심리적, 사회적, 영적으로 결단코 죽을 수밖에 없지요.

삶이 잠재력을 실현해 가는 과정이라면, 잠재력은 과연 무엇인지를 규정하는 게 굉장히 중요합니다. '잠재력'(潛在力)은 '물 속'을 의미하는 '잠'(潛)과 '있다'라는 의미의 '재'(在) 그리고 '힘 력'(力)의 합성어입니다. 물속에 있는 힘, 즉 '겉으로는 보이지 않지만 존재하는 힘'이라는 뜻이지요. 겉으로 보이지 않는다는 건 가능성으로 존재한다는 의미이고, 다른 말로는 '개인 능력의 잠재적 용량'을 의미합니다. 이는 '어떤 일을 잘할 수 있는 능력의 한계'라고도 할 수 있습니다.

잠재력과 관련이 깊은 용어가 '적성'입니다. 이는 "어떤 일에 알맞은 성질이나 적응 능력, 또는 그와 같은 소질이나 성격"을 뜻합니다. 그러니 당연히 적성에 맞는 일을 하면 높은 성과를 낼 확률이 높겠지요. 언어적 적성이 높은 사람은 언어를 많이 활용하는 직업에서 성공할 확률이 높을 겁니다.

마태복음 25장을 보면 유명한 '달란트 비유'가 나옵니다. 이 비유에서 종들이 받은 달란트의 양이 바로 잠재력의 크기입니다. 어떤 사람은 다섯 달란트, 어떤 사람은 두 달란트 혹은 한 달란트의 잠재력을 갖고 태어납니다. 어떤 사람은 달란트를 많이 받고, 어떤 사람은 적게 받습니다. 왜 서로 다르게 갖고 태어나는지는 각 사람에게 달란트를 주신 하나님만이 아실 겁니다. 우리는 사람마다 다른 달란트를 갖고 태어난다는 것만 알 뿐입니다.

주인은 달란트를 주면서 그것으로 구체적으로 어떤 일을 하라고 지시하지 않습니다. 단지 달란트를 다르게 줄 뿐이지요. 그런데 다섯 달란트와 두 달란트 받은 사람은 즉시 장사하여 원금의 두 배를 남깁니다. 이것이 바로 적성입니다. 만약 주인이 이들에게 장사가 아닌 적성에 맞지 않는 일을 하라고 명했어도 아마 열심히는 했을 겁니다. 하지만 성과는 장사한 것보다 적게 나왔겠지요. 그 과정도 즐겁지 않았을 겁니다.

반면에 한 달란트 받은 종은 어땠나요. 그에게도 주인은 어떤 일을 하라고 정해주지 않았습니다. 그러나 그는 "두려워하여"(25절) 주인의 돈을 땅에 감추었다가 그대로 가져왔습니다. 그러자 주인은 그를 "악하고 게으른 종아"(26절)라고 비난했습니다. 그는 자기 적성이 무엇인지 헤아려보지도 않은 채 단지 원금을 잃을까 봐 두려워했지요. 그래서 자기 가능성을 전혀 실현하지 않은 채 무위도식하며 세월을 보냈습니다.

사실 적성은 타고나는 면만 있는 게 아니라 경험이나 관심사에도 영향을 받습니다. 한 달란트 받은 종이 어떤 경험을 했기에 주인을 두려워했는지는 모릅니다. 하지만 두려워서 아무 일도 안 하고 자신의 가능성을 썩히다 그냥 가져왔지요. 그 결과, 그는 바깥 어두운 데로 내쫓겨서 거기서 슬피 울며 이를 가는 신세가 되었습니다.

이 비유는 주어진 것을 잘 활용하고 노력을 기울이는 것이 중요함을 알려줍니다. 그렇다면 한 달란트 받은 종은 이윤을 남기지 못한 것보다 자기 적성을 찾아 구체적인 일을 통해 잠재력을 실현하지 못한 것에 대한 벌을 받은 게 아닐까요.

이것은 이윤에 대한 주인의 태도에서 유추할 수 있습니다. 다섯 달란트 받은 종이 두 달란트 받은 종보다 훨씬 많이 벌었지만 주인은 두 종을 똑같이 칭찬했습니다. 즉 이윤의 양이 아니라 열심히 일해 두 배를 벌었다는 게 중요하다는 의미지요.

만약 한 달란트 받은 종이 나름 열심히 일했는데 결과적으로 원금까지 잃었다면, 주인은 뭐라고 했을까요? 단언할 수는 없지만, 그에게도 "착하고 충성된 종"이라고 칭찬했을 것 같습니다. "적은 일에 충성"했으니까요. 예수님은 결과도 보시지만, 과정을 더 중요하게 보실 겁니다.

예수께 배우라

잠재력은 신앙적으로 보면 하나님이 각 사람에게 주신 재능이라고 할 수 있습니다. '달란트'(talent)라는 용어 자체가 '재능'이라는 뜻이지요.

각 분야에서 뛰어난 성과를 올린 사람에게 소위 '천부의 재능'을 가지고 태어났다는 표현을 씁니다. 천부(天賦)는 "하늘이 줌"이라는 의미로 '태어날 때부터 가진 것'입니다. 하늘을 하나님으로 바꾸면 '하나님이 주심'이라는 뜻이 되지요. 천부의 재능은 결국 하나님께서 주신 재능입니다.

하지만 이 재능도 잠재력의 형태로 주어집니다. 아무리 천부의 재능을 부여받아도 그것을 실현할 여건을 갖추지 못하거나 노력을 안 하면 제대로 발휘될 수 없겠지요. 여기서 중요한 것은 하나님께서 개인에게 태어날 때부터 잠재력 또는 재능을 주셨다고 믿는 겁니다. 그 잠재력을 실현하는 것이 '참 나'로 사는 거지요.

이 점을 예수님은 어떻게 말씀하셨나요. 예수님이 놀라운 상담자시라는 건 이미 살펴봤습니다. 그리고 예수님의 상담 사역의 정의는 "수고하고 무거운 짐 진 자들아 다 내게로 오라 내가 너희를 쉬게 하리라"입니다. 이 구절이 독어 성경에는 "율법학자들이 부과한 계명으로 괴로워하는 사람들아, 내게로 오라. 내가 너희의 짐을 덜어주겠다"라는 뜻으로 번역되어 있다고 이미 설명했습니다.

예수님은 왜 우리가 수고하고 무거운 짐을 지고 고통받는지를 분명히 알려주셨어요. 그래서 자신에게 오라고 우리를 부르시며 "내가 너희를 쉬게 하겠다"라고 말씀하십니다. 하지만 독어 성경은 "내가 너희의 짐을 덜어주겠다"라고 번역합니다. 두 성경을 종합하면 "내가 너희의 짐을 덜어줄 테니 너희가 쉴 수 있다"입니다. 예수님이 짐을 덜어주시니 당연히 우리는 쉴 수 있지요.

하지만 예수님의 상담은 여기서 끝나지 않습니다. 예수님은 단순히 우리를 쉬게 하려고 상담해 주시는 게 아닙니다. 수고하고 무거운 짐을 지고 힘들게 살았으니 일단 쉬는 것이 중요하지만, 여기까지는 전반부입니다. 후반부가 있습니다. 이를 위해 전반부가 필요한 것일지 모릅니다. 후반부로 가기 위한 준비 과정이라고 할까요.

후반부는 이렇게 시작됩니다.

나는 마음이 온유하고 겸손하니 나의 멍에를 메고 **내게 배우라 그리하면 너희 마음이 쉼을 얻으리니** 이는 내 멍에는 쉽고 내 짐은 가벼움이라 마 11:29,30

여기서 "내게 배우라 그리하면 너희 마음이 쉼을 얻으리니"가 중요합니다. 전반부에는 예수님에게 나오면 "쉬게" 해주겠다고 하셨지만, 후반부에서는 예수님에게 배우면 '마음이 쉬게' 될 거라고 하십니다. 그냥 쉬는 것과 마음이 쉬는 건 같은 걸까요, 다른 걸까요? 영어 성경도 차이가 있습니다.

I will give you rest (내가 너희에게 쉼을 주겠다)
you will find rest for your souls (너희 마음이 쉼을 얻을 것이다)

만약 차이가 없다면 구태여 예수님에게 '배울' 필요가 있을까요. 그저 예수님에게 나오기만 하면 되는 것 아닌가요. 이 차이를 정확히 알기 위해서는 독어 성경을 참고할 필요가 있습니다. 독어 성경에는 다음과 같이 되어 있습니다.

Stellt euch unter meine Leitung und lernt bei mir; dann findet euer Leben Erfulung (내 지도를 받고 나에게 배우라. 그러면 너희의 삶이 실현될 것이다)

매우 다르지요? 한글 성경의 "마음이 쉼을 얻으리니"가 독어 성경에는 "너희의 삶이 실현될 것이다"로 번역되었습니다.
마음이 쉬는 것과 삶이 실현되는 것이 같은 말인가요, 다른 말인가요? 유진 피터슨의 메시지성경도 보겠습니다.

내가 어떻게 하는지 잘 보아라. 자연스런 은혜의 리듬을 배워라. 나는 너희에게 무겁거나 맞지 않는 짐을 지우지 않는다. 나와 함께 있으면 자유롭고 가볍게 사는 법을 배울 것이다.

예수님에게 자연스러운 은혜의 리듬을 배우면, 그 결과 자유롭고 가볍게 사는 법을 배울 거라고 했습니다.

동일한 헬라어 원문임에도 서로 차이가 납니다. 왜 다르게 번역했는지, 어느 것이 더 정확한지는 알 수 없습니다. 다른 책도 아니고 하나님의 말씀이기에 당대 석학들이 최선을 다해 원문에 충실하게 번역했을 겁니다. 하나님의 말씀을 시대에 맞게 잘 전달하는 같은 목적을 가지고 말이지요.

또 하나 주목해야 할 차이점이 있습니다. 전반부에는 예수님이 "내가 너희를 쉬게 하리라"라고 말씀하십니다. 즉 주어가 예수님입니다. 이 점은 여러 번역이 다 같습니다.

그런데 후반부는 "내게 배우라 그리하면…"으로 시작됩니다. 즉 우리가 예수님에게 배운 후에는 주어가 "너희"(you)로 변합니다. 우리가 주체가 되지요. 이 점은 영어나 독어나 똑같습니다. 우리말의 특징 때문에 한글 성경에는 주어가 빠져 있을 뿐입니다.

예수님에게 배운 결과가 '마음의 쉼'이든지 '삶의 실현'이든지 주체는 '나' 자신입니다. 그분께 배운 덕에 내가 마음의 쉼을 얻는 것이고, 내 삶이 실현되는 거지요. 결국 예수님이 가르쳐 주신 건, 더 이상 객체가 아닌 주체로, 타율이 아닌 자율로 살아가라는 것 아닐까요. 이 점은 예수님 말씀의 처음으로 돌아가면 분명해집니다. 마태복음 11장 28절의 독어 성경 해석을 보겠습니다.

율법학자들이 부과한 계명으로 괴로워하는 사람들아, 내게로 오라. 내가 너희의 짐을 덜어주겠다.

이 말씀을 표면적으로 보면, 율법학자들이 부과한 계명 때문에 괴로운 것으로 읽힙니다. 하지만 그 계명을 '내가 스스로' 정한 거라면요? 다시 말하면, 자율성과 타율성의 차이라고 할 수 있지 않을까요. 전반부에서 예수님이 하신 말씀의 깊은 의미를 한마디로 요약하면 '타율적으로 살면 힘드니 자율적으로 살라'라는 게 아닐까요.

예수님에게 배운 후 주어가 바뀌는 이유는 예수님의 가르침의 본질이 이제는 삶의 주체로 살라는 것이기 때문입니다. 예수님은 "나한테 배워라. 그러면 내가 너희 마음을 쉬게 해주겠다" 또는 "나한테 배워라. 그러면 내가 너희 삶을 실현해 주겠다"라고 하지 않으셨어요. 만약 그분이 우리 삶을 실현시켜 주신다면 구태여 배울 필요도 없지요.

자율성과 타율성의 관점에서 보면, "내가 너희 마음을 쉬게 해주겠다"와 "너희 마음이 쉬게 될 것이다" 사이에는 큰 차이가 있습니다. 더구나 "내가 너희 삶을 실현해 주겠다"와 "너희 삶이 실현될 것이다" 사이에는 아주 큰 차이가 있지요.

다시 한번 생각해 보지요. 만약 수고하고 무거운 짐이 스스로 정한 목표를 달성하기 위한 과정이라면 그토록 괴로울까요? 물론 어떤 목표라도 이루기 위해서는 노력해야 합니다. 그러지 않고 이룰 수 있는 목표는 목표도 아닐 겁니다. 하지만 그 목표를 스스로 정했다면, 과정이 힘들어도 괴롭지만은 않겠지요. 오히려 힘들어도 목표가 성취된 미래를 생각하면 현재의 힘듦을 감내할 수 있고, 기뻐할 수도 있습니다.

메시지성경에도 "나와 함께 있으면 자유롭고 가볍게 사는 법을 배울 것이다"라고 말씀합니다. 예수님에게 배우면 자유롭고 가볍게 살 수 있지요.

삶의 목표와 기준을 내가 주체적으로 정하면, 비록 그 과정이 힘들어도 마음은 가벼울 겁니다. 하나님께서 주신 천부의 재능을 꽃피우기 위해 수고하는 게 무거운 짐은 아닐 테니까요.

주체적으로 살기

2022년 제16회 반 클라이번 국제 피아노 콩쿠르에서 최연소인 18세에 우승하여 클래식 애호가에게 큰 기쁨을 선사한 피아니스트 임윤찬 님은 이전에 여러 국제 콩쿠르에서 입상하며 일찍이 세계 음악계에 차세대 피아니스트로 존재감을 드러냈습니다.

그가 피아노 연주에 천부의 재능이 있는 건 분명하지만 재능만으로 가능하지는 않았을 겁니다. 그는 한 인터뷰에서 "연습

할 시간이 너무 부족해요"라고 하면서, "(피아노 앞에) 앉아 있는 시간은 거의 종일입니다. 요즘에는 만날 사람도 없어 정말 외롭게 피아노 의자에만 앉아 있어요"라고 말했습니다.

아무리 천부의 재능이 있다고 해도 종일 피아노 연습만 하는 게 즐거울까요. 아마도 육체적으로 매우 피곤하고 힘들 겁니다. 그는 음악가로서의 신념을 이렇게 밝혔습니다.

"다른 이들에게 제가 가진 것을 베풀어줄 수 있는 넓은 마음과 항상 약자의 말에 귀 기울이는 사람이 되려고 노력합니다. 가장 중요한 것은 아름다운 마음을 가지는 것 같아요. 음악가의 연주로 그것이 다 드러나기 때문에 인간이 음악을 절대 속일 수 없다는 사실을 깨달았거든요."

이런 그에게 사람도 안 만나고 종일 피아노 앞에 앉아 연습하는 건 절대 "수고하고 무거운 짐"이 아닐 겁니다.

자율적으로 정한 계명이나 목표가 아니라도, 그 정신을 충분히 이해하고 지키기로 스스로 결정했다면 비록 수고스럽고 무겁다고 해도 그렇게 괴로울까요.

우리는 예수님의 태도를 살펴볼 필요가 있습니다. 사도 바울은 다음 구절에서 예수님의 마음과 자세를 배우라고 권면합니다.

그는 하나님의 모습을 지니셨으나, 하나님과 동등함을 당연하게 생각하지 않으시고, 오히려 자기를 비워서 종의 모습을 취하시고, 사람과 같이 되셨습니다. 그는 사람의 모양으로 나타나셔서, 자기

를 낮추시고, 죽기까지 순종하셨으니, 곧 십자가에 죽기까지 하셨습니다. 빌 2:6-8 새번역

여기서 말하고 싶은 것은 이렇게 위대한 사역을 하신 예수님의 '자세'입니다. 위 내용은 전부 예수님이 주체적으로 하셨음을 알려줍니다. 하나님께서 명령하셨기에 어쩔 수 없이 하셨다거나 괴로워하며 억지로 하셨다는 구절이 없습니다. 그래서 하나님께서는 "그분을 최고로 높여 모든 이름 위에 뛰어난 이름"을 주셨지요(빌 2:9 현대인의성경).

우리는 감히 예수님이 하신 그 위대한 일을 흉내조차 낼 수 없지만, 그 태도는 배울 수 있지 않을까요. 비록 내가 정한 계명이 아니라도 그 정신을 이해하고 인정하며 자발적으로 기꺼이 따르기로 결심하면 그것 역시 자율적인 겁니다.

내가 하늘에서 내려온 것은 내 뜻을 이루기 위해서가 아니라 나를 보내신 분의 뜻을 이루기 위해서이다. 나를 보내신 분의 뜻은 그분이 내게 주신 모든 사람을 하나도 잃지 않고 마지막 날에 다시 살리는 그것이다. 사실 내 아버지의 뜻은 아들을 보고 믿는 사람마다 영원한 생명을 얻는 것이다. 그리고 나는 마지막 날에 그들을 다시 살릴 것이다. 요 6:38-40 현대인의성경

예수님은 자기 뜻이 아니라 하나님의 뜻을 행하려 한다고 분명히 밝히십니다. 이런 예수님에게서 괴로워하시는 모습은

찾을 수 없습니다. 오히려 고귀하신 하나님의 뜻을 행하려 한다고 당당하고 자랑스럽게 말씀하시지요. 그래서 십자가에 달려 돌아가시는 고통의 순간에 하신 마지막 말씀이 "다 이루었다"였습니다.

부모들이 제일 고민하는 게 '자녀 교육'입니다. 목숨까지 내줄 만큼 사랑하는 자녀가 부모의 원대로 생활하지 않고 반대로 행동하니까요. 자녀가 빗나간 행동을 하면 부모 가슴이 얼마나 아플까요. 그런데 대부분의 부모가 겉으로 드러난 자녀의 행동에만 관심이 있습니다. 그러나 정작 관심을 가져야 하는 건 자녀가 '왜' 빗나가는지예요. 즉 자녀의 '마음'입니다.

지금 자녀 문제로 힘들다면, 자녀의 행동을 고치려는 노력을 잠시 내려놓기를 바랍니다. 그리고 부모 말을 듣지 않는 이유에 관심을 갖고, 어긋난 행동을 통해 들리는 자녀 마음의 소리를 들어보기를 바랍니다.

사도 바울도 에베소서 6장 4절에서 자녀 양육에 대해 권면했습니다.

부모들은 자녀의 감정을 건드려 화나게 하지 말고 주님의 훈계와 가르침으로 잘 기르십시오. 현대인의성경

아비들아 너희 자녀를 노엽게 하지 말고 오직 주의 교양과 훈계로 양육하라 개역한글

자녀 교육 제1원칙은 '자녀를 화나게 하지 않는 것'입니다. 자녀가 부모의 훈계를 따르지 않는 제일 큰 이유는 부모가 그들을 화나게 했기 때문입니다. 부모로서는 참 난감하지요. 어느 부모도 자녀를 화나게 하고 싶지는 않을 겁니다. 다만 잘되라고 가르치는데 자녀가 부모의 깊은 뜻을 모르고 화내니 답답할 거예요.

하지만 부모의 의도가 선하다고 자녀가 행복해지는 건 아닙니다. 의도보다 훈계의 내용과 방식이 중요합니다. 바울은 "오직 주의 교양과 훈계로 양육하라"라고 권면합니다. 이는 부모가 '부모의 교양과 훈계'로 양육하기 때문에 한 말이겠지요. 부모와 예수님의 교양과 훈계를 적당히 타협해서 양육해서는 안 됩니다. '오직' 주의 교양과 훈계로만 양육해야 합니다.

그렇다면 주님의 교양은 무엇인가요? 앞서 화와 관계되는 활동이 상담이라고 설명했습니다. 그리고 성경은 놀라운 상담자이신 예수님의 교양이 무엇인지 말씀합니다.

나는 마음이 온유하고 겸손하니 마 11:29

나중에 다루겠지만, 상담자의 기본 자세, 즉 교양의 핵심은 '온유함'과 '겸손함'입니다. 온유함은 계명이나 기준을 지키라고 지나치게 강요하지 않는 겁니다. 겸손함은 계명을 어기거나 기준에 미치지 못했을 때, 심하게 비난하거나 무시하지 않는 거지요.

그러면 예수님의 훈계는 무엇일까요? 바로 주체적으로 살라는 것입니다. 그래야 삶이 실현된다는 거지요. 다시 말하면, 우리 자녀가 스스로 목표를 정하고 그것을 이루기 위해 노력하는 자율적인 삶을 살게 해야 한다는 겁니다. 즉, 자녀의 잠재력을 실현할 수 있는 교육을 해야 하지요.

그러기 위해 가장 먼저 자녀의 모습을 정확히 비춰주어야 합니다. 부모의 평가로 자녀를 키우면, 자녀가 백조로 태어났더라도 오리로 크는 비극을 막을 수 없어요.

우리 자녀는 하나님께서 주신 재능을 가지고 태어났습니다. 따라서 중요한 타자들에 의해 왜곡된 자기관이 아니라 본래 모습, '참 나'로 살아야 합니다. 그때 비로소 즐겁고 가볍게 살 수 있습니다. 이는 목표를 이루기 위해 수고하고 무거운 짐을 지지 않는다는 게 아닙니다. 그 짐 때문에 괴로워하지 않는다는 거지요. 힘든 과정까지 받아들이고 즐길 수 있다는 겁니다.

주체적으로 살라는 예수님의 가르침에서 아주 중요한 사실을 놓치면 안 됩니다. 바로 예수님에게 배워야 한다는 거예요. 우리는 예수님이 이 땅에서 직접 모범을 보이시고 가르쳐주신 것을 배워야 합니다. 그리고 그렇게 살아야 합니다. 그래야 '참 나'를 찾고, 실현할 수 있습니다.

주체적으로 사는 건 내 마음대로 사는 게 아닙니다. 하나님께서 주신 천부의 재능을 주체적으로 실현하며 사는 거지요. 그러면 과정이 힘들더라도 마음은 즐겁습니다.

한 목사님은 젊을 때 새벽예배를 드리는 게 너무 힘들고 싫

었답니다. 매일 일찍 일어나는 게 고역이었고, 새벽마다 꼭 예배를 드려야 하는 이유도 알지 못했지요. 그래서 가끔 새벽예배를 드리지 못했는데, 그때마다 스스로 목회자의 자질과 헌신이 부족하다고 느껴 좌절하고 죄책감에 시달렸다고 합니다. 하지만 특별한 경험을 통해 새벽예배의 중요성을 깊이 깨달았고, 그 후로는 새벽예배가 즐겁고 간절히 기다려지더랍니다. 더 이상 수고하고 무거운 짐이 아니라 즐거움의 원천이 되었지요.

의무감으로 억지로 하는 것과 의미를 깨닫고 자발적으로 하는 건 하늘과 땅 차이입니다.

사리대화와
심정대화

대화를 통한 마음의 표현

지금까지 '예수님은 원더풀 카운슬러'라는 큰 주제 속에서 상담이 무엇이며 상담의 목표가 무언지를 알아보았습니다. 이제는 구체적으로 상담이 어떤 방식으로 이루어지고, 상담을 통해 어떻게 우리의 진정한 모습, '참 나'를 찾을 수 있는지를 알아보지요.

우선 상담(相談)은 '상대의 마음속 화를 대화로 풀어주는 활동'이라는 정의를 상기해 보길 바랍니다. '상담' 하면 제일 먼저 떠오르는 이미지는 두 사람이 마주 앉아 서로 대화하는 모습일 겁니다. 이는 상담의 기본 구조지요. 물론 여럿이 모여서 하는 '집단상담'도 있고, 대중을 상대로 상담의 성격을 띤 치유 집회도 있습니다.

하지만 상담의 기본형은 '두 사람'이 대화하는 겁니다. 그렇다고 상담이 꼭 상담실에서만 이뤄지는 건 아닙니다. 대화가 방해받거나 비밀이 보장되지 않는 여건에서는 상담을 효과적으로 할 수 없어서 상담실에서 하는 것이지, 그곳에서만 해야 하는 건 아닙니다. 사실 상담은 일상에서 더 많이 이루어집니다. 어떻게 보면 일상에서 하는 대부분의 대화가 상담적 요소를 내포합니다. 그래서 '상담은 곧 생활'이라고 할 수 있어요.

만약 자녀가 화가 난 채로 집에 왔다면 어떻게 하나요? "무슨 일이 있었는지 속 시원히 말해 봐"라고 하지 않나요. 이것이 상담이에요. 화를 대화로 풀어주려 하는 거니까요.

한의학에서는 기(氣)와 혈(血)이 통해야 건강해진다고 하지요. 이는 몸의 병뿐만 아니라 마음의 건강에도 적용할 수 있어요. 마음이 통하지 않는 사람과 오랫동안 함께 지내면 얼마나 고통스러울까요! 마음도 통해야 합니다. 그래야 아픔이 없고 건강해집니다.

마음이 통(通)한다는 건 어떤 걸까요. 기와 혈은 내 몸속에서 이루어지는 것이기에 순전히 개인적 현상입니다. 하지만 마음이 통하려면 최소한 '너'와 '나'의 두 마음이 있어야 하지요. 이는 두 사람의 관계를 기본으로 하는 사회적 현상입니다. 그래서 마음이 통한다는 건 '너'와 '나'의 관계가 좋다는 걸 의미하지요. 익숙한 표현으로 '우리가 서로 잘 통한다'라는 거예요. 일상적으로 '마음이 불편하다'라는 표현에는 명시적으로 드러나지는 않지만 '나' 외에 누군가가 내포되어 있습니다.

일상에서 "난 남편과 머리가 잘 통해서 좋아"라고는 하지 않지만 "남편과 마음이 잘 통해서 좋아"라고는 표현합니다. 머리는 통하지 않지만, 마음은 통하는 것이란 의미입니다. 또한 대화할 때, "너와는 말이 안 통해서 너무 답답해"라고 하잖아요.

말이 통해야 합니다. 의사소통이 돼야 해요. 이것이 관계에서 매우 중요합니다. '의사'(意思)는 뜻과 생각입니다. '소통'(疏通)은 막히지 않고 통하는 거고요. 따라서 의사소통은 '너와 내가 가지고 있는 뜻과 생각이 서로 막히지 않고 잘 통한다'라는 뜻입니다.

마음이 통하려면, 마음을 표현해야 합니다. 그런데 우리 문화에서는 마음이 잘 통하면 말이 필요 없다고 생각합니다. 오히려 말해야만 상대가 내 마음을 안다면, 그것은 상대가 나를 충분히 사랑하지 않는 거라고 여기기까지 합니다.

예를 들어, 아내가 언짢은 표정으로 말하지 않고 있을 때 남편이 "무엇이 불만인지 말을 해봐"라고 하면, 아마 대부분의 아내가 "그걸 꼭 말로 해야 알아?"라고 대답할 겁니다. 그러면 남편은 황당하고 답답할 거예요. 그래서 눈치 빠른 사람이 인기가 많습니다. 말을 안 해도 상대의 마음을 알아주고 필요한 행동을 하니까요. 하지만 그만큼 오해도 많고, 삐치기도 많이 합니다.

뜻과 생각은 다양한 방법으로 표현할 수 있어요. 그중 가장 기본은 말로 표현하는 겁니다. 두 사람이 말로 뜻과 생각을 나누는 게 바로 대화지요. 의사소통을 잘한다는 건 대화를 잘한다는 겁니다.

상담도 물론 상담자와 내담자가 서로 의사소통을 잘해야 합니다. 그래서 상담을 잘하기 위해서는 대화를 잘해야 하지요.

감정 말하기

그러면 대화를 잘하는 방법을 알아보겠습니다. 먼저 오해를 풀어야 합니다. 우리는 말할 줄 알면 대화가 저절로 된다고 쉽게 생각합니다. 그래서 대화하는 법을 배우려 하지 않지요.

여러분은 가정이나 학교에서 대화하는 법을 배워본 적 있나요? 혹시 초등학교부터 대학교에 이르기까지 대화를 가르치는 교과목이 있나요? 아마 없을 겁니다.

그저 집에서는 부모들끼리, 학교에서는 선생님이 하는 대화 방식을 흉내 내면서 습득하지 않았나요. 주위에서 가끔 "말하는 스타일이 꼭 제 아비 닮았다"라는 말을 듣곤 합니다. 아버지가 말하는 태도가 자식 몸에 뱄다는 거지요.

사실 말하는 태도는 자기도 모르게 습득하여 표현하게 됩니다. 특별한 경우를 제외하고는 자기가 말하는 태도를 염두에 둔 적이 별로 없을 겁니다.

요즘 우리 사회를 소통이 안 되는 '불통 사회'라고 합니다. 왜일까요? 가정이나 학교 어느 곳에서도 소통 방법을 가르쳐주지 않으니 당연히 불통 사회가 되지요.

대화를 잘하는 것도 중요한 기술입니다. 다른 기술과 마찬가지로 잘 배워야 합니다. 피아노 배우기를 예로 들어보지요. 피아노를 잘 치기 위해서는 먼저 음악이 예술임을 이해해야 합니다. 그리고 음악의 형식과 이론, 악보 보는 법을 배우지요. 그다음 피아노의 구조와 작동 원리, 운지법(運指法) 등을 익히겠지요. 그러고는 연습에 연습을 거듭해야 합니다.

즉 이론과 실습, 이 두 가지를 열심히 배우고 훈련해야 해요. 대화도 마찬가지입니다. 대화도 기술임을 명심하고 열심히 배우고 훈련해야 합니다.

대화는 최소한 두 사람이 합니다. 물론 여럿이 대화할 수도 있지만, 원리는 두 사람이 하는 것입니다. 혼자는 대화할 수 없어요. 그것은 독백이지 대화가 아닙니다. 대화를 잘한다는 건 두 사람이 서로 말을 잘 주고받는 겁니다.

예를 들어, 남편과 아내가 대화합니다. 먼저 아내가 말합니다. 그러면 남편은 그 말을 들어야 합니다. 이번에는 남편이 말합니다. 그러면 아내가 그 말을 듣습니다. 이것이 말을 주고받는 과정입니다. 사실 대화는 간단해요. 서로 말을 주고받으면 되니까요.

그런데 이것이 생각보다 어렵습니다. 물론 잘하는 게 어렵다는 겁니다. 그래서 주위를 둘러보면 부부 사이에 대화다운 대화를 안 하고, 생활에 필요한 최소한의 '말'만 하고 사는 가정이 많아요. 왜 대화를 안 하는지 물어보면 십중팔구 "말이 통하지 않는다"라고 답합니다.

대화를 한다는 건 단지 말을 섞는 게 아닙니다. 서로 고운 말이 오고 가야 하지요. 그리고 중요한 것은 마음이 서로 통해야 합니다. 막말이 오간다면 그건 대화가 아닌 말다툼이겠지요. 우리 주위에는 말다툼을 대화로 오해하는 사람이 많습니다.

대화가 잘된다는 건 말이 계속 오고 가는 겁니다. '가는 말이 고와야 오는 말이 곱다'의 의미는 '내가 먼저 좋게 말해야 남도 내게 좋게 말한다'라는 거예요.

여기서 중요한 점은 '나'가 먼저 말을 곱게 해야 한다는 겁니다. 대부분의 말다툼은 '너'가 왜 내게 곱게 말하지 않았는지에 대한 시비로 시작됩니다. 하지만 '나'가 먼저 말을 곱게 하지 않았거나 상대의 감정을 도발하는 행동을 했다는 사실은 알아채지 못하는 경우가 대부분입니다. 상대의 태도는 내가 먼저 한 말이나 행동의 '반응'일 뿐인 경우가 많지요.

고운 말의 힘은 대단합니다. 어떤 말이 고운 말인가요? 먼저 말투, 곧 말하는 버릇이나 태도가 상냥하고 친절해야겠지요. 또 존댓말과 반말이 발달한 우리말의 경우에는 상대와 자신의 관계, 상황에 적합한 표현을 하는 게 중요합니다. 하지만 말을 잘한다는 건 차분하고 친절하게 말하는 것 이상의 중요한 의미가 있습니다.

말의 격식보다 더 중요한 건 말의 내용과 양식입니다. 대화의 기본 형식은 한 사람이 말하면 다른 사람이 듣는 겁니다. 그리고 교대로 말하고 듣기를 지속하지요. 두 사람이 대화를 잘한다면 주거니 받거니 하면서 오래 지속되겠지요.

대화에는 두 가지 요소와 두 가지 양식이 있습니다. 대화의 두 요소는 '듣기'와 '말하기'입니다. 그래서 대화를 잘한다는 건 듣기와 말하기를 잘하는 겁니다. 대화를 잘하기 위해서는 항상 상대가 있다는 사실을 잊지 말아야 합니다.

대화를 잘 못 하는 첫 번째 이유는 이 사실을 깨닫지 못해서입니다. 내가 하는 말이 상대에게 어떤 의미가 있을지를 염두에 두지 않고 일방적으로 자기 이야기만 하는 건 심리적으로는 상대를 인정하지 않는 거지요. 결국 형식은 대화지만, 실제로는 독백을 하는 겁니다.

이런 대화를 심리학에서는 '집단적 독백'이라고 합니다. 형식은 둘이 대화하는 것 같지만, 실제로는 혼잣말을 한다는 뜻이에요.

대화의 두 가지 양식은 '사리대화'와 '심정대화'입니다. 대화의 내용을 분류하면 크게 두 종류로 나눌 수 있어요. 첫째는 지식과 정보입니다. 바로 직전에 누군가와 나눴던 대화를 한번 떠올려보세요. 어떤 내용이었나요? 아마도 궁금한 지식이나 정보에 관계되는 대화를 했을 확률이 높습니다.

현대를 '지식 정보화 사회'라고 합니다. 지식이나 정보를 많이 가질수록 힘이 세집니다. 그러나 필요한 지식이나 정보를 다 가진 사람은 없습니다. 하루가 다르게 변하는 현대에는 더욱 그렇지요. 그렇다면 필요한 정보와 지식을 어떻게 얻나요? 다양한 방법이 있지만, 기본적으로 대화를 통해 얻습니다. 궁금할 때 옆에 있는 상대에게 물어보는 게 제일 편하지요.

그래서 지식 정보화 사회에서는 지식이나 정보를 많이 가진 사람을 '지식인' 또는 '전문가'라고 부르며, 그는 상대적으로 높은 사회적 지위와 권한을 갖게 됩니다.

지식이나 정보는 비유적으로 '머리'에 있다고 하지요. 머리에 있는 지식과 정보를 나누기 위해 하는 대화를 '사리대화'라고 부릅니다. '사리'는 말 그대로 일(事)의 이치(理)입니다. 다른 말로 하면 "변화하는 현상과 그 배후에 있는 불변하는 진리"입니다. 따라서 사리대화는 오가는 지식과 정보가 정확하고 논리적이며, 무엇보다 사실이어야 합니다.

요즘 우리 사회에 '가짜뉴스'가 난무합니다. 가짜뉴스는 당사자는 말할 것도 없고 사회 전체에 큰 해를 끼칩니다. 옳지 않은 정보가 난무하는 사회는 불신을 조장하기 때문에 지식 정보화 사회의 적이라고 할 수 있지요.

지식과 정보 외에 우리는 대화를 통해서 무엇을 또 주고받을까요? 삶에서 매우 중요하지만, 평소에는 그 중요성을 의식하지 못하고 주고받는 게 있습니다. 느낌, 즉 '감정'입니다.

우리의 감정은 하루에도 수십 번 바뀝니다. 오죽하면 '변덕이 죽 끓듯 한다'라는 속담이 있겠어요! 이는 말이나 행동이 이랬다저랬다 한다는 뜻입니다. 그렇게 만드는 것이 바로 감정이지요. 그만큼 감정이 중요한데 일상에서는 별로 의식하지도, 의식되지도 않고 무시되기 십상입니다. 앞으로 상담을 자세히 설명할 때, 그 중요성을 설명하겠습니다.

대화를 통해 우리는 감정을 나눕니다. 감정은 비유적으로 마음에 있다고 이야기하지요. 그래서 마음을 나누는 대화를

'심정대화'라고 부릅니다. '심정'은 말 그대로 마음(心)에 있는 감정(情)입니다. 감정은 '어떤 일에 대해 느끼는 기분'이고요.

심정대화는 마음속 감정, 즉 느낌을 나누는 겁니다. 사실 우리는 사리대화보다는 심정대화를 훨씬 일찍 합니다. 모든 아기가 태어나자마자 울어요. 태어난 것이 기뻐서 우는지 슬퍼서 우는지는 모르겠지만, 우는 건 생각이 아니라 감정을 표현하는 행동이지요. 태어난 후 3개월부터는 즐거운 것과 싫은 것을 구별합니다. 이는 생각보다 감정이 먼저고, 더 근본적이라는 걸 보여줍니다.

실제로 사리대화를 잘하는 사람보다 심정대화를 잘하는 사람이 심리적으로 더 건강하게 삽니다. 하나님께서도 태초에 처음 빛을 창조하시고 "보시기에 좋았더라"(창 1:4)라고 느끼신 감정을 알려주셨습니다.

말하기와 듣기

사리대화든 심정대화든 말하기와 듣기는 둘 다 중요합니다. 하지만 두 대화에서 듣기와 말하기 중 어느 것이 더 중요한지는 다릅니다. 대화의 목적이 다르기 때문이지요.

먼저 사리대화에서는 듣기와 말하기 중 어느 것을 더 잘해야 할까요? '말하기'를 잘해야 합니다. 지식과 정보가 오갈 때는 말을 잘해야 하지요. 우선, 내가 무엇을 모르는지 또는 어떤 지식이나 정보가 필요한지를 정확히 상대에게 알려야 합니다. 예를 들어, 몸이 아파서 병원에 가면 의사에게 증상을 정확히 알려주어야 합니다. 그래야 의사가 정확히 진단할 수 있으니까요.

저는 7년 동안 미국에서 유학 생활을 하면서 아플 때 가장 답답하고 안타까웠습니다. 병원에 가서 의사에게 제 증상을 자세히 설명해야 하는데, 강의실에서 주고받는 영어로는 할 수가 없는 거예요. 그래서 아플 때는 영어를 능숙하게 하는 지인에게 부탁해서 함께 가곤 했지요.

또한 의사도 환자에게 증상의 원인과 치료법, 또는 치료 과정에서 나타나는 다양한 변화에 대해 자세하고 정확하게 말해야 환자가 자기 병을 이해할 수 있습니다. 환자에게 말하지 않고 의사 혼자만 알고 있으면 환자가 얼마나 궁금하고 걱정되겠어요. 사리대화는 분명하고 정확하게 사실을 '말하는' 게 기본입니다.

그러면 심정대화를 할 때는 어느 것을 잘해야 할까요? 당연히 '듣기'입니다. 말하기도 중요하지만, 듣는 것을 우선해야 합니다. 특히 상담에서는 듣기가 핵심이라고 할 수 있어요.

앞서 상담을 상대의 마음속 화를 말로 풀어주는 활동이라고 정의했는데, 화는 지식인가요, 감정인가요? 감정이지요. 그렇다면 심정대화를 해야겠지요. 그리고 상대의 화를 풀어주기 위해 누가 말해야 하나요? 화난 사람이 말해야 화가 풀리겠지요. 화를 풀어주려는 사람은 일단 들어주어야 하고요. 그래서 심정대화는 듣기가 우선입니다.

'말을 듣는다'라는 표현에는 두 가지 의미가 있어요. 하나는

'수긍하고 실행에 옮긴다'입니다. 예를 들어, "애들이 내 말을 잘 듣는다"라는 말은 '내가 시키는 대로 잘한다'라는 뜻이에요. 대부분 부모는 자녀가 시키는 대로 잘 따라주기를 바랍니다. 자신이 하는 훈계, 조언, 권면 등은 옳은 것이고, 자녀가 잘되라고 하는 것으로 생각하기 때문입니다.

또 다른 의미는 다른 사람의 말에 '귀 기울인다'입니다. 주의를 집중하고 성심껏 잘 들어준다는 거지요. 대부분 자녀는 부모가 자기 말을 들어주지 않아서 불만이 큽니다. 이는 부모가 자녀가 원하는 대로 해주지 않는다는 의미보다 자기 말을 경청(傾聽)하지 않는다는 뜻 아닐까요.

말하기를 도와주는 보조 수단은 많아요. 그런데 듣기를 도와주는 보조 수단은 거의 없습니다. 그만큼 듣기는 자신 외에 다른 도움을 받기 어렵다는 의미예요.

학교에서도 말하기 시간은 있지만 듣기 시간은 없어요. 가정에서도 자녀에게 다른 사람의 이야기를 듣는 방식을 가르치지 않습니다. 안타깝게도 부모도 모르기 때문에 가르쳐줄 수 없어요. 그래서 듣기는 홀로 습득해야 하는 영역이 되었지요.

여기저기서 우리 사회가 불통 상태라고 난리입니다. 서로 자기 말만 하고 다른 사람의 말은 듣지 않는 사회가 불통 사회입니다. 하지만 아무도 가르쳐주지 않는데 어떻게 소통 사회가 될 수 있나요!

—— *chap.12* ——

상담과
자문

상담과 자문의 차이

요즘 '상담'이라는 용어가 빈번하게 쓰이고 있습니다. 그러나 상담에 대해 정확하게 알고 쓰는 사람은 그리 많지 않은 것 같습니다. 상담이 아닌 활동을 하면서 상담한다고 생각하는 사람도 있지요. 특히 상담과 자문을 혼용하고 있어요. 대개 자문 활동을 상담이라고 부릅니다.

자문은 '물을 자'(諮)와 '물을 문'(問)이 합쳐진 단어입니다. '묻고 또 묻는다'라는 뜻이지요. 사전적 의미는 "어떤 일을 좀 더 효율적이고 바르게 처리하려고 그 방면의 전문가나, 전문가로 이루어진 기구에 의견을 물음"입니다. 그래서 '자문한다'라는 말이 널리 쓰입니다. 또 '자문에 응한다'라는 말도 많이 쓰는데, 누군가가 자문하면 답을 알려준다는 말이지요.

상담자는 영어로 'counselor'입니다. 이 단어의 어간인 counsel은 자문을 뜻하는 consult와 같은 뿌리에서 나왔습니다. 그 뜻은 '숙고하기 위해 함께 모이다'입니다. 그러니 예전

12장 상담과 자문

에는 자문, 상담, 변호가 같은 어원에서 유래해서 같은 의미로 쓰였습니다.

먼저 상담과 자문의 비슷한 점을 알아보지요. 일단 형식적으로는 거의 같습니다. 두 활동 모두 '숙고(熟考, 곰곰이 잘 생각함)하기 위해 여럿이 함께 모이는 것'이기 때문이지요. 문제를 효율적으로 해결하기 위해 숙고해야 합니다. 또한 두 활동 모두 상담자와 내담자(來談者)가 있습니다. 내담자는 스스로 해결하기 어려운 문제로 힘든 사람입니다. 문제가 없다면 애초에 상담이나 자문을 받을 필요가 없겠지요.

문제의 원인이나 해결 방법을 알지 못해 스스로 해결할 수 없는 경우, 그것을 아는 전문가에게서 도움을 받아야 합니다. 이처럼 문제가 있을 때 전문가를 찾아가 묻고 도움을 받는 활동을 '자문'(consulting)이라고 합니다. 자문 활동에서는 전문가가 내담자의 문제를 적극적으로 해결해 줍니다.

자문과 상담의 차이는 '문제 해결의 주도권을 누가 갖느냐'에 있어요. 상담자가 문제 해결의 주도권을 가지면 '자문'입니다. 대조적으로 내담자 스스로 문제 해결의 주도권을 가지면 '상담'이에요.

예를 들면, 우리가 어려움을 겪는 문제가 건강이나 의학적인 것이면 '의료 상담'을 받는다고 표현합니다. 자녀의 학업이나 진학에 관련된 문제면 '진로 상담'을, 법적 문제로 송사에 얽히거나 분쟁이 생기면 '법률 상담'을 받는다고 말합니다. 하지만 정확히 말하면 '상담'이 아니라 '자문'하는 겁니다. 의료 자문,

진학 자문, 법률 자문 등을 하는 거지요. 신앙 문제로 혼란스러울 때는 그 분야의 전문가인 목회자나 신학자를 찾아가 '신앙 자문'을 해야 합니다. 하지만 흔히 "목사님에게 신앙 상담을 받았다"라고 말하지 않나요? 엄밀히 말하면 틀린 표현이지요.

요즘에는 기업체도 변호사를 고용합니다. 이는 회사 '자문 변호사'인가요, 아니면 '상담 변호사'인가요? 자문 변호사가 맞습니다. 이들은 법률 전문가로서 회사의 법률적인 문제를 해결해 주기 때문입니다.

자문 앞에 붙은 의료, 진로, 법률, 신앙 등은 특정 전문가가 도움을 줄 수 있는 전문 영역이면서 내담자가 갖는 문제의 영역을 가리킵니다. 예를 들면, '의료 자문'에 응한다고 할 때, 자문 앞에 붙는 '의료'는 내담자가 어려움을 겪고 있는 문제가 의학적인 영역에 속한 것임을 뜻하는 동시에 의학 전문가가 도와줄 수 있는 전문 영역이기도 합니다. 의료 자문은 의사, 약사, 간호사 등에게 하지요.

자문에 응하기 위해서는 특수한 영역에 전문가가 되어야 합니다. 대학에서 그 분야를 전공하는 게 일반적이지요. 의료 자문에 응하기 위해서는 의대나 약대 또는 간호대를 나와야 합니다. 진학 자문에 응하기 위해서는 사범대나 교육대를 나와야 합니다. 또 신앙 자문에 응하기 위해서는 신학대를 나와야겠지요. 물론 대학에서 그 분야를 공부해야만 전문가가 되는건 아니고 일반적으로 그렇다는 겁니다(요즘은 전문대학원에서 해당 분야를 공부하기도 합니다).

대개 전문가는 학부만이 아니라 대학원까지 졸업하는 것이 일반적입니다. 석사 이상의 학위를 갖고 있지요. 그리고 현장에서 일정 기간 실습한 후 국가가 시행하는 자격시험을 통과해야 합니다. 의사와 약사, 간호사, 변호사 등이 그렇지요. 목사도 국가자격은 아니지만 각 교단에서 규정한 엄격한 과정을 거쳐서 자격을 얻습니다. 그래야 해당 분야에 관한 전문 지식과 기술을 겸비하고 현장에서 임상 활동을 할 수 있지요.

전문가는 자신이 공부한 분야의 전문 지식과 정보 그리고 경험이 있습니다. 우리가 모르는 전문 지식은 그 분야의 전문가에게 도움을 받으면 됩니다. 그래서 자문은 '사리대화'의 영역입니다. 통념상 변호사는 말을 유려하게 잘합니다. 그래서 "말을 잘하니 변호사를 시키자"라는 말이 회자하기도 하지요.

자문과 대조적으로, 상담은 내담자가 스스로 해결할 수 없는 문제를 갖고 있는 것까진 같지만, 문제의 원인과 해결책을 내담자가 주도적으로 찾아가게 한다는 점에서 차이가 있습니다. 이런 형식의 도움 활동을 상담(counseling)이라고 합니다.

내담자가 자기 문제의 원인과 해결책을 스스로 찾아야 한다는 건 일견 모순처럼 보입니다. 만약 그럴 수 있다면 상담받을 필요조차 없을 테니까요. 하지만 혼자서는 찾을 수 없다는 게 우리 삶이 괴로운 이유지요. 혼자 해결할 수 있으면 아무 고민이 없겠지요. 이 점이 바로 상담이 필요한 이유입니다. 혼자 해결할 수 없는 문제를 상담자의 도움을 받아 내담자가 적극적으로 해결해 나가는 겁니다. 그 과정에서 내담자는 문제를 해결하는 방식과 능력을 갖추게 됩니다.

유대인의 경전 《탈무드》에는 "자식에게 물고기를 잡아주면 한 끼 식사를 해결해 주는 거지만, 물고기 잡는 법을 가르쳐주면 평생의 식사를 해결해 주는 것이다"라는 내용이 있어요.

어리석은 어머니는 배고픈 자녀에게 생선 요리를 정성껏 해줍니다. 이 어머니는 자녀를 사랑하지만 어리석습니다. 자녀가 배고플 때마다 어머니에게 의존해야 하니까요. 반면에 현명한 어머니는 자녀에게 고기 잡는 법을 가르쳐줍니다. 그러면 자녀가 배고플 때 어머니를 찾는 게 아니라 스스로 고기를 잡을 수 있겠지요.

상담자는 현명한 어머니의 역할을 합니다. 이해되나요? 자문에 응하는 건 내담자의 문제 해결 능력을 키우는 게 아니라 직접 문제를 해결해 주는 것이므로 내담자는 문제가 생길 때마다 다시 자문해야 합니다. 대조적으로 상담의 궁극적 목표는 내담자가 다시는 상담자를 찾을 필요 없이 스스로 문제를 해결하며 살도록 능력을 키워주는 것입니다.

감정의 실타래 풀기

사람들은 마음이 힘들 때 지인과 대화를 나누면서 농담 반 진담 반으로 '인생 상담'을 받았다고 말합니다. 상대로부터 큰 도움을 받을 거라고 생각하지 않고, 상대가 나의 화를 전문가처럼 풀어줄 거라고 기대하지 않으면서 마음속 '화'를 토로합니다. 그냥 '화풀이'를 하는 거지요. 하지만 인생 상담이 진정한 상담 활동의 기본입니다. 이해가 잘 안 되지요?

앞서 자문이나 상담 앞에 붙는 단어의 영역이 우리가 괴로워하는 분야인 동시에 전문가가 도움을 줄 수 있는 영역이라고 했습니다. '의료' 자문이 의료인이 도움 줄 수 있는 영역인 것처럼요. 그렇다면 '인생' 자문은 인생을 전공한 전문가에게 해야 합니다. 그런데 인생을 어디서 전공하나요? 대학에 '인생학과'가 있어서 석박사 학위를 받으면 인생 전문가가 될 수 있을까요.

인생을 가르쳐주는 학교나 학과는 없습니다. 인생은 가르칠 수 있는 대상이 아니니까요. 그래서 '실패는 성공의 어머니'라든지 '실패를 통해 배우는 인생의 교훈'이라는 말이 널리 공감받으며 쓰이고 있지요. 엄밀히 말하면, 인생 문제에는 전문가가 없다는 겁니다.

우리는 모두 다양한 문제와 씨름하며 살고 있습니다. 상담자도 자신의 문제로 힘들어하는 평범한 인간이지요.

만약 문제나 어려움이 하나도 없는 사람만이 상담자가 될 수 있다면, 예수님 외에 누가 상담자가 될 수 있을까요. 아무도 없습니다. 살면서 부딪히는 인생 문제에는 전문가가 없기에 엄밀히 말하면 '인생 문제 자문'에는 누구도 응할 수 없습니다.

그러면 어떻게 해결해야 할까요. 당사자가 직접 풀어야 합니다. 자기 삶을 제일 잘 아는 사람은 본인이기 때문이지요.

그러나 안타깝게도 홀로 풀 수 없습니다. 왜냐하면 우리를 괴롭히는 인생 문제는 지식이나 정보가 부족해서 생기는 게 아니기 때문입니다.

살아가면서 힘든 문제의 원인은 사실 '감정'의 문제입니다. 더욱 혼란스러운 건 그 감정의 존재 여부와 실체에 대해 정확히 인식하지 못한다는 겁니다. 다시 말해, 우리를 괴롭히는 것은 '지각하지 못하는 감정'입니다. 감정은 지식이나 정보보다 애매하기에 식별하기가 쉽지 않습니다.

더군다나 이마저도 의식적으로 지각하지 못하는, 소위 '무의식'인 경우가 많습니다. 이는 자신이 그렇다는 걸 지각하지 못한다는 뜻이지요. 내담자가 자신의 감정을 정확히 느끼지 못하기에 혼자 문제를 풀기가 더욱 어려운 겁니다.

그렇다면 상담자의 역할은 무엇일까요? 내담자를 괴롭히는 감정은 엉킨 실타래와 비슷합니다. 실타래가 크더라도 가지런히 잘 감겨 있으면 쉽게 풀 수 있지만, 엉켜 있으면 아무리 작아도 풀기 어렵습니다. 더욱이 그 감정이 무의식이라면 더 어렵지요. 실타래의 존재조차 분명히 인식되지 않으니 어떻게 효율적으로 풀 수 있을까요!

그래서 상담은 내담자가 엉킨 감정의 실타래에서 '실마리'를 찾아 스스로 풀 수 있도록 옆에서 돕는 겁니다. 내담자는 혼자서는 실마리를 찾을 수 없지만, 상담자의 도움을 받아 자신의 엉킨 감정의 실타래를 객관적으로 본다면, 그것을 풀 실마리를 찾아낼 수 있습니다. 그러면 아무리 엉켜 있어도 시간이 걸릴 뿐, 마침내는 실타래를 풀고 인생의 괴로운 짐을 해결할 수 있지요.

혼자서는 찾을 수 없던 무의식적 감정의 실마리를 상담자와의 협업(協業)을 통해 내담자가 찾아가는 게 상담입니다. 그래서 상담을 '내담자가 문제 해결의 주도권을 갖고, 그 원인과 해결책을 찾는 활동'이라고 하는 겁니다.

제 부끄러운 과거를 예로 들겠습니다. 제가 고등학교에 다닐 때는 지금처럼 학생 인권에 대해 크게 생각하지 않았습니다. 그래서 고등학교 3학년으로 올라갈 때, 2학년 성적으로 '우열반'(優劣班)을 나눴습니다. 공부를 잘하는 학생들이 '우반'에 모였고, 공부를 못 하는 학생들이 '열 반'에 모였습니다. 저는 어느 반에 속했을까요? 아마 짐작하셨을 거예요. 부끄러운 일이라고 고백했듯 공부를 썩 잘하지 못해서 문과 '열 반'에 속했습니다.

학교 선생님들은 학생들을 참 사랑하셨습니다. 그래서 시간마다 들어오셔서 열 반에 있는 우리에게 공부를 잘하면 얼마나 좋은지 또는 공부 잘하는 법 등을 열심히 알려주셨습니다. 열 반 학생들이 딱해 보여서였을 겁니다.

하지만 그때 저는 중요한 사실을 알았습니다. 열 반 학생들도 공부를 잘하면 좋다는 건 이미 다 아는 사실이었지요. 그리고 공부 잘하는 법도 당연히 알고 있었습니다. 또한 선생님들이 안타까운 마음에 충고와 조언을 해준다는 것도 알았지만,

이미 다 아는 내용을 되풀이해서 들려주니 나중에는 짜증이 났지요. 물론 공부도 못 하는 주제에 드러내놓고 짜증을 낼 수는 없었습니다.

사실 이걸 몰라서 공부를 못 한 거라면 오히려 문제는 간단히 해결될 수 있었을 겁니다. 알려주면 되니까요! 그러나 알면서 못 하는 것이 문제였지요.

공부를 잘해야 하는 이유와 잘하는 방법을 다 아는데, 제가 왜 열 반에 있었을까요? 공부가 안됐기 때문입니다. 몰라서 못 한 게 아니라 안되기 때문에 못 한 거지요. '알고 모르고'는 지식의 문제이고, '되고 안 되고'는 감정의 문제입니다. 그래서 열 반 학생들에게는 '자문'이 아니라 '상담'이 필요했습니다. 마음속에 공부하는 것을 막는 감정이 있는지 찾아보고, 있다면 그것을 먼저 풀어주어야 했지요.

제가 상담한 한 학생은 머리가 참 좋았습니다. 하지만 성적은 늘 최하위권이었지요. 부모가 아무리 야단쳐도 별반 달라지지 않았어요. 본인도 공부를 잘하고 싶어 학원도 다니고 독서실에도 갔지만 어디서도 집중이 안 되어, 결과는 늘 부진했습니다. 부모도 걱정하고, 본인도 안타까워해서 제게 상담을 받기로 했어요.

상담 결과, 이 학생은 부모에 대한 반감(反感) 때문에 부모가 원하는 공부를 하지 않았던 거였습니다. 아이의 무의식 속에 부모를 향한 미움이 꽉 차 있었어요. 그래서 부모에게 일종의 복수를 하기 위해 공부를 하지 않은 거였지요. 이 속마음에 공감해 주고 나서야 학생은 공부하기 시작했습니다.

우리의 신앙생활은 어떤가요? '신앙'은 지식의 문제일까요, 감정의 문제일까요? 물론 머리와 마음이 분명하게 갈라지고, 어느 한 편에만 해당하는 경우는 거의 없습니다.

예를 들어, 내가 어떤 사람을 사랑한다고 할 때, 그를 전혀 모르는 채 사랑할 수 있을까요? 불가능해요. 그렇다고 그에 관한 지식만 가지고 사랑할 수 있을까요? 그것도 아닙니다. 왜냐하면 사랑은 감정에 더 큰 영향을 받기 때문이에요. 그래서 '첫눈에 반한다'라는 말이 있는 겁니다. 첫눈에 상대를 얼마나 알 수 있겠어요. 하지만 사랑에 빠질 수는 있습니다. 그러니 '사랑'에 문제가 생기면 당연히 자문이 아니라 상담을 해주어야 하겠지요.

신앙생활과 믿음도 마찬가지 아닐까요. 예수님에 관한 지식 없이 그분을 믿기는 어렵습니다. 하지만 예수님에 관한 지식이 많다고 해서 그만큼 믿음이 깊은 것도 아니지요. 지식은 믿음의 필요조건이기는 하지만 충분조건은 아닙니다. 왜냐하면 믿음은 기본적으로 마음, 즉 감정과 더 깊은 관련이 있기 때문입니다. 그래서 신앙생활을 오래 했어도 믿음이 제자리걸음이라면, 자문을 통해 어떤 점이 잘못되었는지 정확히 알아보는 것도 중요하지만, 상담을 받아보는 게 더 좋을 겁니다.

혹시 마음 깊은 곳에 누군가를 믿지 못하게 하는 아픈 경험이 자리 잡고 있을지 모르니까요! 이런 경험은 자문만으로 해결되지 않습니다. 상담을 통해 실마리를 찾아 엉킨 감정의 실타래를 풀어야 하지요.

세계의 수많은 소설 중에 러시아의 대문호 톨스토이의 소설 《안나 카레니나》의 첫 문장이 제일 훌륭하다고 칭송받습니다. 그 문장은 이렇습니다.

"행복한 가정은 모두 엇비슷하지만 불행한 가정은 불행한 이유가 제각기 다르다."

행복한 가정을 꾸리기 위해서 서로 용서하고 사랑해야 한다는 건 삼척동자도 다 알 거예요. 용서가 무엇인지 몰라서 또는 용서해야 하는 걸 몰라서 용서하지 못하나요? 사랑이 무엇인지 몰라서 또는 사랑해야 하는 걸 몰라서 사랑하지 못하는 것도 아닐 겁니다. 그렇게 안 되니까 불행한 거지요. 잘 알고 있는데 왜 안 될까요. 그 원인도 한 가지가 아니라 불행한 가정 수만큼이니 어떻게 일률적인 해답을 내릴 수 있을까요.

원더풀 카운슬러이신 예수님은 우리에게 어떻게 살아야 하는지를 알려주십니다. 즉 자문에 응해 주십니다. 가장 대표적인 게 그 유명한 '산상수훈'입니다. '산상설교'라고도 불리는 말씀을 통해 예수님은 우리가 어떻게 살아야 하는지를 쉽게 알려주세요. 이 내용은 수없이 인용되고, 노래로도 불리고, 목사님의 설교 단골 주제이기도 합니다. 오죽하면 "성서 중의 성서"라고 일컬어질까요.

예수님이 산상수훈을 통해 알려주신 핵심은 단지 말을 이해하는 데 있지 않고 '행동으로 옮기는 데 있다'라는 겁니다. 그래서 예수님은 "나더러 주여 주여 하는 자마다 다 천국에 들어갈 것이 아니요 다만 하늘에 계신 내 아버지의 뜻대로 행하는 자라야 들어가리라"(마 7:21)라고 말씀하셨습니다.

말씀을 듣고 이해만 하거나, 말로만 "주여, 주여" 하는 건 의미 없다는 거지요. 중요한 건 "아버지의 뜻대로 행하는 자"가 되는 것이고, "누구든지 나의 이 말을 듣고 행하는 자는 그 집을 반석 위에 지은 지혜로운 사람"(마 7:24)과 같다고 하셨습니다. 예수님이 이렇게 강조하시는 것을 보면, 말을 듣고 이해하는 사람은 많아도 정작 실천하는 사람은 드문 현실을 방증하는 게 아닐까요.

이해돼서 저절로 행동으로 옮겨진다면 얼마나 좋을까요! 그렇다면 전 세계 인류가 다 행복할 거예요. 《안나 카레니나》에서 말하는 행복한 가정이 바로 이런 가정이겠지요. 하지만 이런 현실은 실현되기 어렵습니다. 머리로는 알지만, 행동은 잘 안 되기 때문이지요. 이해는 되는데 행동으로 옮겨지지 않는 불행의 원인은 단지 지식의 문제라기보다 감정의 문제라는 겁니다. 감정의 응어리가 있으면 생각만으로는 행동으로 옮기기 어려우니까요.

마음의 심폐소생술, 생활상담

　예수님은 자문에 응해주실 뿐 아니라 상담도 해주십니다. 거듭 이야기하지만, 가정이나 학교, 또 교회에서조차 화를 푸는 방법을 알려주지 않습니다. 그래서 우리 문화에서는 화병이 많습니다. 여러분은 화를 어떻게 푸나요?

　살면서 힘든 것들, 예를 들면 남편과 잘 지내고 싶은데 만나기만 하면 다투거나 자녀를 잘 키우고 싶은데 자녀가 사소한 잘못만 해도 벌컥 화를 내고 돌아서서 후회하는 것 등이 다 마음속 감정의 문제로 인한 것입니다. 남편과 서로 양보하면서 즐겁게 살아야 하는 걸 모르는 게 아니고, 자녀에게 화내면 안 된다는 걸 몰라서 그러는 게 아니에요. 노력하지만 안 되는 거지요. 왜냐하면 마음속 화가 풀리지 않았기 때문입니다.

　이혼을 결정하고 법원에 이혼서류를 접수한 사람들에게 판사는 '숙려'(熟慮) 기간을 권합니다. 과연 이혼이 최상의 선택인지 곰곰이 생각해 보는 기간을 가지라는 거지요. 그동안 부부상담을 받으라고 판결하기도 합니다.

　50세 정도인 부부가 저와 상담했는데, 불화의 원인은 20여 년 전 있었던 남편의 외도였습니다. 당시 아내는 치매에 걸린 시어머니의 시중을 들면서 힘들게 살고 있었습니다. 상담 중에 남편은 아내에게 "내가 잘못했다고 여러 번 사과했잖아. 20년도 넘은 일인데 얼마나 더 말해야겠어"라며 오히려 짜증을 냈습니다. 그랬더니 아내가 말했어요.

"나는 아직도 화가 풀리지 않았어. 당신은 치매 걸린 어머니를 내게 맡겨놓고 젊은 년이랑 바람을 피웠어. 그런데 잘못했다고 몇 번 말한다고 내가 화가 풀리냐! 나는 바로 어제 일같이 생생해. 지금도 그 생각만 하면 피가 거꾸로 솟는 것 같아."

화를 풀어야 한다는 걸 몰라서 안 푸는 게 아닙니다. 머리로는 다 알지만, 마음으로는 화를 풀지 못한 거지요. 남편이 아내의 화를 충분히 풀어주지 못한 거예요. 20년이 지났지만, 남편의 외도를 생각하면 아직도 울화가 치밀어 오르는 겁니다. 그녀의 화를 어떻게 풀어줄 수 있을까요? 결론적으로 말하면, 상담을 받아야 합니다.

질문을 하나 하겠습니다. 여러분은 지금까지 상담을 해왔습니까? 많은 사람이 "안 했다"라고 대답할 겁니다. 상담을 배운 적도 없고, 상담을 해야겠다고 생각해 본 적도 없을 겁니다. 그러니 그렇게 대답하는 게 당연하지요.

여러분은 가족이 화난 채 집에 오면 어떻게 하나요? 화를 풀어주려고 같이 이야기하지 않나요? 만약 가족이 화났을 때 대화를 통해 화를 풀어주려고 했다면, 의식했거나 안 했거나 관계없이 실질적으로는 상담해 준 겁니다. 앞으로도 당연히 상담해 주어야겠지요.

자녀가 화가 나서 집에 들어왔는데 "너 화났구나. 참을 만큼 참다가 더 이상 못 참겠다 싶으면 그때 상담자에게 가서 상담받아라"라고 하겠어요? 사랑하는 자녀가, 남편이나 아내가 화가 났으면 우리가 풀어주어야지요. 상담해 주어야지요. 그래서 마음 편히 살도록 도와주어야지요.

상담은 하고 싶으면 하고, 하기 싫으면 안 해도 되는 활동이 아닙니다. 상담은 잘 살아가는 데 필수입니다. '상담은 곧 생활'이라고 말해도 과언이 아닐 겁니다.

상담은 우리 삶에서 떼려야 뗄 수 없는 활동입니다. 그래서 '생활상담'이 중요합니다. 생활상담은 상담 전문가가 하는 기존 상담과는 별도로, 모두가 일상생활을 하면서 서로에게 해주는 상담을 뜻합니다. 마치 열이 날 때마다 즉각 병원에 가지 않는 것과 같지요.

자녀가 몸이 불편하다고 하면 부모는 일단 체온계로 열을 확인합니다. 그러고는 해열제를 먹이고 쉬게 하지요. 기침을 하면 기침약을 먹이고 푹 쉬도록 합니다. 그래서 소위 '민간요법'이 전해지는 겁니다. 물론 증상이 심하면 당연히 전문가를 찾아야 하지만요.

요즘 중고등학교에 '또래상담'이 활성화되고 있습니다. 청소년들이 일정한 훈련을 받은 후, 자기 경험을 바탕으로 주변 또래의 문제나 어려움을 해결할 수 있도록 돕는 활동입니다. 물론 또래상담자들은 기초적인 상담 훈련을 받지만, 전문가는 아닙니다.

하지만 또래가 해주는 상담에서 전문가의 상담과 거의 유사한 효과가 나오는 경우가 비일비재합니다. 상담은 자신의 속마음을 털어놓을수록 효과가 큰데, 전문 상담자나 교사보다 또래에게 속마음을 털어놓기가 편하기 때문이지요.

물론 어른도 기초 상담 훈련을 받으면 가족이나 주위 사람에게 또래상담을 해줄 수 있습니다. 그렇게 전 국민이 기본적인 상담 훈련을 받고, 서로 상담해 줄 수만 있다면, 얼마나 격조 높고 품위 있는 사회가 될까요. 생각만 해도 신나는 사회 아닌가요! 이런 사회, 이런 가정이 되도록 일조하는 게 '생활상담'입니다.

요즘 학교나 여러 단체에서 심장의 기능이 정지되었을 때 급히 필요한 '심폐소생술'(CPR)을 널리 교육합니다. 심정지의 발생은 예측이 어렵고, 대부분 가정, 직장, 길거리 등 의료시설이 아닌 장소에서 발생하기에 첫 목격자가 일반인인 경우가 많습니다. 심정지 발생 후 4,5분이 지나면 뇌가 회복될 수 없을 만큼 손상되기에 목격한 사람이 즉시 심폐소생술을 시작해야 합니다. 기본 소생술의 목적은 환자 발생 시 전문 소생술이 시행되기 전까지 환자의 심장박동을 가능한 한 빨리 정상화하는 거지요.

혹시 심장이 멎을 것 같은 다급한 경험을 한 적이 있나요? 우리는 살면서 다양한 이유로 심장이 멎을 듯한 절박한 심정을 경험합니다. 만약 목숨을 바칠 수 있을 만큼 사랑하던 연인이 갑자기 이별을 통보한다면 정말 눈에 보이는 것이 없는 상태가 되겠지요.

이때 옆에 있는 사람이 '마음의 심폐소생술'을 해주면 어떻게 될까요. 쉽게 정상으로 돌아오기는 어렵지만, 극단적 선택도 불사할 절박한 마음이 조금은 여유를 찾을 수 있지 않을까요. 그 여유가 생명을 살리는 마중물이 될 거예요. 마음의 심폐소 생술이 바로 생활상담입니다.

듣는 마음

우리나라는 세계적으로 자살률이 몹시 높고 생활 만족도는 매우 낮습니다. 그래서 스스로 목숨을 끊을 만큼 절망에 빠진 사람이 많지요. 그들이 극단적 선택을 하기 전에 우리가 도와 줄 수 있는데, 그 방법을 모르기에 귀한 생명을 잃는 안타까운 경우가 많습니다. 그래서 상담이 생활화되어야 합니다.

전문가만 상담할 수 있다는 고정관념을 버리고, 상대가 화 가 났을 때 대화로 풀어주는 거라고 편안하게 생각하면 좋겠 습니다. 물론 증상이 심하면 전문가를 찾아야 합니다. 생활상 담과 전문가의 상담은 엄연히 다르기 때문이지요.

하지만 앞서 다루었듯이, 의도가 결과를 보장하는 건 아닙 니다. 의도가 좋았다고 해서 결과도 좋은 게 아니라는 거지요. 예를 들면, 남편이 아내와 다툰 후 화를 풀어주려고 나름 대화 를 했는데, 결과적으로 화를 돋우는 일이 가끔 있습니다. 이런 경우를 "불난 집에 부채질한다", "염장 지른다"라고 표현하기 도 합니다.

그 결과 아내가 뭐라고 할까요? "당신하고 이야기하느니 차라리 벽 보고 말하겠다"라고 하겠지요. 벽은 말을 안 해서 답답하기는 하지만 염장을 지르지는 않잖아요.

하지만 남편도 화나기는 마찬가지일 겁니다. 어느 남편이 염장 지르기를 원하겠습니까. 나름 아내의 화를 풀어주려고 한 건데 섭섭할 수도 있겠지요. 하지만 이유 여하를 막론하고 남편이 본의 아니게 실수한 겁니다. 그 이유는 한 가지, 부인의 마음을 몰라준 거지요.

부인의 마음은 무엇인가요? 그냥 들어달라는 겁니다. 그러면 말하는 과정에서 화가 풀리니까요. 그런데 남편이 말을 들어주지 않고 자꾸 자신이 그런 행동을 한 이유를 설명하려고 하니까 부인이 더 화나는 겁니다.

남편은 '사과'를 했지만, 실질적으로는 자기 생각을 말한 겁니다. 아내는 심정대화를 원하는데, 남편은 사리대화를 한 거지요. 아내는 들어주기를 바라는데, 남편은 말하기를 한 겁니다.

이스라엘 역사상 가장 지혜로운 왕으로 솔로몬 왕을 꼽습니다. '솔로몬의 지혜'는 사람이 할 수 있는 가장 현명한 생각이라는 뜻으로 쓰이지요. 그가 어떻게 지혜의 왕이 될 수 있었나요? 구약성경 열왕기상 3장을 보면, 그 이유를 알 수 있습니다.

밤에 여호와께서 솔로몬의 꿈에 나타나셔서 "내가 네게 무엇을 줄꼬?" 하고 물으십니다(5절). 그러자 솔로몬은 많은 백성을 재판할 수 있는 "듣는 마음"을 달라고 합니다(9절). 이 '듣는 마음'이 그 후 '지혜로운 마음'(개역한글, 새번역, 현대인의성경)으로 번역되었지요. '듣는 마음'이 '지혜'입니다. 솔로몬이 지혜를 구하자 여호와께서 기뻐하셨습니다(10절). 그러면서 지혜뿐 아니라 구하지 않은 부귀와 명예도 덤으로 주셨지요(13절).

이 일 후, 성경은 그 유명한 '솔로몬의 재판' 이야기로 이어집니다(16-28절). 한집에 살면서 3일 간격으로 아들을 낳은 두 어머니가 솔로몬 왕을 찾아와서는, 한 아이가 죽고 한 아이가 남았는데 그 아이가 서로 자기 아들이라고 주장하면서 재판을 청합니다. 재판 내용은 모두 알지요? 결국 솔로몬 왕은 진짜 어머니에게 아들을 돌려줍니다. 이 지혜로운 재판의 핵심은, 그의 지혜가 진짜 어머니의 마음의 소리를 들을 수 있었다는 데 있습니다.

지혜로운 사람은 '마음의 소리'를 들을 수 있는 사람입니다. 나와 상대의 마음의 소리를 들을 수 있다면 그는 지혜로운 사람입니다. 자기가 아는 지식이나 정보에 의지해서 판단하는 사람은 '지식인'입니다. 지식인은 일차적으로 '말하는' 사람이지요. 지식인도 물론 듣기를 잘해야 하지만, 이는 단지 말을 잘하기 위해서입니다.

예수님은 원더풀 카운슬러십니다. 이 말은 그분이 우리 마음의 소리를 놀랍도록 정확히 들으시는 분이라는 뜻입니다. 그분은 우리 마음에 쌓인 수고하고 무거운 짐, 누구에게도 표현하지 못한 화난 마음의 소리를 들어주세요. 우리 자신도 잘 알지 못하는 무의식의 세계에 잠겨 있는 깊은 내면의 소리를 놀랍도록 잘 들으시지요.

　모든 것을 예수님에게 말씀드리면 친구이자 상담자이신 그분이 꾸짖거나 정죄하지 않고 다 듣고 해결해 주십니다. 그래서 우리가 쉼을 얻을 수 있지요. 참 좋은 예수님 아닌가요!

자문과
수가성 여인

수가성 여인의 자문

자문에 응하는 것도 상담 못지않게 중요합니다. 예수님을 'Wonderful Counselor'라고 하는 건, 그분이 우리가 자문할 때는 자문에 응해주시고, 우리에게 상담이 필요할 때는 상담을 해주신다는 뜻입니다. 내담자는 필요한 지식이나 정보를 얻기 위해 전문가에게 자문합니다. 이에 전문가가 정확히 대답해 주면 내담자는 도움을 받고 변화를 경험합니다.

예수님은 각 사람에 따라 제일 효과적인 방법으로 그의 마음속에 있는 무거운 짐을 덜어주십니다. 예수님에게 자문한 사례가 성경에 많지만, 대표적인 것은 사마리아 지방의 수가라는 마을에서 그분을 만난 여인이었습니다. 요한복음 4장에 나오는 이 이야기는 유명하지요.

예수님이 사마리아 지방을 지나시다가 수가라는 마을 우물가에 앉아 쉬셨습니다. 마침 한 사마리아 여인이 물을 길으러 오자 예수님이 그녀에게 물을 달라고 청하셨지요. 사마리아 여인은 유대인인 예수님이 왜 사마리아 여인인 자기에게 물을 청하는지 까칠하게 물었습니다. 그녀는 자신과 대화를 나누는 분이 누구인지 몰랐지요. 이에 예수님은 자신이 누군지 알았다면 그녀가 생수를 달라고 요청했을 것이고, 자신은 생수를 주었을 거라고 말씀하십니다.

그러자 의아해진 여인은 물을 길을 그릇도 없고 우물이 깊은데 어디서 생수를 얻을 수 있냐며 반문합니다. 그 상황에서 타당한 질문이었지요. 그러자 예수님은 "내가 주는 물을 마시는 자는 영원히 목마르지 아니하리니 내가 주는 물은 그 속에서 영생하도록 솟아나는 샘물이 되리라"(14절)라고 여인이 이해 못 할 말씀을 하십니다. 여인은 반신반의하며 그런 물을 달라고 요청하지요.

그러자 예수님이 "네 남편을 불러오라"(16절)라며 언뜻 뜬금없어 보이는 말씀을 하십니다. 여인은 남편이 없다고 시치미를 뗍니다. 그녀의 말에 예수님은 "네가 남편이 없다 하는 말이 옳도다 너에게 남편 다섯이 있었고 지금 있는 자도 네 남편이 아니니 네 말이 참되도다"(17,18절)라고 하시며 여인이 감추고 있는 과거사를 말씀하십니다.

깜짝 놀란 여인은 모든 것을 정확히 알고 계신 예수님을 "선지자"로 고백합니다. "예언자"로 번역한 성경도 있습니다(새번역, 현대인의성경, 쉬운성경, 우리말성경 등). 예수님이 보통 분이 아님을 깨달은 여인은 오랫동안 궁금했던 질문을 합니다.

"우리 조상들은 이 산에서 예배를 드렸는데 유대인들은 예루살렘에서 예배를 드려야 한다고 주장합니다"(20절, 현대인의성경).

아마도 여인이 오랫동안 정답을 알고 싶었지만 아무도 속시원히 알려주지 않아 답답했던 핵심적인 물음이었을 겁니다.

예수님은 시원하게 대답해 주십니다.

"이 산이든 예루살렘이든 아버지께 예배드리는 장소가 문제되지 않을 때가 오고 있다. 아버지께 진정으로 예배하는 사람들이 영적인 진실한 예배를 드릴 때가 오는데 바로 이때이다. 아버지께서는 이렇게 예배하는 사람을 찾으신다. 하나님은 영이시다. 그래서 예배하는 사람은 영적인 진실한 예배를 드려야하는 것이다"(21, 23, 24절, 현대인의성경).

그 순간, 여인은 마음속 먹구름이 싹 가시고 맑은 하늘이 나타나는 듯한 엄청난 충격을 받고, 홀연히 하늘에서 빛이 내려오는 듯한 속 시원한 통찰을 얻었을 겁니다. 소위 '인식의 대전환'이 일어났을 거예요.

'아! 장소는 문제가 아니구나. 태도가 문제구나. 영적으로 진실하게 예배하는 것이 본질이구나!'

오랫동안 궁금했지만, 누구도 답해 주지 않던 질문에 해답을 얻었으니 얼마나 기뻤을까요! 그래서 내친김에 더 깊이 고민했던 질문을 합니다.

"그리스도라는 메시아가 오실 줄을 나는 알고 있습니다. 그분이 오시면 모든 것을 우리에게 설명해 주실 것입니다"(25절, 현대인의성경).

이 말을 듣고 예수님은 "내가 바로 그 메시아이다"(26절, 현대인의성경)라며 엄청난 사실을 말씀해 주십니다. 이 대답에 그 유명한 "에고 에이미"(ἐγώ εἰμί)가 등장합니다. 이 말씀을 듣고 여인이 얼마나 기쁘고 큰 충격을 받았으면, 물 길으러 온 그녀에게 가장 소중한 물동이를 버려두고 동네로 달려가서 사람들에게 이렇게 외칩니다.

"다들 와서 좀 보세요! 나의 과거를 죄다 말해 준 사람이 있어요! 이분이 그리스도가 아닐까요"(29절, 현대인의성경)?

왜 이 여인이 다섯 번씩이나 결혼했고, 지금 또 다른 남자와 동거하고 있는지는 알 수 없습니다. 성경에 그 이유가 나와 있지 않지요. 여러 해석이 난무할 뿐입니다. 일반 주석을 보면, 다른 여인들이 물을 길으러 나오지 않는 뜨거운 정오에 나온 걸 보고 동네 사람들과 친밀하게 어울리지 못하고 소원하게 지냈을 거로 해석합니다. 분명한 사실은 이 여인이 기구하고 굴곡진 삶을 살았다는 겁니다.

하지만 일반적으로 생각하는 것처럼 그녀가 이웃에게 부정적 평가를 받거나 따돌림을 당하기만 한 것 같지는 않습니다. 만약 그렇게 외롭고 서글픈 삶을 살았다면, 예수님을 만난 후 물동이까지 버려두고 급히 달려가 사람들에게 그 놀라운 소식을 전했을까요. 만일 그런 상황에서 지낸 여인이라면, 그 자리에 엎드려 예수님 곁에서 지내게 해달라고 애원하거나 당시 예수님을 따랐던 막달라 마리아나 다른 여인들처럼 조용히 그분을 따르지 않았을까요.

만일 이 여인이 마을 사람들에게 배척당하는 처지였다면, 그녀의 말을 들은 사람들이 마을에서 나와 예수께로 모여드는 (30절) 일이 벌어졌을까요. 더구나 그녀가 급히 달려와서 가쁜 숨을 몰아쉬며 '그리스도일지도 모르는 사람'을 만났다는 엄청난 말을 하는데, 사람들이 선뜻 그 말을 믿었을까요. 아마도 여인의 말 자체를 무시하거나 정신 나갔다고 비난하며 조롱했을 겁니다. 상식적으로 생각하면 믿지 않았을 거예요.

정죄가 아닌 공감

예수님은 이 여인의 '자문'에 응해주셨습니다. 지식이나 정보를 정확히 알려주는 이 활동이 중요하다는 걸 이해했지요? 그러면 자문에 효과적으로 응하기 위한 핵심 사안을 살펴보겠습니다. 사마리아 여인과의 만남에서 살펴볼 중요한 점은 예수님이 상대가 어떤 삶을 살고 있는지에 전혀 관심이 없으셨다는 것입니다.

이 사례뿐 아니라 복음서를 보면 예수님은 상대의 성별, 직업, 과거 등에 관심이 없으셨습니다. 그래서 예수님을 "세리와 죄인의 친구"라고 부르는 거지요(마 11:19, 눅 7:34). 이 만남에서도 예수님은 여인의 과거나 현재 삶에 전혀 관심이 없으십니다. 그렇다면 왜 여인의 남편을 데려오라고 하셨을까요? 언뜻 이해하기는 어렵지만, 효과적으로 자문에 응하고 상담하기 위해서였습니다.

이 부분의 중요성을 알기 위해 이 부분을 빼고 사마리아 여인과의 만남을 재구성해 보지요. 예수님이 물을 달라고 청하자 여인은 왜 유대인이 사마리아 여자에게 물을 달라고 하냐며 까칠하게 반문합니다. 그러자 예수님이 대답하십니다.

"네가 만일 하나님의 선물과 또 물을 좀 달라고 하는 사람이 누군지 알았더라면 네가 그에게 생수를 달라고 했을 것이고 그는 너에게 생수를 주었을 것이다"(10절, 현대인의성경).

그리고 덧붙이시지요.

"내가 주는 물을 마시는 사람은 절대로 목마르지 않을 것이다. 참으로 내가 주는 물은 그에게 끊임없이 솟구쳐 나오는 영원한 생명의 샘물이 될 것이다"(14절, 현대인의성경).

그러자 여인이 요청합니다.

"선생님, 그런 물을 저에게 주십시오! 그러면 제가 다시는 목마르지도 않고 물을 길으러 여기까지 올 필요도 없을 것입니다"(15절, 현대인의성경).

그런 다음 다짜고짜 "선생님, 제가 보니 선생님은 예언자이십니다"(19절, 현대인의성경)라는 대화가 진행될 수 있었을까요? 사실 여인의 관점에서 처음 보는 유대인 남자가 "내가 주는 물을 마시는 사람은 절대로 목마르지 않을 것이다"라고 하는 말을 곧이곧대로 믿을 수 있었을까요?

아마 예수님의 말씀을 믿지 않았을 뿐만 아니라 예수님을 정신 나간 사람으로 여기지 않았을까요. 제 생각으로는 "선생님, 그런 물을 제게 주십시오"라는 요청 자체가 반신반의하면서 한 말이거나 '세상에 그런 물이 어딨어! 당신이 뭔데 그런 있지도 않은 물을 내게 준다고 허튼수작을 부리는 거야'라는 뜻으로 슬쩍 비아냥거린 것 아닐까요.

예수님은 자신이 누군지를 그녀가 알고 믿도록 만들 필요가 있으셨을 겁니다. 그래서 숨기려고 했던, 여인의 떳떳하지 못한 사생활까지 밝히신 게 아닐까요. 그래야 예수님이 보통 사람이 아님을 이 까칠한 여인이 믿을 테니까요. 처음 보는 남자가 숨기고 싶은 자신의 과거를 속속들이 알고 있다는 사실에 그녀가 얼마나 놀랐는지는, 마을 사람들에게 달려가 한 말에서 여실히 드러납니다.

여기서 우리는 예수님이 여인에게 남편을 불러오라고 하신 의도를 짐작할 수 있습니다. 그분은 그녀의 과거 자체에 관심이 없으시기에 "남편이 없다는 네 말이 옳다. 너에게는 남편이 다섯 명이나 있었으나 지금 너와 함께 살고 있는 사람도 사실 네 남편이 아니고 보면 너는 바른말을 한 것이다"(17,18절, 현대인의성경)라고 담담히 말씀하십니다.

이 말씀에는 '남편이 다섯 있었다'라는 사실에 대해 여인을 정죄하시는 뉘앙스가 없습니다. 단지 '나는 네 과거를 다 알고 있다'라는 것과 '너는 바른말을 하고 있다'라는 사실을 담담히 전하실 뿐이었지요.

이 말씀에 닫혀 있던 여인의 마음이 열리기 시작했고, 마침내 그녀의 입에서 "제가 보니 선생님은 예언자이십니다"라는 고백이 나온 거지요. 이 고백을 하게 하려고 예수님은 "네 남편을 불러오너라"라는 뜬금없어 보이는 말씀을 하신 게 아닐까요.

예수님은 이 여인이 거짓말로 험난한 과거를 회피하지 않고 '직면'하도록 하신 겁니다. 어떤 문제를 꺼내놓아도 상담자가 비난하지 않을 거라는 믿음이 있을 때, 내담자는 마음의 문을 열고 속마음을 꺼낼 수 있어요. 그리고 자기 문제를 직면할 때, 다음 단계로 나아갈 수 있습니다. 놀라운 상담자이신 예수님은 이 점을 너무도 잘 알고 계셨지요.

이제 사마리아 여인은 '예배'에 관한 민감한 질문을 합니다. 그녀는 전 남편들을 포함한 주위 사람들에게 물어보았지만, 아무도 답하지 못해 상당히 답답한 심정이었을 겁니다. 이런 본질적인 질문에 대한 답을 정확히 아는 사람이 당시에는 없었을 것이기 때문입니다.

예수님은 여인의 답답한 마음에 공감해 주셨습니다. 그 답답함을 풀어주는 제일 좋은 방법은 정확한 답을 알려주는 거였지요. 그래서 예수님은 여인에게 답해 주시며 자문에 응해주셨습니다.

예수님에게 자문하고 그 답을 얻은 사람은 삶에 두 가지 큰 변화를 겪습니다. 첫째는 사는 것이 즐거워집니다. 삶에 기쁨이 생깁니다. 사마리아 여인도 예수님을 만나 기뻐했습니다. 그동안 마음속에 품고 있던 수고하고 무거운 짐을 내려놓으니 즐거워지는 게 당연하지요. 제가 자주 부르는 찬송가 가사가 이 사실을 감동적으로 알려줍니다. "주 예수와 동행하니 그 어다나 하늘나라"이기에 즐거울 수밖에 없지요.

두 번째 변화는 이웃과의 관계가 개선되는 겁니다. 거의 모든 주석이 사마리아 여인이 이웃과 사이가 나빴다고 설명합니다. 하지만 그녀는 예수님을 뵙고, 마을로 뛰어가 이 놀라운 사실을 알렸습니다. 그러자 마을 사람들이 와서 예수님을 모시고 갑니다. 그리고 이틀 동안 예수님과 지내면서 그분을 메시아로 믿게 됩니다.

자, 한번 상상해 보세요. 예수님이 떠나신 후 마을 사람들과 여인의 관계는 어떻게 됐을까요? 이 여인에게는 마을 사람들에게 메시아를 만났다는 엄청난 사건을 알려줄 의무가 전혀 없었습니다. 그들은 오히려 자신을 비웃고 멀리했던 사람들입니다. 그러니 그냥 조용히 혼자 예수님을 따를 수도 있었습니다.

하지만 그녀는 이 기쁜 소식을 마을 사람들에게 알렸고, 덕분에 마을 사람들도 예수님을 믿고 구원받았지요. 그렇다면 그들이 계속 이 여인을 멀리했을까요, 아니면 메시아를 만나 구원받게 해주었다고 고마워했을까요?

저는 후자일 것으로 생각합니다. 세상 어느 사람이 구원받을 계기를 만들어준 사람을 미워하고 멀리하겠어요. 물론 100퍼센트 확신할 수는 없지만, 상식적으로 생각해 보면 십중팔구 관계가 좋아졌을 겁니다.

절실함과 진정성

'자문에 언제, 어떻게 응해야 하는가'는 상당히 중요한 주제입니다. 왜냐하면 아무리 정확한 정보와 지식을 준다고 해도 시기와 방법이 적절하지 못하면 효과가 나지 않거나 오히려 상대를 근심하게 만드는 역효과가 날 수 있기 때문입니다.

다시 말하면, 누군가의 삶의 문제에 대해 정확하게 답해 준다고 해서 그가 항상 도움을 받지는 않습니다. 오히려 정답을 얘기해 주는 바람에 삶이 힘들어지는 경우도 종종 있습니다. 진실이 항상 우리 마음을 편하게 해주는 건 아니니까요.

이에 관한 예를 살펴보겠습니다. 예수님과 부자 관원의 만남은 유명합니다. 공관복음에 모두 나와 있지요. 그중 마가복음 10장 17-23절의 묘사가 제일 자세합니다.

예수님이 길을 가시는데 한 사람이 달려와 무릎을 꿇고 묻습니다. 이 사람에 대해 누가복음 18장 18절에는 "어떤 관리"(개역개정), "어떤 관원"(개역한글), "어떤 지도자"(새번역), "한 유대인 지도자"(현대인의성경)로 표현됩니다. 마태복음 19장 16절에는 "어떤 사람"(개역개정, 개역한글), "한 사람"(새번역), "한 청년"(현대인의성경) 등으로 나와 있습니다.

공관복음의 내용을 종합하면 예수님 앞에 무릎을 꿇은 사람은 '젊은 유대인 지도자인 관원'일 겁니다. 그가 예수님에게 묻습니다.

"내가 무엇을 하여야 영생을 얻으리이까?"

삶의 가장 근원적인 질문에 예수님이 답하십니다.

"네가 계명을 아나니 살인하지 말라, 간음하지 말라, 도둑질하지 말라, 거짓 증언하지 말라, 속여 빼앗지 말라, 네 부모를 공경하라 하였느니라."

그러자 그 젊은 관원이 "이것은 내가 어려서부터 다 지켰나이다"라고 대답합니다. 마태복음에는 "이 모든 것을 내가 지키었사온데 아직도 무엇이 부족하니이까"(마 19:20)라고 표현됩니다. 그는 예수님이 말씀하신 계명을 어렸을 때부터 다 지켰는데, 영생을 얻기 위해 무엇이 더 필요한지를 무릎 꿇고 물은 겁니다.

그러자 예수님이 그를 사랑하셔서 답해 주십니다.

"네게 아직도 한 가지 부족한 것이 있으니 가서 네게 있는 것을 다 팔아 가난한 자들에게 주라. 그리하면 하늘에서 보화가 네게 있으리라. 그리고 와서 나를 따르라."

이 대답은 젊은 관원이 예수님 앞에 나와 무릎 꿇고 간절히 얻고자 한 정답이었습니다. 예수님은 그를 보시며 사랑하셔서 정답을 알려주셨지요. 그런데 답을 들은 젊은 관원이 어떻게 반응하나요? 자신이 찾아 헤매던 정답을 얻고 기뻐하나요? 아니요. 그는 오히려 "슬픈 기색을 띠고 근심하며" 갑니다. 마태복음과 누가복음에도 심히 근심했다고 나와 있어요(마 19:22, 눅 18:23).

슬픈 기색을 띠고 근심하며 돌아간 이 부자 관원은 과연 예수님이 말씀하신 대로 따랐을까요? 성경에는 그 후의 사연이 나오지 않기에 알 수 없습니다. 하지만 그가 돌아간 후에 예수님이 안타까워하며 하신 말씀, "재물이 있는 자는 하나님의 나라에 들어가기가 심히 어렵도다"를 보면 쉽게 따르진 않았으리라 추측할 수 있습니다.

예수님이 주신 답을 들은 이 부자 관원과 사마리아 여인의 반응은 극과 극입니다. 사마리아 여인은 기쁘고 감격스러워서 물동이도 버려두고 귀한 소식을 전하려고 마을로 달려갔습니다. 하지만 부자 관원은 예수님의 답을 듣고 오히려 심히 근심하며 돌아갔지요. 자문에 응해준 것이 심각한 역효과를 낳은 거예요. 그 목적이 내담자를 근심에서 해방시키는 것인데 말이지요.

왜 두 사람의 반응이 이렇게 달랐을까요? 자문의 성공 여부를 결정짓는 첫째 요인은 답을 알고 싶어 하는 '절실함'입니다. 언뜻 보면, 부자 관원이 사마리아 여인보다 더 절실하게 답을 원하는 것처럼 보입니다. 사마리아 여인은 처음에 물을 달라시는 예수님에게, 유대인이 왜 사마리아 여자에게 물을 달라고 하냐며 까칠하게 답했습니다. 이에 비해 부자 관원은 길을 가시는 예수님 앞에 무릎을 꿇고 공손히 물었지요. 누가 더 절실하게 답을 알고 싶어 했나요? 당연히 부자 관원이 더 절실했어요. 아니, 그렇게 보입니다.

사마리아 여인과 달리 부자 관원은 이미 예수님이 보통 분이 아니심을 알고 있었습니다. 그래서 처음부터 예수님을 "선한 선생님"이라고 불렀습니다. 이미 예수님이 선한 분임을 알고 있었지요. 그리고 예수님이 자신의 질문에 답해 주실 거라는 확신이 있었기에 많은 사람이 보는 길에서 무릎을 꿇고 영생에 이르는 방법을 물었습니다. 그런데 왜 예수님이 그 유일한 방법을 알려주셨는데 심히 근심하며 돌아갔을까요?

자문이 성공하기 위한 둘째 요인은 '진정성'입니다. 이는 '정말' 답을 알고 싶어 하는지 여부예요. 우리는 진정성을 절실함과 자주 혼동합니다. 그 예를 부자 관원의 일화가 잘 보여줍니다. 만약 영생을 얻는 방법을 진정 알고 싶었다면, 이 부자 관원도 사마리아 여인처럼 정답을 알고 기뻐서 그대로 따랐을 겁니다. 영생을 얻을 수만 있다면 무엇인들 못 하겠어요! 하지만 그는 근심하며 돌아갔습니다. 예상외의 답을 들었기 때문이지요.

메시지성경에도 "그 사람의 얼굴이 어두워졌다. 그가 전혀 예상치 못했던 말이어서, 그는 무거운 마음으로 예수를 떠나갔다"라고 쓰여 있습니다. 그렇다면 이 관원이 듣고 싶었던 대답은 무엇이었을까요?

아마 "너는 이미 영생을 얻을 만한 훌륭한 삶을 살고 있다"가 아니었을까요. 그가 예수님에게 질문한 진짜 의도는 그 방법을 알고 싶어서가 아니라, 자신이 이미 내린 결론을 확인받기 위해서였습니다.

예수님에게 질문하는 척했지만, 실은 자신이 이미 영생에 이를 계명을 다 지키고 있다는 자만심이 가득했던 거지요. 그 사실을 인정받고 싶었던 겁니다. 그래서 예수님이 "한 가지 부족한 것이 있으니"라고 하셨을 때 당황했고, "네게 있는 것을 다 팔아 가난한 자들에게 주라 … 그리고 와서 나를 따르라"라고 말씀하시자 크게 근심한 게 아닐까요.

부자 관원은 재산을 가난한 사람에게 줄 생각도 없었고, 예수님을 따를 마음도 없었던 겁니다. 자신은 이미 영생을 얻기에 합당한 삶을 살고 있다고 자만하고 있었으니까요. 단지 그 사실을 예수님으로부터 확인받고 싶었을 뿐입니다.

부자 관원이 예수님을 만날 때의 행동에도 살펴볼 점이 있습니다. 그는 많은 사람이 주시하는 길에서 무릎을 꿇고 질문합니다. 언뜻 예의가 바르고 답을 절실히 알고 싶어 하는 사람처럼 보입니다. 하지만 과연 그럴까요? '과공비례'(過恭非禮)라는 말이 있습니다. 지나친 공손은 예의가 아니라는 뜻으로 정도가 지나치면 오히려 상대방에게 무례한 태도가 될 수 있음을 경계하는 말입니다.

부자 관원은 예수님이 길을 가시는데 달려와서 무릎을 꿇고 "선한 선생님"이라고 부릅니다. 그러자 예수님이 "어찌하여 나를 선하다 일컫느냐? 하나님 한 분 외에는 선한 이가 없느니라"라고 점잖게 나무라십니다. 당시 관습에 '선하다'라는 표현은 존경받는 유대인 랍비에게도 쓰지 않던 표현이었어요. 이 부자 관원의 과장된 행동은 실상 속마음을 감추려는 방편이었던 거지요.

'미운 자식 떡 하나 더 준다'라는 속담이 이런 마음을 잘 드러냅니다. 속으로는 밉지만, 이 사실이 드러나면 비난을 받을까 봐 과장된 행동을 보이는 거지요. 이런 경향을 심리학에서는 '반동형성'(反動形成)이라고 부릅니다.

부자 관원의 태도를 요한복음 3장에 나오는 니고데모의 행동과 비교해 보지요. '니고데모'라는 이름은 '승리한 백성, 백성의 정복자'라는 뜻입니다. 이름 자체가 만만치 않습니다. 그는 바리새인이고 산헤드린 공회의 의원이었음에도 예수님이 하나님께서 보내신 분인 줄 알았습니다.

그러나 예수님과 만나는 모습을 드러내지 않기 위해 밤에 찾아왔지요. 그러고는 "선생님, 우리는 당신을 하나님께서 보내신 분이라고 알고 있습니다"(2절, 현대인의성경)라고 고백합니다. 그러면서도 예수님을 "선생님"이라고만 부릅니다. 이에 예수님은 그에게 영생을 얻는 길을 알려주십니다.

"누구든지 다시 나지 않으면 하나님의 나라를 볼 수 없다"(3절, 현대인의성경).

고지식한 성격인 니고데모는 '다시 난다는 것'을 이해할 수 없었습니다. 그래서 이렇게 물었지요.

"사람이 늙으면 어떻게 다시 날 수 있겠습니까? 어머니 뱃속에 들어갔다가 다시 태어난다는 말씀입니까"(4절, 현대인의성경)?

그러자 예수님이 재차 설명해 주십니다.

"내가 분명히 말해 두지만 누구든지 물과 성령으로 다시 나지 않으면 하나님의 나라에 들어갈 수가 없다. 육체에서 난 것은 육체이고 성령으로 난 것은 영이다. 너는 다시 나야 한다는 내 말을 이상히 여기지 말아라. 바람은 불고 싶은 대로 분다. 너는 그 소리를 들어도 어디서 불어와서 어디로 가는지 모른다. 성령으로 난 사람도 다 이와 같다"(5-8절, 현대인의성경).

그래도 이해되지 않는지 니고데모가 "어떻게 이런 일이 있을 수 있겠습니까"라고 묻자, 예수님은 "너는 이스라엘의 선생이면서 이런 것도 모르느냐"라고 가볍게 힐난하십니다(9, 10절, 현대인의성경). 그리고는 11절에서 21절에 걸쳐 더 자세하게 설명해 주십니다. 그 가운데 유명한 말씀이 있습니다.

> 하나님이 세상을 무척 사랑하셔서 하나밖에 없는 외아들마저 보내주셨으니 누구든지 그를 믿기만 하면 멸망하지 않고 영원한 생명을 얻는다. 16절 현대인의성경

이 말씀을 듣고 니고데모가 어떤 반응을 보였는지는 성경에 기록되어 있지 않습니다. 그는 이후 대제사장과 바리새인들이 예수님을 모함하여 죽이려 할 때 "우리 율법에는 사람을 판결하기 전에 먼저 그 사람의 말을 들어보고 그가 한 일을 알아보도록 되어 있지 않소?"라고 변호합니다 (요 7:51 현대인의성경).

그리고 예수님이 돌아가신 후, 그는 몰약에 침향 섞은 것을 가져와 아리마대 사람 요셉과 함께 예수님의 시신을 가져다가 유대인의 장례법대로 향료를 바르고 모시 천으로 싸서 정중히 모십니다. 당시 요셉도 예수님의 제자였지만 유대인 지도자들이 두려워서 자기가 제자임을 숨기고 있었지요.

니고데모의 이야기를 길게 한 이유는, 부자 관원의 진정성을 생각해 보기 위해서입니다. 과연 부자 관원은 영생 얻는 법을 정말 몰라서 여러 사람이 보는 길에서 예수님 앞에 무릎을 꿇고 물어본 걸까요, 아니면 이미 자신이 답을 내리고 예수님에게 확인받고 싶어서 질문의 형식을 빌려 물어본 걸까요? 결론을 보면 의도를 짐작할 수 있습니다.

그는 예수님이 해주신 말씀을 듣고 심히 근심하며 돌아갔습니다. 재물을 처분할 생각도, 예수님을 따를 의도도 없었지요. 자신은 계명을 다 지켰기 때문에 그렇게 하지 않아도 영생을 얻을 거라고 지레 결론을 내리고 있었기 때문입니다.

예수님도 그의 마음을 다 알고 계셨을 겁니다. 그가 계명을 다 지켰다고 호언장담한 후 예수님이 "사랑하는 마음으로 그를 바라보시며"(막 10:21 현대인의성경) 말씀하신 것을 음미하면 알 수 있습니다.

이는 예수님이 직접 사랑한다는 말씀을 하신 게 아닙니다. 복음서에 예수님이 길에서 처음 만난 사람에게 사랑한다고 말씀하신 기록이 있나요? 단지 마가복음 기자가 옆에서 보고 그렇게 느꼈겠지요. 그만큼 부자 관원을 바라보시는 예수님의 시선과 표정이 일상적이지 않았다는 말씀일 겁니다.

아마도 비난하거나 무시하는 느낌으로 바라보지는 않으셨을 겁니다. 만일 그랬다면 마가복음 기자가 "사랑하는 마음"이라고 표현하지 않았겠지요.

당시 예수님에겐 우리가 일반적으로 사랑한다고 표현할 때의 의미인 '몹시 아끼고 귀중히 여긴다'라는 마음뿐 아니라 다른 마음도 있지 않으셨을까요? 아마도 '애잔하다'라는 표현이 더 적합한 마음이셨을 것 같습니다. 예수님은 부자 관원의 마음을 이미 아셨고, 한편으로는 계명을 지키며 노력하는 모습이 기특하기도 하셨을 겁니다. 하지만 영생의 의미와 그 방법에 대해 오해하고 자만하는 모습이 안타깝기도 하셨을 거예요.

그래서 계명을 지키라는 명령의 본질, 그 진정한 의미를 한마디로 압축하여 "네게 한 가지 부족한 것이 있다. 가서 네 재산을 다 팔아 가난한 사람들에게 나눠주어라. 그러면 네가 하늘에서 보물을 얻을 것이다. 그리고 와서 나를 따르라"라고 말씀하신 거지요. 하지만 그는 "근심하며" 가버렸습니다(막 10:21,22 현대인의성경). 예수님은 그를 보고 얼마나 안타까우셨을까요!

부자 관원이 떠나자 "예수님은 제자들을 둘러보시며 '재산이 많은 사람은 하나님의 나라에 들어가기가 정말 어렵다'"라고 탄식하십니다(막 10:23 현대인의성경). 오죽 안타까우셨으면 "부자가 하나님의 나라에 들어가는 것보다 낙타가 바늘귀를 통과하는 것이 더 쉽다"(막 10:25 현대인의성경)라고까지 말씀하셨을까요. 이렇게 극단적으로 말씀하신 예수님의 안타까움과 애처로움이 절절히 느껴집니다.

부자 관원처럼, 진정 답을 알고 싶은 마음이 아닌 사람에게 조언하면, 예수님이 말씀하셔도 그는 근심하고 돌아갑니다.

예수님은 안타까운 심정으로 우리에게 중요한 교훈을 주십니다. 답을 알고 싶은 진정성이 없으면 그 누구의 자문에 응해도 효과가 없다는 걸 말이지요.

부자 관원은 젊었습니다. 그가 당시에는 이해하지 못해 근심하고 돌아갔을지라도, 살면서 더 많은 경험과 연륜이 쌓이면 재물로 구원받지 못한다는 걸 깨달았을 수도 있을 겁니다. 그때 비로소 예수님의 말씀이 마음에서 샘솟듯 떠올라 그에게 큰 변화가 있었을 수도 있지요. 하지만 질문할 당시에 그는 근심하고 돌아갔습니다.

자문의 적시성

자문이 성공하기 위한 마지막 셋째 요인은 '적시성'(適時性)입니다. 알맞은 시간에 자문에 응해야 한다는 거지요. 아무리 좋은 충고나 조언도 필요한 때 하지 않으면 잔소리가 되고 맙니다. 우리는 가족이나 친지에게 정답이나 옳은 길을 알려주면서 그가 변화하길 기대합니다. 하지만 실상 기대를 벗어나기 일쑤지요. 우리가 주는 조언이 별 효과가 없어요.

그뿐입니까. "쓸데없이 참견하지 마"라는 핀잔을 듣기도 합니다. 이럴 때 굉장히 당황스럽고 섭섭하고 화도 나서 상대를 비난하게 되는 경우가 종종 있습니다. "너 잘되라고 해주는 말인데 왜 듣지를 않니"라고 질책하거나 "내 말이 틀렸으면 얘기해 봐"라고 다그치기도 합니다.

물론 우리가 해주는 조언은 대부분 맞는 내용입니다. 그런데도 상대가 안 듣는 건 내용이 틀려서가 아니라 아직 그 조언을 받아들일 마음 준비가 되어 있지 않기 때문이에요. 또한 자신이 어떻게 해야 하는지 이미 아는 경우도 많습니다. 다만 아는 대로 행동이 뒤따르지 못하는 겁니다. 그래서 적절한 시간에 자문에 응하는 게 중요합니다.

언제가 적절한 시간일까요? 그것은 내담자가 스스로 판단할 겁니다. 그리고 적절한 시간과 장소에서 물어볼 겁니다. 우리는 기다려야 하지요. 많은 부모가 기다리지 못하는 이유는 그러다가 자녀가 실기(失機)할까 봐 염려하기 때문입니다. 물론 실기할 수도 있습니다.

그러나 그것이 염려되어 아직 받아들일 준비가 되어 있지 않은 상대에게 조언이나 답을 줘봤자, 결국 효과가 나지 않는 건 마찬가지입니다. 오히려 관계가 악화하는 부작용까지 나타날 수 있지요.

사람은 시행착오를 겪으며 성숙해 갑니다. 대개 돌이킬 수 없는 실수가 염려될 때는 자발적으로 자문하기 마련이지요.

상담과
삭개오

내담자 중심 상담

예수님의 상담법 그리고 예수님과의 상담을 통해 사람이 어떻게 놀랍게 변화하는지를 자세히 알아보겠습니다.

예수님은 원더풀 카운슬러셔서 많은 사람이 그분을 만나 상담받고 삶이 크게 변합니다. 그들에게는 공통점이 있습니다. 가장 중요한 변화는 자문의 효과와 마찬가지로 '즐거워진다'라는 겁니다.

당연하지요. 예수님은 우리가 수고하고 무거운 짐을 내려놓고 편히 쉴 수 있게 해주시는 분이기 때문입니다. 즐겨 부르는 찬송가 가사처럼 우리 삶은 "주 예수와 동행하니 그 어디나 하늘나라"가 되고, "예수만 섬기는 우리 집 고마워라 임마누엘 복되고 즐거운 하루하루"가 됩니다.

그래서 예수님의 상담법을 잘 이해하면, 우리도 예수님처럼 이웃들에게 비록 '놀라운 상담자'는 아니어도, 도움을 주는 '상담자' 역할을 충분히 할 수 있습니다. 그 역할만 잘해도 우리를 통해 많은 사람이 즐거워지는 놀라운 일이 일어날 수 있지요. 앞서 '생활상담'이라고 소개했듯이, 상담은 꼭 전문가만 할 수 있는 게 아닙니다. 물론 일반인보다는 전문가가 훨씬 더 깊은 문제를 효율적으로 다룰 수 있습니다. 또한 마음이 이미 병들었다면 당연히 정신건강 전문가를 찾아 치료와 상담을 받아야 합니다.

하지만 치료보다 예방이 더 중요합니다. 몸의 건강도 그렇지만 마음의 건강은 더욱 그렇습니다. 게다가 더 효과적으로 예방할 수 있지요. 자녀가 아플 때 의사에게 가기 전에 집에서 부모가 다양한 조치를 하듯이 모든 부모는 자녀에게 일차적으로 의료인 역할을 합니다.

마음 건강도 마찬가지예요. 우리는 모두 '또래상담자' 역할을 잘 할 수 있습니다. 더구나 우리에게는 예수님이 놀라운 상담자로서 좋은 모범을 보여주셨습니다. 그분의 상담법을 잘 익혀 흉내만 내도 됩니다. 모든 위대한 예술가도 처음에는 앞서간 대가들을 모방하는 것으로 시작하잖아요.

구체적으로 예수님의 상담법을 배우기 전에 그분께 상담받으면 어떤 변화가 일어나는지를 살펴보도록 하겠습니다. 상담 사례를 통해 예수님의 상담법과 효과를 알아보는 거지요. 성경을 보면, 많은 사람이 집 혹은 길에서 예수님에게 상담을 받았습니다.

이번에 살펴볼 상담의 예는 삭개오와 예수님의 만남입니다.

누가복음 19장에 자세히 나와 있는 이 만남은 워낙 유명해서 신앙생활을 하는 사람은 말할 것도 없고, 교회에 다니지 않는 사람도 알고 있는 사건입니다.

삭개오는 세리장(세관장)입니다. 특히 예수님 당시에는 상당히 중요한 지역이었던 여리고의 세리장이었지요. 그는 사회적 지위도 있었고 부자였어요. 그러면 행복했을까요? 요즘 세상은 높은 사회적 지위와 큰 부(富)를 성공한 삶, 행복한 삶의 필수 요건으로 여깁니다. 모든 부모가 자녀에게 열심히 공부하라고 권하는 이유도 알고 보면 공부를 잘해야 남들이 부러워하는 사회적 지위와 부를 얻을 수 있다고 믿기 때문 아닐까요. 그런데 이 두 가지를 가지면 정말 행복할까요?

삭개오는 별로 행복하지 않았습니다. 여러 이유가 있겠지만, 중요한 걸 꼽아보자면 이웃에게 소외당했기 때문이었을 겁니다. 그는 소위 '왕따'를 당했어요. 삭개오가 예수님을 자기 집으로 모시고 갈 때 "사람들은 이것을 보고 '저분이 죄인의 집에 들어가 대접을 받다니' 하며 모두 수군거렸다"(7절, 현대인의 성경)라고 이웃의 반응이 소개되는 걸 보면 삭개오는 '죄인' 취급당하며 이웃과 관계가 단절되어 있었음을 알 수 있습니다.

그가 왕따를 당하고 있었다고 추정할 수 있는 또 다른 정황이 있습니다. 예수님이 여리고를 지나실 때 삭개오도 "예수께서 어떠한 사람인가 하여 보고자" 길로 나갔습니다(3절). 그렇지만 이미 많은 사람이 예수님을 뵈러 나와 있었습니다. 그는 키가 작아 할 수 없이 옆에 있던 돌무화과나무에 올라갔지요.

만약 삭개오가 이웃과 친밀한 관계를 맺고 있었다면 사람들은 오히려 그에게 앞으로 나가라고 권했을 겁니다. 하지만 삭개오는 시도도 하지 않고 나무에 올라갑니다. 왜 그랬을까요? 그런 요구를 했다가 거절당할 게 뻔했기 때문이지요. 오히려 죄인이 예수님을 뵈러 나왔다고 조롱당하거나 면박당했을 거예요.

삭개오도 예수라는 분을 만나야만 진정 행복해진다는 소문을 들었을 겁니다. 더욱이 그분은 "세리와 죄인의 친구"이고, 이들을 전혀 무시하지 않고 인간적으로 대해주시며 좋은 관계를 맺어주시는 분이라는 반가운 소문을 들었을 거예요. 그리고 그분이 인간의 몸을 입고 이 땅에 오셨지만, 유대인들이 그토록 고대하던 메시아라는 믿지 못할 소문도 들었을 거예요.

그래서 삭개오는 예수님을 뵈러 나갔습니다. 이때 그의 마음속에 한 가지 의문이 있었습니다.

'그가 정말 소문과 맞는 사람인가?'

길에 나가보니 동네 사람들이 모두 나와 있었습니다. 아마 그들 모두 행복하지 못했기 때문 아닐까요. 만약 행복했다면 구태여 예수님을 뵈러 나오지 않았겠지요.

사실 표현을 안 했을 뿐이지, 우리 모두 원하는 만큼 행복하지 못한 것 아닌가요!

삭개오는 키가 작아서 예수님을 뵐 수도, 이웃과 사이가 나빠서 앞으로 갈 수 있도록 비켜달라고 부탁할 수도 없었습니다. 이런 상황에서 여러분이 삭개오라면 어떻게 행동했을까요. 대부분 포기하고 집으로 돌아가지 않았을까요. 삭개오는 개인적으로는 불행했지만, 사회적으로는 '세리장'이라는 고위직이었기에 나름 이름이 알려진 사람이었습니다. 나이도 제법 있었을 겁니다. 그러니 소위 '체면'을 생각하지 않을 수 없는 처지였을 거예요.

하지만 그는 예수님 만나기를 포기하고 집으로 돌아가지 않았습니다. 궁여지책으로 길옆에 있는 나무에 올라갔지요. 이는 그가 얼마나 절실하게 예수님을 뵙고 싶어 했는지 간접적으로 알 수 있는 좋은 증거입니다.

체면이 손상되는 것을 무릅쓰고 예수님이 어떤 분인지 꼭 보고 싶었던 그의 마음이 의미하는 건 무엇일까요. 그만큼 절실하게 행복해지고 싶었다는 것이겠지요. 반대로 말하면, 사회적 지위와 큰 부를 가지고 있었지만 실제로는 매우 불행했다는 뜻이기도 합니다.

나무 위에 올라간 삭개오에게 멀리서 걸어오시는 예수님이 보였습니다. 맨 앞에 예수님이 오시고, 그 뒤에 제자들이, 맨 끝에는 무리가 따르고 있었을 거예요. 점점 가까이 오시는 예수님을 보면서 삭개오는 마음이 어땠을까요? 여러분도 지금 나무 위에 있는 삭개오가 되어보세요. 그러면 예수님과의 만남이 더욱 실감 날 거예요.

예수님이 나무 위에 올라가 있는 삭개오를 보셨습니다. 아마 그와 눈이 마주치셨을지도 몰라요. 그리고 길에서 벗어나

나무 밑으로 천천히 걸어오셨습니다.

　그 짧은 시간에 삭개오의 마음은 여러 가지 상념으로 복잡했겠지요. 혹시나 예수님이 세리장으로 살아가는 자신을 비난하실까 봐 죄책감과 억울함으로 마음이 착잡했을 수도 있어요. 또는 언감생심 따뜻한 미소와 말 한마디라도 걸어주실지 모른다는 기대감과 설렘도 있었겠지요.

　여기까지는 예수님이 삭개오를 상담해 주시기 위해 그와 만나는 과정을 설명했어요. 자, 이제 예수님이 삭개오에게 다가오셔서 말씀하십니다. 즉, 대화를 하신 거예요. 상담은 기본적으로 대화하는 겁니다.

　"삭개오야, 속히 내려오라. 내가 오늘 네 집에 유하여야 하겠다"(5절).

　이 세 마디 말씀이 예수님이 삭개오에게 해주신 상담의 전부입니다. 하지만 이는 오늘날 상담심리학에서 볼 때 '상담의 백미(白眉)'입니다. 이 삭개오와의 상담에서 오늘날 심리학에서 말하는 상담법의 기초가 나왔다고 해도 과언이 아니지요.

　이를 학문적 용어로 체계적으로 다듬은 것이 오늘날 우리가 하는 상담, 그중에서도 특히 '내담자 중심 상담'이라고 볼 수 있습니다. 그만큼 예수님과 삭개오의 상담 사례는 상담이 무엇인지를 알아보기 위해 아주 중요합니다.

성공적 상담을 통한 변화

상담의 성공 여부를 측정하는 방법 중 제일 좋은 건, 상담 후 나타나는 내담자의 변화를 보는 겁니다. 물론 곧 효과가 나는 경우도 많지만, 한참 후에 나타나는 경우도 종종 있습니다. 삭개오는 효과가 즉시 나타났습니다. 그만큼 예수님이 놀라운 상담자시라는 증거지요.

앞서 자문에 관해 설명할 때 언급했습니다만, 예수님을 만난 사람의 공통적 변화는 즐거워진다는 겁니다. 사마리아 여인이 그랬지요. 그녀는 예수님을 만난 후 물동이도 버려두고 마을로 달려가 그리스도를 만난 기쁜 소식을 전했어요.

삭개오에게 나타난 제일 중요한 변화 역시 즐거워졌다는 겁니다. 예수님의 말씀이 떨어지기 무섭게 삭개오는 "급히 내려와 즐거워하며 영접"했습니다(6절). 얼마나 즐거웠으면 사회적 지위도 높은 어른이 체통도 없이 급히 내려왔을까요. 새번역과 현대인의성경에는 "기뻐하면서", "기뻐하며"로 번역됩니다. 독어 성경에는 더 실감 나게 표현되어 있습니다. "großer Freude", 즉 '크게 기뻐하며'입니다. 보통 기쁜 게 아니라 몹시 기뻐했다는 거지요.

예수님을 집으로 모시고 간 삭개오는 서서 말했습니다.

"주여, 보시옵소서. 내 소유의 절반을 가난한 자들에게 주겠사오며 만일 누구의 것을 속여 빼앗은 일이 있으면 네 갑절이나 갚겠나이다"(8절).

우선 예수님에 대한 호칭이 달라진 것에 주목해야 합니다.

그가 예수님을 만나러 나갈 때는 "어떠한 사람인가 하여 보고자" 했습니다(3절). 그랬다가 예수님을 만나고 즐거워하며 집으로 모시고 온 후에는 "주여"라고 부릅니다. 호칭이 '사람'에서 '주'로 바뀐 거지요. 영어 성경(NIV, KJV, NASB)에는 모두 "Lord"로 표현되어 있습니다. 누구도 삭개오에게 예수님을 '주님'이라고 부르라고 귀띔해 준 사람이 없었어요. 순전히 삭개오 스스로 감격해서 자발적으로 "주님"이라고 부른 겁니다.

이어서 그는 충격 선언을 합니다. 지금껏 세리장으로서 축재(蓄財)한 그의 생활방식으로는 전혀 예상할 수 없던 발언을 하지요. 당시 세리는 로마 정부에 협력하며 부당하게 많은 세금을 징수하여 착복하는 방식으로 부를 축적했어요.

더욱 놀라운 것은 아무도 삭개오에게 그러라고 충고하거나 명령한 적이 없다는 사실입니다. 예수님조차도 삭개오에게 구원받기 위해서는 그렇게 해야 한다고 말씀하시지 않았습니다. 순전히, 자발적으로 선언한 겁니다. 정말 놀라운 변화 아닌가요!

삭개오의 선언을 들으시고 예수님은 "오늘 구원이 이 집에 이르렀으니 이 사람도 아브라함의 자손임이로다"(9절)라고 화답하셨습니다. 삭개오는 그날로 구원받았습니다. 그뿐 아니라 "이 집", 즉 그의 가족까지도 구원받았지요.

예수님에게 상담받고 변화된 사람의 또 하나의 특징은 '이웃과의 관계 개선'입니다. 이 특징도 이미 사마리아 여인의 예를 통해 설명했습니다. 삭개오도 예수님이 떠나신 후 자신이 약속한 대로 행동했을 겁니다. 자청해서 재산을 나눠주겠다고 했고, 그 결과 구원까지 받았으니 약속을 어길 리 없겠지요.

그동안 재물을 쌓아두기만 했던 그가 이웃을 위해 재산의 반을 내놓았는데 마을 사람들이 그를 계속 미워하지는 않았을 겁니다. 더군다나 토색(討索)한 것이 있으면 네 배나 갚아주는 삭개오가 고맙기까지 했을 겁니다.

결국 삭개오와 이웃은 서로 과거를 용서하고 화해했을 거예요. 심지어는 그가 계속 세리장으로 있어주기를 바랐을지도 모르지요. 이후 그는 더 이상 토색하는 세리장이 아닌 이웃의 편의를 최대한 봐주는 선한 세리장으로 거듭났을 겁니다. 삭개오가 물러나고 새 세리장이 와서 또다시 부정을 저지르는 것보다야 백배 낫지 않겠습니까!

삭개오의 놀라운 변화의 의미를 정확히 이해하기 위해서는 자문을 설명할 때 예로 들었던 부자 관원과 비교할 필요가 있습니다. 예수님과 삭개오의 만남은 누가복음 19장에 나오고, 바로 앞 장인 18장에 부자 관원과의 만남이 나옵니다.

예수님은 영생에 이르는 길을 물은 관원에게 그 방법을 자세히 알려주셨습니다. 그리고 계명을 다 지켰다고 호언장담하는 그에게 모든 재산을 처분해서 가난한 이웃에게 주라고 한 가지 더 주문하셨지요.

이는 영생을 얻기 위해 재산은 아무 의미가 없다는 뜻이었습니다. 의미 없을 뿐 아니라 오히려 방해된다는 거였지요. 부자 관원이 근심하며 돌아간 후 예수님이 안타까워하시면서 "재물이 있는 자는 하나님의 나라에 들어가기가 얼마나 어려운지"(24절)라고 말씀하신 걸 보면 알 수 있습니다.

그다음 19장에 삭개오의 이야기가 나옵니다. 그는 부자 관원과는 대조적으로 예수님을 만난 후 자발적으로 자기 재산을 이웃과 나누겠다고 선언했습니다. 그가 이웃을 속여 빼앗은 일이 얼마나 있었는지는 모르지만, 이미 절반은 가난한 이웃에게 주겠다고 약속했으니 결국 그에게 남은 재산은 그리 많지 않았을 겁니다. 하지만 그건 중요하지 않아요. 중요한 것은 재산에 관한 삭개오의 마음 변화입니다. 그가 재산은 더 이상 아무 의미가 없다고 밝힌 게 중요합니다.

삭개오의 이 마음은 예수님이 부자 관원에게 영생을 얻기 위해 필요하다고 제시한 그 마음과 정확히 일치합니다. 재산을 아낌없이 이웃에게 나누어 주려는, 긍휼히 여기는 마음 말입니다. 예수님은 삭개오에게 "오늘 구원이 이 집에 이르렀으니"라고 말씀하십니다(9절). 왜냐하면 예수님이 부자 관원에게 영생을 얻기 위해 하라고 가르쳐주신 그 일을 삭개오가 했기 때문이지요.

그런데 놀라운 것은 예수님이 삭개오에게 그렇게 하라고 명하신 적이 없다는 사실입니다. 순전히 삭개오의 자발적 결심이었지요. 어떻게 삭개오는 이런 엄청난 결단을 자발적으로 할 수 있었을까요. 이것이 바로 예수님이 놀라운 상담자이신 까닭이고, 상담이 궁극적으로 지향하는 목표입니다.

외부의 간섭이나 권고로, 즉 율법학자들이나 제사장들의 충고나 강요에 의해 타율적으로 변화하는 게 아니라, 내담자가 스스로 깨달아 자발적으로 변화하는 게 상담이 추구하는 목표지요.

상담의 성공 요인

상담이 성공하는 제일 중요한 요인은 내담자와 '공감'하는 겁니다. 공감은 상대와 '함께(共) 느끼는(感)' 거지요. 우리가 수고하고 무거운 짐을 지고 힘들어할 때 누군가가 마음을 알아주면 힘이 납니다. 그리고 그와 하나가 된 것 같지요.

공감한다는 건 그의 감정을 같이 느끼는 겁니다. 단, 느끼는 것만으로는 부족합니다. 함께 느낀다는 사실을 '표현'해야 하지요. 그래야 상대방이 그 사실을 정확히 알 수 있습니다.

삭개오를 향한 예수님의 첫 마디는 "삭개오야"라고 이름을 불러주신 거였어요. 예수님은 길에서 많은 사람을 만나셨습니다. 하지만 처음 만난 사람에게 이름을 불러주신 것은 삭개오가 유일합니다. 왜 그에게만 유독 이름을 불러주셨을까요? 성경에 그 이유가 나와 있지 않기에 정확히 알 수 없습니다. 다만 예수님이 놀라운 상담자시라는 측면에서 추론해 볼 수는 있습니다.

예수님이 삭개오의 이름을 불러주신 이유는 삭개오가 지고 있던 마음의 짐을 짐작하면 쉽게 유추할 수 있습니다. 그는 이웃에게 왕따를 당하고 있었습니다. 그가 느낀 감정은 아마 외로움, 억울함, 분노 그리고 미안함 등이었을 것입니다. 그러면서도 내심 이웃과 다시 좋은 관계를 맺고 싶었을 거예요. 즉 친구가 필요했을 겁니다.

그런 그에게 "네가 외롭고 억울한 것 나도 알아. 너는 나에게 소중한 친구야"라는 걸 알려주는 제일 효과적인 방법이 무엇일까요? 바로 '이름'을 불러주는 겁니다.

저는 방학마다 제자들과 일반인 대상으로 3박 4일 동안 집단상담을 해왔습니다. 한번은 50여 명이 저녁 식사를 하려고 식당에 모였는데, 대학원에서 상담을 전공하고 있는 한 여학생이 제게 자기 이름을 아는지 묻는 거예요(말이 대학원 학생이지 그녀는 서른 살이 넘은 기혼의 중학교 교사였습니다). 제가 안다고 했더니 "제 이름이 뭐예요?" 하고 확인하는 겁니다. 그래서 이름을 불러주었더니 너무나 좋아하더군요.

다음 날 아침 식사를 하려고 식당에 갔더니 대학원생 10여 명이 떼로 몰려와 저를 기다리고 있었습니다. 그리고 각자 자기 이름을 아는지 물어보는 거예요. 어제저녁 제가 이름을 불러주었던 그 제자가 숙소에서 자랑한 거였지요.

다행히 모두 이름을 아는 제자들이었어요. 그래서 하나하나 이름을 불러주었지요. 그랬더니 서른이 넘은 선생님들이 환호성을 지르며 좋아하는 겁니다. 그때의 집단상담은 어느 때보다도 훨씬 효과가 좋았습니다.

그 후로 저는 예수님이 삭개오의 이름을 불러주시는 대목에서 매번 마음이 뭉클해집니다. 제가 이름을 안다고 학생들이 그렇게 기뻐하는데, 하물며 예수님이 자기 이름을 아신다는 사실에 삭개오가 얼마나 기뻤을까요. 키가 작아서 할 수 없이 나무에 올라가 있는데, 예수님이 오셔서 이름을 불러주시다니요! 그동안 마음속에 있던 감정의 응어리가 한순간에 풀리는 경험을 하지 않았을까요.

그러면 왜 예수님은 다른 사람들의 이름은 불러주지 않으셨을까요? 이 질문에 대한 답도 성경에 없기에 정확히 알기는 어렵습니다. 그러나 예수님이 원더풀 카운슬러시라는 것을 염두에 두면 이해할 수 있습니다. 놀라운 상담자는 무엇보다 내담자가 제일 필요로 하는 것이 무엇인지 정확히 감지하고 공감하여 가장 알맞은 방법으로 만족시켜 주는 상담자겠지요.

예수님은 놀라운 상담자답게 각 사람에게 적합한 방식으로 대응해 주십니다. 예를 들면, 사마리아 여인의 무거운 짐은 외로움이 아니었습니다. 물론 마을 사람들과 소원하게 지냈을지 모르지만, 그녀가 제일 안타까웠던 것은 어디서 예배를 드려야 할지 모르는 거였어요. 그 질문에 명확하게 설명해 주는 사람이 없었습니다. 그녀에게는 정확한 답이 필요했습니다. 감정을 만져줄 필요가 없었지요.

훌륭한 목수가 다양한 연장을 다룰 수 있는 것처럼, 뛰어난 상담자는 사례에 꼭 맞는 방식으로 상담합니다. 그래서 유능한 상담자일수록 말이 적고 간단명료하지요.

삭개오를 향한 예수님의 두 번째 말씀은 "속히 내려오라"였습니다. 예수님은 삭개오의 이름을 불러주시며 당신이 그와 친구라는 걸 알려주시고는 "다시는 부정한 짓을 하지 마라"라고 훈계하시고 길을 계속 가실 수도 있었습니다.

하지만 예수님은 나무 밑에서 삭개오에게 "속히 내려오라"라고 말씀하십니다. 여기에는 그와 더 깊게 만나고 싶은 예수님의 마음이 잘 담겨 있습니다.

특히 "속히"라는 표현에 삭개오와 빨리, 더 깊이 만나고 싶은 마음이 잘 드러납니다. 그냥 "내려오라"와 "속히 내려오라"의 미묘한 차이가 느껴지나요. 객지에서 생활하는 자녀가 집에 오기 위해 기차나 버스를 탔다고 전화하면, 부모는 그냥 "와"가 아니고 "빨리 와"라고 합니다. 이 표현에는 자녀를 빨리 만나고 싶은 부모의 사랑이 담겨 있습니다.

삭개오를 향한 예수님의 세 번째 말씀은 "내가 오늘 네 집에 유하여야 하겠다"였습니다. 이 말씀이 백미 중의 백미입니다. 삭개오의 집은 마을 사람들이 발길을 끊은 지 오래인 흉가(凶家)와 같았습니다. 그런 집에서 주무시겠다는 거였지요.

복음서에 예수님이 길에서 처음 만난 사람의 집에서 머무시는 경우는 거의 없습니다. 제자들을 포함해 이웃 주민 누구도 예수님이 삭개오의 집에서 주무시기까지 할 거라고는 생각하지 못했을 겁니다. 이에 뭇사람이 놀라 "저가 죄인의 집에 유하러 들어갔도다"라며 수군거렸지요. 삭개오도 예수님이 자기 집에서 주무시겠다고 하실 줄은 꿈에도 몰랐을 겁니다. 그의 입장에서는 '감동! 감동! 감동!'이었을 거예요. 메시지성경에는 당시 삭개오의 기쁨을 "자신의 행운이 도저히 믿기지 않았다"라고 표현했습니다.

삭개오는 예수님을 집에 모시고 가서 앉지도 않고 서서 말합니다. 얼마나 기뻤으면 "서서" 말했을까요. 그는 "주여 보시옵소서 내 소유의 절반을 가난한 자들에게 주겠사오며…"(8절)라고 외칩니다. 그런데 영어 성경에는 같은 구절이 "Look, Lord! Here and now I give half of my possessions to the poor…"라고 쓰여 있습니다. 한글 성경에는 없는 구절이 영어 성경에는 있어요. 바로 "Here and now"(지금 여기서)입니다. 삭개오의 감동이 더 진하게 느껴지지 않나요!

예수님이 삭개오에게 하신 말씀, "오늘 네 집에 유하여야 하겠다"(5절)에서 주목할 대목이 "오늘(today) 네 집(your house)"입니다. 이에 삭개오도 8절에서 "Here and now"(지금 여기서)라고 화답한 겁니다.

상담의 기본 원칙은 '지금 여기'입니다. 상담은 지금 여기서 겪는 수고하고 무거운 짐을 다루는 겁니다. 상담 과정에서 과거와 미래가 언급되지만, 모두 현재와 연결되기에 상담에 유익한 겁니다. 그래서 상담자는 항상 내담자를 '지금 여기'에 머물게 하려고 노력합니다. 현재의 감정을 느끼고, 그 감정에 머물러 있게 하려고 합니다.

중요한 것은 현재, 지금 여기입니다. 예수님은 나중에 삭개오의 집에 머물겠다고 말씀하지 않고, "오늘 네 집에" 머물겠다고 하셨습니다.

처음 만난 두 사람이 한집에서 같이 잔다는 건 완전히 친구가 됐다는 의미입니다. 우리도 누군가와 친해지면 "오늘 우리 집에서 자고 갈래?"라든지 "오늘 너희 집에서 자고 갈게"라고 말합니다. 진짜 친구라면 그 말을 긍정적으로 받아들이지요.

예수님은 삭개오에게 단지 "나는 네 친구다"라고 말씀만 하신 게 아니라 그 마음을 행동으로 완벽하게 보여주신 겁니다.

삭개오가 극적으로 변한 이유는 무엇일까요? 예수님은 그에게 충고나 조언을 한마디도 하지 않으셨습니다. 단지 그의 외로운 마음을 공감해 주시고 친구가 되어주셨을 뿐입니다.

이처럼 사람을 변화시키려면 먼저 마음을 변화시켜야 합니다. 마음이 변하면 행동과 살아가는 모습이 변합니다. 이 모든 것이 '공감'으로부터 시작되지요. 상한 감정을 알아주고 공감해 줄 때, 비로소 엉클어진 실타래에서 실마리가 풀리기 시작합니다.

아하! 경험

마지막으로 상담에서 제일 중요한 점, 곧 예수님을 만난 후 삭개오의 변화를 살펴보겠습니다. 그는 삶이 크게 변했습니다. 말 그대로 '딴' 사람이 되었지요. 예수님은 삭개오에게 어떻게 살아야 구원받을 수 있는지를 가르쳐주시거나 야단을 치지 않으셨습니다.

예수님이 사랑하사 영생 얻는 방법을 직접 알려주신 부자 관원은 변하기는커녕 근심하며 돌아갔습니다. 그런데 삭개오는 완전히 변해서 예수님에게 "오늘 구원이 이 집에 이르렀으니"(9절)라는 엄청난 축복의 말씀을 들었습니다.

인간으로서 그분께 직접 구원받았다는 말을 듣는 것보다 더 큰 축복이 어디 있을까요! 더구나 그만 구원받은 게 아닙니다. "이 집에"라는 구절이 독어 성경에는 "dein ganz Familie"(너의 온 가족)이라고 쓰여 있습니다. 삭개오의 온 가족이 구원받은 거예요.

무엇이 삭개오를 스스로 변하게 만들었을까요? 이것이 제가 상담을 공부하는 사람으로서 이 만남을 중요하게 생각하는 이유입니다. 삭개오가 변한 이유를 정확히 알 수 있다면, 우리도 상담을 통해 사람을 변화시킬 수 있지 않을까요?

만약 예수님이 삭개오에게 구원받는 삶의 방식을 직접 알려주셨다면 그것은 자문에 응한 것이 됩니다. 하지만 상담은 내담자가 스스로 깨닫도록 마음을 어루만져주는 겁니다. 상담자가 내담자의 문제를 직접 풀어주는 게 아니라 내담자가 자기 문제를 스스로 풀게끔 옆에서 엉킨 감정의 실타래를 푸는 실마리를 찾아주는 거지요.

여기서 또 한 가지 중요한 점을 깨달을 수 있습니다. 삭개오(Zacchaeus)라는 이름의 원뜻은 '깨끗한, 정의로운'입니다. 이는 삭개오의 본성이 깨끗하고 정의롭다는 것을 상징적으로 알려주는 게 아닐까요. 단지 그는 그렇게 살지 못하고 있었지요.

사실 우리 모두 삭개오처럼 본성대로 살고 있지 못합니다. 우리의 본성이 악해서일까요, 아니면 본성은 착한데 어떤 이유에서인지 현재 악하게 살고 있는 걸까요.

예수님이 삭개오의 마음속 수고하고 무거운 짐을 내려놓게 해주시자 그는 즐거워하며 깨끗하고 정의로운 본성을 회복했습니다. 그리고 스스로 어떻게 사는 게 옳은지를 깨닫고 그렇게 살게 되었지요. 예수님이 어떻게 살아야 한다고 말씀하시지 않았지만, 삭개오 스스로 깨닫고, 그렇게 행동했다는 것이 매우 중요합니다.

우리도 본성, 즉 '참 나'가 실현되는 삶을 살아야 합니다. 사실 모두가 그렇게 살고 싶지만, 그것을 막는 수많은 장애가 있습니다. 우리는 그런 장애가 있다는 사실조차 의식하지 못한 채 살고 있어요. 그것을 심리학에서는 '무의식'이라고 부릅니다. 그래서 상담을 받으며 그 장애를 의식하고 제거해야 하지요.

상담을 다른 말로 하면, '무의식 속에 억압되어 있는 장애를 의식화하도록 돕는 것'입니다. 이 현상을 심리학에서는 '통찰'(洞察)이라고 합니다. 통찰은 '무의식의 의식화'입니다. 지금까지 무의식 속에 깊이 억압되어 있던 생각이나 감정이 의식으로 떠오르는 거지요.

통찰을 쉬운 말로는 '아하!' 하는 경험이라고도 합니다. '아하! 내가 그래서 그랬구나' 하고 깨닫는 거예요. 통찰을 하면 억압되었던 생각이나 감정이 더 이상 장애로 작용하지 못합니다. 이렇게 장애물을 제거하면 할수록 '참 나'를 실현할 수 있어요. 또한 누가 알려주지 않아도 행동의 변화가 일어납니다.

내담자는 상담자에 의해 변화되는 게 아닙니다. 변화는 내담자의 '통찰'에 의해 일어납니다. 만약 내담자가 통찰을 하지 못한다면 상담자가 아무리 노력해도 효과가 없습니다.

그렇다면 상담자의 역할은 무엇인가요? 내담자에게 통찰이 일어날 수 있도록 마음의 토양을 만들어주는 겁니다. 상담자가 내담자의 마음을 옥토로 만들면, 내담자의 무의식 속에 억압되어 있던 감정과 생각이 통찰을 통해 의식으로 올라옵니다.

결국 통찰이 일어날 수 있는 토양, 즉 마음밭을 경작하는 게 상담의 성공 여부를 결정하는 핵심이며, 상담자의 역량입니다. 이는 마가복음 4장에 나오는 예수님의 '씨 뿌리는 비유'에도 잘 나타납니다.

길가에 떨어진 씨앗은 새들이 와서 먹어버렸고, 흙이 얕은 돌밭에 떨어진 씨앗은 싹은 나지만 해가 돋은 후에 타서 뿌리가 없으므로 말랐고, 가시떨기에 떨어진 씨앗은 가시가 자라 기운을 막아서 결실하지 못했고, 좋은 땅에 떨어진 씨앗만 삼십 배, 육십 배, 백 배 결실할 수 있었습니다(3-8절).

이 비유가 얼마나 중요하면 예수님이 "들을 귀 있는 자는 들으라" 말씀하셨을까요(9절)! 메시지성경은 이 구절을 "너희는 듣고 있느냐? 정말로 듣고 있느냐?"라고 번역했습니다. 예수님은 무리가 잘 듣고 이해했는지를 두 번이나 확인하십니다. 그리고 "뿌리는 자는 말씀을 뿌리는 것"이라고 자상하게 설명해 주십니다(14절).

여기서 중요한 점이 있어요. 삭개오의 이웃은 오랫동안 그와 함께 지내면서도 그를 변화시키지 못했는데, 어떻게 예수님은 딱 한 번 만났는데 그를 변화시킬 수 있었을까요? 마찬가지로 몇십 년을 함께 살아도 상대를 변화시키지 못한 부부가 몇 번 만나지 않은 상담자로 인해 변하는 이유를 알면, 상담의 본질을 다른 측면에서 이해할 수 있어요.

이웃이나 예수님이 본 삭개오는 동일 인물입니다. 하지만 예수님과 이웃은 그의 다른 면을 보았습니다. 이웃은 삭개오가 '세리장'인 것을 보았지요. 당시 세리는 동족의 고혈을 빨아 로마에 바치는 악독한 사람으로 그 와중에 착복하여 부자가 된 못된 자였습니다. 그래서 나쁜 짓을 하는 대표적인 남성을 '세리'로, 못된 짓을 하는 대표적인 여성을 '창기'로 여겼어요.

이웃들은 처음에 삭개오에게 세리를 하지 말라고 좋은 뜻에서 충고했을 겁니다. 하지만 삭개오는 듣지 않았고, 세리 일을 열심히 해서 결국 세리장까지 되었습니다. 전혀 반성하지 않고 변하지 않았어요. 그래서 이웃들도 삭개오를 포기하고 경멸하며 따돌린 겁니다. 지극히 당연한 반응이었지요.

그러나 예수님은 삭개오의 마음속에 있는 수고하고 무거운 짐을 보셨습니다. 따돌림을 당해 외롭고 화나고 섭섭하지만, 한편으로는 동족의 세금을 걷는 일에 죄책감을 느끼는 그의 마음의 짐을 말입니다. 그래서 짐을 가볍게 해주시기 위해 이름을 불러주시고, 하룻밤을 같이 주무시겠다고 말씀하셨습니다. 이 예수님의 마음이 완악했던 삭개오의 마음을 녹이고 변화하도록 만들었지요.

예수님의 비유를 들어서 설명하면, 박토(薄土)와 같던 삭개오의 마음을 옥토(沃土)로 바꿔주신 거지요. 예수님과의 만남을 통해 박토가 스스로 옥토가 된 겁니다. 이것이 바로 상담의 진정한 의미입니다.

예수님과 상담한다는 건, 단순히 마음이 편해지는 차원이 아니라 훨씬 더 심오하고 본질적인 의미가 있습니다. 우리의 선한 본성으로 돌아가, 그것을 실현하며 살 수 있도록 마음밭이 변하는 일이지요. 다시 말하면, 예수님의 상담은 '깨어진 하나님의 형상으로 살아가는 인간을 다시 회복시킬 수 있는 강력하고 효과적인 구원의 도구'입니다.

삭개오가 더 이상 동족의 고혈을 빠는 세리장이 아니라 본래 이름이 의미하는 깨끗하고 정의로운 사람으로 살 수 있게 해주시는 것이 예수님의 상담의 목적입니다. 이제 삭개오가 세리장인 건 문제가 되지 않습니다. 이왕 현실에서 세리가 필요하다면, 그는 깨끗하고 정의로운 세리가 될 수 있을 겁니다.

우리도 예수님의 상담법을 배워서 주위 사람에게 이런 상담을 해줄 수 있다면 얼마나 좋을까요! 우리 주변에는 힘들어하는 사람이 많습니다.

부모는 자녀가 매일 얼마나 힘들게 사는지 압니다. 하지만 부모로서 자녀의 어떤 면을 보고 있나요? '공부 안 하고 게임하는 모습'만 주로 보지 않나요? 또한 남편을 볼 때 학벌, 직장, 수입, 직급 등이 먼저 보이나요? 이건 이웃들이 삭개오를 단지 세리장으로만 본 것과 같아요.

이제부터는 예수님의 시선으로 보아야 합니다. 그들의 겉모습이나 행동이 아닌 속마음에 공감하는 거지요. 자녀가 공부 안 하는 걸 걱정하기보다 공부하지 못하게 막는 장애가 무언지를 아는 게 먼저입니다. 왜냐하면 대부분 학생은 자신이 공부해야 한다는 걸 압니다. 다만 공부하지 못하게 막는 마음속 장애가 있을 뿐이지요. 이 장애를 없애기 위해서는 먼저 자녀의 힘든 속마음에 공감하는 게 시작입니다. 장애가 없어지면 스스로 공부하게 될 거예요.

공부하고 싶어 하는 건 인간의 본성 중 하나입니다. 창세기 1장 1절은 "태초에 하나님이 천지를 창조하시니라"입니다. 하나님은 천지를 하나하나 창조해 가시며 좋아하셨습니다. 그분의 형상을 닮은 인간도 창조하는 걸 당연히 좋아하겠지요!

PART

3

예수님의 상담과
오늘 나의 삶

Wonderful Counselor

상담 배우기
: 듣기

대화의 기술

우리는 앞 장에서 삭개오가 예수님과의 상담을 통해 짧은 시간에 즐거워지고 삶이 급변하는 모습을 보았습니다. 아마 여러분은 이 같은 상담 효과에 놀랐을 거예요. 과연 가능할지 반신반의할 수도 있어요. 동시에 상담에 대해 더 자세히 알고 싶을 거예요. 그래서 가족이나 주위 사람들이 수고하고 무거운 짐을 내려놓고 기뻐하며 변할 수 있도록 기꺼이 도와주고 싶겠지요.

상담은 기본적으로 대화하면서 진행됩니다. 그러니 좋은 상담자가 되기 위한 첫 번째 요인은 대화를 잘하는 겁니다. 예수님이 원더풀 카운슬러이신 이유는 사람들과 대화를 잘하셨기 때문입니다. 복음서를 보면 쉽게 알 수 있습니다. 예수님은 불필요한 말씀은 안 하시고 필요한 말씀만 꼭 하셨어요. 그리고 상대에 따라 그의 상황에 가장 적합한 말씀을 하셨지요.

예를 들면, 상대를 부르는 호칭도 사람과 상황에 따라 다르게 하셨습니다. 삭개오에게는 이름까지 불러주신 반면에 두로와 시돈 지방에서 예수님에게 소리 지른 여성에게는 처음에 대꾸도 안 하셨어요. 이 여인은 귀신 들린 딸을 구해달라고 애절하게 간청했습니다. 부끄러움을 무릅쓰고 딸을 살리기 위해 끈질기게 매달리는 여인의 사랑과 믿음을 확인하신 후 예수님은 "여자여! 네 믿음이 크도다. 네 소원대로 되리라"(마 15:28)라고 하셨습니다. 이때는 "여자여"라고 부르셨지요.

또한 12년간 혈루증을 앓던 여인이 예수님의 뒤로 와서 그분의 옷자락에 손을 대니 즉시 혈루증이 그쳤습니다. 예수님이 이를 눈치채시고 누가 손을 댔는지 물으셨지요. 여인은 처음에 숨기려고 했지만, 결국 "떨며 나아와 엎드리어 그 손댄 이유"를 말했습니다. 그러자 예수님이 "딸아, 네 믿음이 너를 구원하였으니 평안히 가라" 하고 말씀하셨습니다(눅 8:47,48). 이때는 "딸아"라고 부르십니다.

각 사례를 맥락과 함께 살펴보면, 예수님은 상대에게 꼭 필요한 호칭으로 부르시거나 필요 없을 때는 아예 부르지조차 않으심을 알 수 있습니다.

'말 한마디에 천 냥 빚도 갚는다'나 '가는 말이 고와야 오는 말이 곱다'라는 속담이 있습니다. 둘 다 말의 힘을 시사하지만, 정작 어떻게 말해야 하는지는 알려주지 않습니다. 우리 사회는 그저 예쁘고 공손하게 말하는 게 말을 잘하는 것처럼 가르치기도 합니다. 참 안타까운 현실입니다. 위 속담처럼 말로

천 냥 빚을 갚는 법을 전 국민이 안다면 얼마나 좋을까요. 격조 높고 평화로운 사회가 되지 않을까요!

그러면 지금부터 대화를 잘하는 방법을 체계적으로 배워볼게요. 대화는 너와 나, 둘이 하는 겁니다. 이것이 매우 중요합니다. 대화를 잘하려면 이 사실을 절대 잊으면 안 됩니다. 왜냐하면 형식적으로는 둘이 대화하지만, 실질적으로는 독백을 하는 경우가 많기 때문입니다. 상대가 있는데도 일방적으로 자기 하고 싶은 말만 하는 경우 말이지요. 실상은 혼잣말입니다.

대화는 상대를 의식하면서 주고받는 겁니다. 대화는 말이 '오고 가는' 거지요. 그런데 종종 대화하는 것을 보면, 말이 가기만 하거나 오기만 하는 경우가 있어요. 또한 오가기는 하지만 서로 독백하듯 상대를 배제하고 각자 딴소리만 하는 일도 있습니다.

앞서 설명했지만, 대화도 일종의 기술(技術)입니다. 그러나 안타깝게도 우리는 그렇게 생각하지 않습니다. 그냥 저절로 되는 것으로 착각하지요. 그래서 배우려 하지 않아요. 그러다 보니 대화를 잘하는 사람이 의외로 적습니다. 그 결과, 사회적 갈등이 점점 더 격해지고 화난 사람이 많아집니다.

대화의 고수(高手)들이 만나면 말이 오랫동안 오갑니다. 대화는 할 일이 없어서 하는 게 아닙니다. 대화에는 목적이 있습니다. 그 목적에 맞게 대화해야 지속할 수 있습니다.

상담의 목적은 '상대의 마음속 화를 말로 풀어주는 것'입니다. 여기서 제일 중요한 건 '상대'입니다. 상담은 내 화를 푸는 게 아니라 상대의 화를 풀어주는 겁니다. 그렇다면 화를 풀어야 하는 사람이 말을 많이 해야 할까요, 풀어주려는 사람이 말을 많이 해야 할까요? 당연히 화를 풀어야 하는 사람이 많이 해야 합니다. 말을 하면서 마음속 화가 풀리기 때문이지요. 화를 풀어주려는 사람은 말을 적게 해야 합니다.

예수님의 예를 보더라도, 상담자가 말을 적게 하면 할수록 상담의 효과는 커집니다. 삭개오는 예수님의 세 마디에 인생이 변했습니다. 예수님은 사마리아 여인과도 고작 일곱 번 말씀을 나눕니다. 그 결과, 그녀의 인생이 바뀌었지요. 그뿐 아니라 마을 사람 전체의 운명도 바뀌었습니다.

내가 누군가를 상담해 주는 경우를 생각해 봅시다. '나'는 상담자이고, '너'는 내담자입니다. 내담자는 화를 풀려고 상담자와 대화하는 사람입니다. '너'가 말을 많이 하려면, '나'는 그 말을 들어주어야 합니다. 그래서 상담의 기본은 '듣기'입니다.

언뜻 생각하면, 듣기가 말하기보다 쉬울 것 같습니다. 말을 잘하려면 많은 생각을 해야 하지만, 듣기는 가만히 입 다물고 있으면 될 것 같기 때문입니다. 하지만 상담을 할수록 듣기가 더 어렵다는 걸 깨닫습니다. 차라리 충고나 조언을 해주는 편이 훨씬 쉽지요.

듣기는 말을 안 하는 게 아닙니다. 진정한 듣기는 '너'가 계속 말하도록 유도하는 겁니다. 말하라고 권(勸)하거나 재촉하는 게 아니라 '너'가 계속 말하고 싶게 만드는 거지요. 그래서

'너' 스스로 마음속 화를 이야기하게 하는 겁니다.

만일 "난 오늘 네 이야기를 듣기만 할 테니까 네가 하고 싶은 이야기를 마음껏 해라"라고 한다면, '너'가 편하게 말할 수 있을까요? 한번 자녀에게 이렇게 말하고 반응을 살펴보세요. 어떤 반응을 제일 먼저 보일까요? 아마 대부분 '오늘 아빠(엄마)가 평소와 다르게 왜 이러지? 내가 뭐 잘못한 게 있나?'라고 생각하고 더 말을 못 하고 눈치만 보지 않을까요.

이처럼 '나'가 말을 안 하면, '너'도 말을 못 하게 됩니다. 상대가 빤히 쳐다보는데 혼자 이야기하는 게 얼마나 쑥스럽고 민망한지는 다들 알 겁니다. 따라서 '듣기의 핵심'은 지금껏 누구에게도 꺼내지 못했던 속마음을 망설이거나 부끄럽지 않게 말하도록 하는 것입니다. 그래서 듣기가 힘든 겁니다. 아무에게도 하지 못했던 이야기를 편히 하도록 만드는 게 절대 쉬울 리 없지요.

어떤 사람을 만났을 때, 미리 작정하지 않았는데 이야기하다 보니 속마음까지 다 털어놓은 경험이 있을 겁니다. 그 일을 되돌아보면 한편으로는 후련하기도 하고, 또 한편으로는 약간 멋쩍게 느꼈을 거예요.

이 경우, 당신은 대화의 달인(達人), 듣기의 고수를 만난 겁니다. 그래서 전혀 의도하지 않았는데 속마음까지 털어놓게 된 거지요.

반영적 경청

본격적으로 듣기의 방식을 알아보겠습니다. 우선 대화는 '나'와 '너'가 번갈아 말하는 것입니다. 일반적인 대화에서 내가 말하는 경우, 주어는 '나'입니다. 그리고 너의 말을 들을 때, 주어는 '너'입니다. 대화가 지속되면서 주어는 '나'와 '너'가 교대로 진행되지요.

아래 〈대화 A〉는 부부의 문제를 다루는 드라마 대사입니다.

〈대화 A〉

남편(1): 내일부터 회사에 안 간다.

아내(2): 그러면 우리 집은 뭐 먹고 살게?

남편(3): 내가 돈 버는 기계냐?

아내(4): 당신 혼자 회사 다녀?

남편이 먼저 "내일부터 회사에 안 간다"라고 말합니다(1). 이 말에서 주어는 누구인가요? 우리말은 대부분 주어를 생략합니다. 하지만 여기서는 '나'가 주어인 것을 쉽게 알 수 있습니다. "(나) 내일 회사에 안 간다"입니다.

그러자 아내가 "우리 집은 뭐 먹고 살게?"라고 반문합니다(2). 여기서 주어는 언뜻 보면 '우리 집'입니다. 하지만 '우리 집'은 주어가 될 수 없지요. 이건 부인의 생각이니 결국 주어는 '나'입니다.

그다음 남편의 말, "내가 돈 버는 기계냐?"(3)도 마찬가지예요. 그렇게 생각하는 '나'가 주어입니다. 그리고 아내의 말, "당신 혼자 회사 다녀?"(4)도 주어가 '나'입니다. 이 대화의 주어는 모두 '나'입니다.

우리가 일상에서 나누는 대화는 대부분 이렇게 진행됩니다. 이런 형식의 대화가 바로 '사리대화'입니다. 서로 지식이나 정보를 교환하기 위한 대화지요. 그리고 주로 '말하기'를 합니다. 우리는 서로 '나'를 주어로 자기 생각이나 감정을 말하기 바쁘지요.

〈대화 A〉는 모두 '나'를 주어로 지식이나 정보를 교환합니다. 특히 아내는 남편의 감정, 즉 왜 회사에 안 가겠다고 하는지에 전혀 관심이 없습니다. 전형적 사리대화지요.

이런 식으로 대화하면 상담이 안 되겠지요? 상대의 속마음에는 관심이 없고 자기 생각만을 이야기하니까요. 상담이 안 될 뿐 아니라 대화 자체가 지속되지 않을 거예요. 그리고 예상하지 못한 역효과를 내기 십상입니다. 상대의 화를 풀어주려다가 오히려 화를 더 돋우는 결과를 낳지요. 이런 상황을 "불난 집에 부채질한다"라고 하는 겁니다.

화를 풀어주려고 대화를 시작했는데, 본의 아니게 상대가 화를 더 내는 황당한 경험을 한 적이 있나요? 그리고 대화 끝에 상대가 "다시는 너하고 이야기 안 해. 너랑 말하느니 차라리 벽 보고 하는 게 더 낫겠다"라고 말한 경험이요. 얼마나 당황스럽고 황당했나요!

이런 경험을 또 하지 않으려면 그 이유를 알아야 해요. 아마도 여러분이 상대의 이야기를 듣지 않고 자기 이야기만 했기 때문일 겁니다. 상대의 화를 풀어주려면, 즉 상담하려면 말하지 말고 일단 들어주어야 합니다. 듣기를 잘해야 하지요.

'듣기'는 어떻게 하는 걸까요? 상담은 '심정대화'를 하는 거예요. 마음, 곧 감정을 나누는 대화지요. 듣기의 핵심은 상대의 이야기를 듣고, 거기에 내재한 상대의 감정을 알아낸 다음, 그 감정을 '너'를 주어로 돌려주는 대화법입니다.

〈대화 A〉에서 아내의 말을 수정해 볼게요.

〈대화 B〉
남편(5): 내일부터 회사에 안 간다.
아내(6): 오늘 회사에서 기분이 언짢았나 봐?
남편(7): 응, 김 부장이 괜히 트집을 잡네.
아내(8): 그러면 정말 화났겠구나!

〈대화 A〉와 〈대화 B〉의 차이가 느껴지나요? 남편의 입장이 되어보면 그가 느끼는 마음이 쉽게 이해될 겁니다.

남편이 "내일부터 회사에 안 간다"라고 이야기합니다(5). 표면적으로는 회사에 안 간다는 거지만, 실제 속마음은 회사에서 기분 나쁜 일이 있어서 속상한 마음을 아내와 나누고 싶은 거예요. 대화하면서 화를 풀고 싶기 때문이지요.

이때 아내는 남편이 한 말의 내용보다 그 말을 하는 남편의 감정에 반응합니다. 그래서 "오늘 회사에서 기분이 언짢았나 봐?"라고 물어보지요⑹. 같은 말에 대한 아내의 두 반응 ⑵와 ⑹은 큰 차이가 있지요? 아내의 반응이 달라지니 남편의 다음 말 ⑶과 ⑺도 당연히 달라집니다. 일상적인 대화는 바로 전에 상대가 한 말에 대한 반응이기 때문입니다.

⑶은 자신의 속마음을 몰라주는 아내에게 짜증을 내는 반응입니다. 대조적으로 ⑺에서는 "김 부장이 괜히 트집을 잡네"라며 속상했던 이야기를 시작합니다. 이렇게 남편의 반응이 다르니 부인의 다음 반응 역시 크게 차이가 납니다.

남편이 짜증을 내자⑶ 아내도 "당신 혼자 회사 다녀?"라며 남편 말에 비난조로 반응합니다⑷. 그러나 ⑻의 반응은 사뭇 다릅니다. "그러면 정말 화났겠구나!"라며 아내 역시 남편의 감정에 반응하지요.

상담에서는 〈대화 B〉에 나타난 아내의 반응을 '반영적 경청'이라고 부릅니다. 일반적으로 반영은 '상대의 이야기를 듣고 이해한 것을 다시 말하는 것'입니다. 하지만 상담에서는 '상대의 감정에 반응하고 돌려주는 것'을 반영 혹은 반영적 경청이라고 하지요. 반영(反映)은 '되돌릴 반'(反)과 '비출 영'(映)의 합성어로 '되돌려 비춰주는 것'이지요. 무엇을요? 말하는 사람의 감정을요. 말하는 사람 자신도 잘 인식하지 못하지만 내용에 스며 있는 감정을 비춰주는 겁니다.

앞서 설명했듯이, 우리의 자기관은 중요한 타자들의 거울에 비친 우리 모습의 집합체입니다. 실제 모습이 아니라 거울에 비친 모습이지요. 그래서 '참 나'를 알기 위해서는 내 모습을 정확히 비춰주는 거울 앞에 서는 게 무엇보다 중요합니다.

정확히 반영해 주기 위해서는 경청해야 합니다. '경청'은 '기울 경'(傾)과 '자세히 들을 청'(聽)의 합성어로 '귀를 기울여 자세히 듣는다'라는 뜻입니다. 단순히 상대의 말을 듣는 게 아니라, 상대가 전달하려는 속마음에 귀 기울이는 거지요. 그래야 상대 내면의 동기나 정서를 이해할 수 있거든요. 다시 말하면, 그 속마음을 읽을 수 있게 됩니다.

반영적 경청은 상대의 속마음을 읽고 그것을 비춰주는 겁니다. 그러면 상대는 지금까지 의식하지 못했던 자신의 속마음을 깨닫고 화를 풀게 됩니다. 그리고 속마음을 표현할 수 있게 해준 상대에게 고마운 마음을 갖게 되고, 그와 친밀한 관계가 형성되지요.

비언어적 의사소통

대화는 말이 오가는 겁니다. 듣기를 한다고 내가 말할 차례가 되어도 가만히 있으면 대화가 끊기겠지요. 내 차례가 되면 나도 이야기해야 합니다. 바로 여기서 듣기의 모순이 생깁니다. 말함과 동시에 들어야 한다는 건 아무래도 역설적입니다. 두 가지를 동시에 한다는 게 말장난 같기도 하고요. 이제부터 이 역설을 풀어보도록 하지요.

놀라운 상담자이신 예수님이 이 역설을 푸는 방법을 알려주셨습니다. 전문상담자는 이것을 배우고 훈련받은 사람이지요. 우리도 알면 상담자가 될 수 있습니다. 모든 어머니가 요리 학원에 다니거나 전문 조리사 자격증이 있어서 가족을 위해 맛있는 음식을 차려주는 건 아닙니다. 그런 것 없이도 맛있는 음식을 얼마든지 만들 수 있지요.

듣기를 하라는 건 말하지 말라는 게 아닙니다. 내 차례가 되면 당연히 말해야 합니다. 물론 실제로는 동시에 할 수 없습니다. 다만 내용적이나 기능적으로는 동시에 할 수 있습니다. 형식적으로는 말하지만, 실제로는 말하지 않는 것처럼 느껴질 수 있지요. 반영적 경청이 바로 말하면서 동시에 듣는 방법입니다. 내가 보고 들은 것을 상대에게 되돌려주는 거지요.

자, 이제 말하면서 듣는 것을 할 수 있나요? 많은 사람이 "해보았는데 잘 안 된다"라고 말합니다. 당연해요. 지금까지 이런 식의 대화 자체를 하지 않았을 테니까요. 그래서 한두 번 해보다가 다시 예전 대화 방식으로 되돌아갑니다.

다만, 이런 식의 대화도 일종의 기술입니다. 다른 모든 기술과 마찬가지로 숙달하려면 이론을 배우는 것뿐 아니라 몸에 밸 때까지 꾸준히 연습해야 합니다.

많은 사람이 대화, 특히 심정대화를 잘하는 게 삶의 필수 기술이라는 사실을 잘 모릅니다. 단지 말할 줄 알면 대화는 저절로 되는 거라고 착각하지요.

듣기에 대한 설명을 마치기 전에 아주 중요한 점을 알아보도록 하지요. 듣기는 일단 '상대가 말해야' 가능합니다. 그런데 삭개오의 경우, 그는 한마디도 하지 않았습니다. 오히려 예수님만 세 마디를 하셨지요. 그렇다면 그것이 과연 대화이고, 듣기인지 의문이 생깁니다. 예수님이 독백하신 것 아닌가요?

우리가 말을 하는 가장 중요한 이유는 자기 생각이나 감정을 표현하기 위해서입니다. 그렇다면 그 방법이 '말'밖에 없을까요? 물론 말이 유용하고 일차적인 전달 수단인 건 사실입니다. 하지만 유일한 수단은 아니지요. 연구들에 따르면, 실생활에서 말을 통한 언어적 의사소통의 효과는 생각보다 훨씬 적다고 합니다. 오히려 사람은 비언어적 방식으로 효과적인 의사소통을 한다고 해요.

비언어적 의사소통의 영향력은 우리가 생각하는 것보다 훨씬 큽니다. 그래서 상담자를 교육할 때도 내담자의 비언어적 요소인 자세, 몸짓, 표정, 의상 등에 세심한 주의를 기울이도록 합니다. 특히 언어적 요소가 다른 요소와 일치하지 않을 때, 비언어적 요소가 더 신뢰할 만한 경우도 종종 있습니다.

비언어적 요소의 영향력을 성경에서도 찾아볼 수 있어요. 예수님은 최후의 만찬을 마친 후 "베드로야, 내가 분명히 너에게 말하지만, 오늘 밤 닭 울기 전에 네가 세 번이나 나를 모른다고 말할 것이다"(눅 22:34 현대인의성경)라고 예고하셨습니다. 그러나 베드로는 이를 심각하게 듣지 않았지요. 하지만 예수님의 말씀대로 베드로가 예수님을 세 번 부인하자마자 닭이 울었습니다. 그때 "주님께서 몸을 돌이켜 베드로를 보시자" 베드로는 예수님의 말씀이 생각나서 "한없이 울었"습니다(눅 22:61,62 현대인의성경). 개역개정에는 "심히 통곡하니라", 새번역에는 "비통하게 울었다"라고 쓰여 있어요. 아마 그는 격렬하게 통곡했을 겁니다.

이 장면을 머릿속으로 그려보세요. 예수님이 몸을 돌려 베드로를 바라보셨습니다. 한마디 말씀도 없으셨어요. 하지만 베드로는 헤아릴 수 없는 죄책감에 격렬하게 통곡했습니다. 말한마디 없이 베드로를 바라보시는 예수님의 모습, 그 시선에서 비언어적 메시지의 강렬함이 느껴지지 않나요!

비언어적 의사소통이 중요하다는 것을 염두에 두고 삭개오와 예수님의 만남을 다시 생각해 봅시다. 예수님을 만났을 때 삭개오는 한마디도 하지 않았습니다. 하지만 그가 자기 생각이나 감정을 전혀 표현하지 않았을까요? 당시 그가 몇 살이었는지는 모르나 세리장까지 된 걸로 보아 최소한 중년 정도였을 거로 추측합니다. 그리고 그는 부자였어요. 그렇다면 그가 입은 옷도 일반 서민보다는 고급이었을 것입니다.

고급 옷을 입은 한 중년 남성이 나무 위에 올라가서 예수님을 애절하게 바라봅니다. 이 상황을 머릿속에 한번 그려보세요. 그가 어떻게 보이나요? 왜 그는 체면을 불고하고 나무 위에 올라갔을까요? 비록 말은 안 하지만 그가 표현하는 마음은 무엇이었을까요?

그가 예수님 뵙기를 얼마나 원했는지가 너무도 잘 나타납니다. 예수님은 전지(全知)하신 하나님이기에 처음 보는 그의 이름이 삭개오라는 걸 아셨어요. 하지만 그 이름을 모르는 우리도 그 중년 남성이 얼마나 예수님 뵙기를 간절히 원했는지 쉽게 알 수 있습니다. 아무려면 비싼 옷을 입은 중년 남성이 애들처럼 심심해서 나무에 올라갔겠습니까!

또 하나, 그가 혼자 나무 위에 올라갔다는 건 이웃과 사이가 좋지 않았음을 말해줍니다. 만약 사이가 좋았다면 사회적 지위도 높은 중년 남성이 굳이 나무에 올라갔을까요? 이웃에게 앞으로 가겠다고 부탁하면 당연히 길을 터주었을 텐데요. 우리도 단체 사진을 찍을 때 키 작은 사람을 앞으로 보내잖아요. 더구나 막강한 힘을 가진 세리장이라면 두말할 필요 없겠지요.

비싼 옷을 입고 나무에 올라가 예수님을 간절히 바라보는 중년 남성, 그가 무슨 말을 하고 있나요? 표면적으로는 아무 말도 하지 않지만, 마음속으로 이렇게 외치고 있지 않을까요.

'나는 예수님을 간절히 뵙고 싶어요. 나는 너무 외로워요. 나를 이해해 줄 친구가 필요해요!'

놀라운 상담자이신 예수님이 삭개오의 이 간절한 외침을 들으셨습니다. 그리고 합당한 반응을 보이셨지요.

일상에서 주위 사람들이 비언어적으로 표현하는 마음을 섬세하게 알아차리고 적절하게 반응하는 게 중요합니다.

예를 들면, 자녀가 학교에 다녀와서 아무 말도 안 하고 입을 닫고 있습니다. 말을 안 한다고 속마음을 표현하지 않고 있나요? 언어적으로는 표현하지 않지만, 비언어적으로는 표현하고 있는 겁니다. 평소에는 재잘거리며 학교에서 있었던 일을 미주알고주알 이야기하던 자녀가 갑자기 아무 말도 안 한다면, 아마도 학교에서 불편한 일이 있었다는 걸 표현하고 있는 걸 거예요. 이야기의 실마리를 잡지 못해 말을 안 하고 있는지도 모릅니다.

이때 "오늘은 왜 아무 말도 안 하니? 엄마한테 말해 봐"라고 재촉하기보다는 "오늘 학교에서 기분 나쁜 일이 있었던 모양이구나. 오죽하면 네가 말도 안 하고 있겠니"라며 속마음을 알아주세요. 그러면 자녀가 편하게 말하기 시작할 겁니다.

이렇게 속마음을 알아주는 것도 '듣기'입니다. 사실 말한 것을 들어주는 것보다 말하지 않은 속마음을 알아주는 것이 더 어렵지요. 그래서 후자는 더 고차원적인 듣기입니다.

상대가 말한 것을 반영해 주기 위해서는 '듣기'를 해야 하고, 상대가 말하지 않은 것을 알아차리기 위해서는 '읽기'를 해야 합니다. 일상에서도 '속마음을 읽는다'라고 표현하지요. 말로 표현한 마음은 들어주고, 말로 표현하지 못한 속마음은 읽어주는 것이 숙달되면 대화의 달인의 경지에 이르게 됩니다. 예수님은 대화의 달인이고 고수이십니다.

한번은 상담 시간에 한 청년 내담자가 아버지와의 일화를 이야기했습니다. 내용상 화가 날 일인데 그는 아버지를 존경

한다고 말했지요. 하지만 말하면서 손을 꽉 움켜쥐고 있었습니다. 그래서 제가 물었어요.

"손을 꽉 움켜쥐고 있는데, 그 손이 지금 뭐라고 이야기하나요?"

그가 자신의 움켜쥔 손을 보더니 당황하며 말했어요.

"아버지를 한 대 때려주고 싶다고 말하네요."

그리고 울먹이기 시작했지요.

이처럼 비언어적 표현에도 관심을 두고 속마음을 읽어주는 대화를 하는 게 중요합니다.

상담 배우기
: 말하기

라포 형성

많은 사람이 "상담할 때 계속 듣기만 해야 하나요"라고 질문합니다. 그만큼 듣고만 있기가 힘들다는 거겠지요. 그 답답한 심정, 충분히 이해합니다.

저 역시 상담하다 보면 듣고만 있기 힘든 경우가 종종 있습니다. 이미 한 이야기를 계속 반복하는 내담자도 있고, 심지어 상담자에게 욕하는 사람도 있습니다. 또한 상담자도 내담자에게 하고 싶은 질문이나 제안이 있을 수 있지요.

이는 일상 대화에서도 마찬가지입니다. 듣고만 있기 힘들 때가 많지요. 상담도 일상 대화도 다 사람이 하는 일입니다. 상담자도 감정이 있고, 마음속 감정을 표현하고 싶습니다.

상담할 때 당연히 상담자도 말해도 됩니다. 아니, 말을 해야만 합니다. 듣는 게 중요하다고 해서 오로지 듣기만 하라는 건 아니에요. 듣기가 중요한 이유는 내담자의 신뢰를 얻고 친밀한 관계를 형성해야 하기 때문입니다.

이런 관계를 '라포'(rapport)라고 부르지요. 라포를 형성하기 위해서는 상대의 감정, 사고, 경험을 이해할 수 있는 공감의 폭을 넓혀야 합니다. 효과적인 상담을 위해 라포의 형성이 무엇보다 중요하지요. 그래야 내담자가 두려움 없이 자신의 속마음을 표현할 수 있으니까요. 이 모든 것이 일차적으로 잘 '들어야' 가능하기에 듣기를 강조하는 겁니다.

듣기를 잘해야 하는 또 다른 중요한 이유가 있습니다. 듣기를 잘하면 대화의 또 다른 측면인 '말하기'를 잘할 수 있습니다. 말하기는 듣기의 반대이기 때문이지요. 제 군대 경험을 빌려 설명해 볼게요.

저는 대학 재학 중에 입대했습니다. 그때는 각 병사에게 크고 무거운 'M1 소총'을 지급했습니다. 그리고 훈련소에서부터 일과가 끝난 저녁 시간에 내무반 침상에 앉아 총에 기름칠하는 작업을 하곤 했지요. 그 과정은 이러합니다.

먼저 총의 부품을 조교의 지시대로 차례차례 '분해'(分解)해서 순서대로 놓습니다. 그러고는 낱낱의 부품을 기름천으로 깨끗이 닦고 불순물을 제거합니다. 이 작업을 '소제'(掃除)라고 합니다. 이것이 끝나면 다시 본래대로 부품을 맞춥니다. 그래야 사용할 수 있는 총이 되니까요. 이 과정은 '결합'(結合)입니다.

그런데 조교가 결합하는 방법은 알려주지 않습니다. 단지 "결합은 분해의 역순이다. 실시!"라고만 합니다. 실제로 역순으로 결합하면 총이 완성됩니다.

이 과정이 오랫동안 마음에 남았습니다. 이 경험을 비유로 설명하면 '말하기는 듣기의 반대다'입니다. 그럼 이제 '실시!'해 보세요.

말하기는 듣기의 무엇을 반대로 해야 하나요? 무엇보다 '주어'가 반대가 되어야 합니다. 듣기는 주어가 '너'로 시작됩니다. 그렇다면 말하기는 주어가 '나'가 되어야 합니다. 이유는 간단합니다. 내 생각이나 감정을 표현하는 게 말하기의 핵심이고, 주된 목적이기 때문이지요.

상대의 생각이나 감정을 알려고 할 때는 말하기의 주어가 '너'가 됩니다. 그런 형식은 '나'의 생각이나 감정을 표현하는 거라기보다 '너'의 말하기를 조장하고, '너'의 생각이나 감정을 표현하도록 유도하는 대화가 됩니다. 이런 방식의 대화는 기능적으로 '듣기'가 되지요.

지식이나 정보를 주고받는 것이 주목적인 사리대화에서의 말하기는 "나는 (이렇게) 생각한다"라고 말하는 겁니다.

예를 들면, "나는 앞으로 상담이 더 중요해질 거로 생각해"라고 말하는 겁니다. 이것은 전적으로 말하는 '나'의 견해일 뿐이지요. 만일 "너는 상담의 미래에 대해 어떻게 생각해?"라고 말한다면, '너'의 의견을 구하고, '너'의 생각을 말하도록 유도하는 질문이 되지요. 물론 이런 질문 형식의 말하기도 필요합니다. 내 정보나 지식이 부족할 때는 당연히 전문가인 '너'의 견해를 물어보고 필요한 정보를 얻어야지요.

마음이 통하는 대화

말하기에서 '주어' 다음으로 중요한 것은 말하는 '내용'입니다. 사리대화와 다르게 상담은 감정을 나누는 심정대화가 중요합니다. 심정대화의 말하기는 나의 '감정'을 표현하는 것이어야 합니다. 그래서 기본 형식은 "나는 (이러이러한) 감정을 느낀다"입니다. 예를 들면, "나는 기쁘다" 혹은 "나는 짜증이 난다"의 형식으로 이야기해야 합니다. 내 생각을 말하는 사리대화와는 다르게 내 감정을 이야기하는 거지요.

앞서 듣기의 핵심은 상대의 이야기를 듣고 내용에 반응하는 게 아니라, 내용 밑에 깔려 있는 감정을 찾아내서 되돌려주는 거라고 설명했습니다. 그러나 우리는 이렇게 듣는 법을 배운 적이 없을뿐더러, 일반적으로 감정을 이야기하기보다 생각을 말합니다. 그러다 보니 자동으로 감정이 아닌 내용에 반응하게 되지요. 그러면 심정대화를 할 수 없습니다. 즉, '너'의 마음을 알 수 없어서 겉도는 이야기만 주고받을 뿐이지요. 그뿐만 아니라, 종종 대화가 불난 집에 부채질하는 촉매 역할을 하기도 합니다.

따라서 말할 때는 상대가 내 이야기를 듣고 그 내면에 녹아 있는 감정을 찾아내는 수고를 하지 않도록 도와줄 필요가 있습니다. 대부분의 사람이 내용이 아닌 감정에 반응해야 하는 것 자체를 모르기 때문입니다.

그래서 직접 감정을 알려주는 게 중요합니다. 그러면 내가 어떤 감정을 느끼는지 상대가 알 뿐만 아니라, 점차 그도 감정을 표현하는 방식으로 말하게 됩니다. 나부터 심정대화의 말하기 표본이 되어야 합니다. 그래야 내가 감정을 이야기하는 걸 상대가 보고 배울 수 있지요.

내 감정을 표현하는 것만큼이나 중요한 요소가 또 있습니다. '내가 왜 그런 감정을 느끼는지를 알려주는 것'입니다. 그래야 상대의 어떤 행동이 내게 어떤 감정을 일으키는지를 상대가 알 수 있어요. 대화하다가 갑자기 "나는 지금 짜증이 나"라고 말하면, 상대는 무안하거나 당황하거나 똑같이 짜증이 날 수 있습니다. 자신의 어떤 행동이 상대를 짜증 나게 했는지 모르기 때문이지요. 그러므로 내 감정의 이유를 분명히 밝혀주는 게 중요합니다.

예를 들면, "네가 같은 말을 되풀이해서 나는 짜증이 나"라고 이야기하는 게 정답이지요. "네가 (이러이러한) 행동을 해서 나는 짜증이 난다"라고 말하면, '너'는 자신의 어떤 행동이 '나'에게 어떤 감정을 일으키는지 알 수 있어서, 행동을 수정하거나 그 이유를 설명할 수 있습니다.

정리하면, 심정대화에서 말하기의 기본 형식은 "너의 (이러이러한) 행동 때문에, 나는 (이러이러한) 감정을 느낀다"입니다. 이렇게 말할 때, 마음과 마음이 통하는 대화를 할 수 있습니다.

그런데 일상에서는 보통 이런 형식으로 말하지 않습니다. 주로 설명하지요. 설명은 내 생각을 이야기하는 것입니다. 설명을 잘하면 상대가 내 마음을 알아주리라 짐작하지만, 사실 설명을 많이 할수록 감정의 전달력은 훨씬 떨어집니다. 그 결과, 마음과 마음이 통하는 대화에서 점점 멀어지지요.

일상에서 자주 접할 수 있는 말하기의 예를 통해 우리가 쉽게 저지르는 실수를 알아보겠습니다. 며칠 연속 늦게 귀가하는 딸을 기다리는 아버지의 예를 들어보겠습니다.

아래는 드라마에서 나온 대화입니다. 아버지가 늦게 귀가하는 과년한 딸에게 혹시 나쁜 일이 일어날까 봐 걱정합니다. 그만큼 사회가 불안하니까요. 그래서 외출하는 딸에게 "일찍 들어와라"라고 당부합니다. 딸은 그러겠다고 말하고 계속 늦게 들어옵니다. 이에 아버지는 당연히 걱정하겠지요. 자신의 당부를 어기는 딸에게 화도 날 겁니다. 그런 와중에 딸이 또 늦게 들어옵니다. 이때 어떤 대화가 오갈까요?

여러분도 아버지 입장이 돼서 한번 생각해 보세요. 이 질문에 아버지들은 몇 가지 공통 대답을 합니다. "왜 이제 오냐?", "뭐 하러 집에 들어오냐?" 화가 난 어떤 아버지는 "아비 말이 말 같지 않냐?"라고 답하기도 했지요. 드라마에서는 다음과 같은 대화가 오갔습니다.

〈대화 C〉

딸(1): 저 왔어요.

아버지(2): 지금 몇 시냐?

딸(3): 요즘 일이 많아서요.

아버지(4): 항상 핑계가 많구나!

이후 상황이 어떻게 전개됐을지는 충분히 예상할 겁니다. 가시 돋친 말이 몇 마디 오간 후, 딸은 서운해서 자기 방으로 쑥 들어가 버렸지요. 거실에 혼자 남은 아버지는 화가 덜 풀린 상태로 소파에 앉아 있다가 허탈하게 방으로 들어갔습니다. 왜 서로 마음이 불편한 채로 대화가 끝났을까요?

　사실 딸도 기다리고 있을 아버지를 생각하며 미안한 마음이 들었을 겁니다. 그런 아버지가 고맙기도 했을 거예요. 아버지 역시 무엇보다 딸이 걱정됐을 겁니다. 계속 늦게 들어오는 딸에게 화도 나지만, 걱정하는 마음이 앞섰을 겁니다.

　하지만 아버지와 딸의 대화는 속마음과는 다르게 흘러갔습니다. 그리고 서로 마음이 편치 않게 끝났지요. 만약 위 대화가 다음과 같았다면, 결말이 어땠을까요?

〈대화 D〉

딸(5): 저 왔어요.

아버지(6): 네가 늦게까지 안 와서 걱정을 많이 했다.

딸(7): 늦게 와서 미안하고 고마워요. 일이 많네요.

아버지(8): 그래, 피곤하겠다. 들어가서 쉬어라.

　안심한 아버지나 미안했던 딸 모두 편안하게 잠자리에 들지 않았을까요. 너무 이상적인 결말이라고 여길 독자도 있을 겁니다. 하지만 이는 의사소통 훈련을 받은 사람에게는 일상적인 결말입니다. '가는 말이 고와야 오는 말이 곱다'라는 옛말은 이렇게 실현되는 거지요.

결말이 정반대인 두 대화를 분석해 봅시다. 먼저 〈대화 C〉에서 아버지는 모두 '너'를 주어로 말했습니다. "(너) 지금 몇 시냐?"(2), "(너는) 항상 핑계가 많구나!"(4) 그런데 이상하지 않나요? 왜 걱정했던 마음과 무시당한 것 같아서 화가 난 '나'의 마음은 표현하지 않았을까요? 게다가 '너'를 주어로 속마음과 전혀 다른 의문문 형태로 말합니다. 형식은 의문문이지만, 실은 늦게 들어온 딸을 비난하는 거지요.

이렇게 대화가 진행되면, 심정대화가 아닌 사리대화가 됩니다. 그래서 딸은 "일이 많아서요"(3)라고 해명합니다. 하지만 아버지는 딸의 말이 변명으로 느껴져 "항상 핑계가 많구나!"(4)라며 더 강하게 비난하지요. 결국 늦게 들어온 딸의 미안한 마음은 아버지의 비난 때문에 변명과 서운함으로 변합니다. 딸에 대한 아버지의 걱정도 무시당하고 있다는 섭섭함과 짜증으로 변하지요. 두 사람의 진심, 즉 아버지의 걱정과 딸의 미안한 마음은 사라지고, 아버지의 짜증과 딸의 섭섭함만 오가게 됩니다. 사리대화의 결말이지요.

반면에 〈대화 D〉에서 아버지는 '나'를 주어로 자신의 '감정'을 표현하는 말하기의 정석을 따르고 있습니다. 아버지의 말(6)을 간결하게 줄이면 "나는 걱정(감정)했다"입니다. 그 이유는 "네가 늦게까지 안 와서 (무슨 안 좋은 일이라도 생겼을까봐)"지요.

딸은 자신을 걱정하는 아버지의 마음을 접하고 자연스럽게

"(네가) 기다려줘서 고맙고, 늦게 와서 (내가) 미안해요"(7)라고 합니다. 아버지의 마음에 고마움을 표현함과 동시에 걱정을 끼쳐 미안하다는 마음을 전하지요. 그러고는 그 이유를 "일이 많네요"(7)라고 알립니다. 이 말은 딸의 마음을 느낀 아버지에게 변명이 아니라 설명이 됩니다. 그래서 염려를 내려놓고 "그래, 피곤하겠다. 들어가서 쉬어라"(8)라고, 안심하는 마음을 전할 수 있었지요. 그 결말은 해피엔딩이고 편안한 수면입니다.

〈대화 D〉가 결말을 너무 행복하게 과장한 게 아닌지 의아해 하는 독자도 있을 겁니다. 하지만 본인이 딸이라고 생각해 보면 쉽게 이해될 거예요. 야근하고 늦게 귀가해서 한편으로 피곤하고, 한편으로는 미안한 마음으로 현관에 들어섰는데 아버지가 "지금 몇 시냐?"라고 말하는 것과 "네가 늦어서 걱정을 많이 했다"라고 말하는 건 느낌이 아주 다르지요.

딸의 늦은 귀가를 염려하며 기다리는 아버지에게 딸이 눈을 동그랗게 뜨고 "내가 늦게 오는데, 왜 아버지가 걱정해요"라고 말한다면, 정말 놀랄 일 아닌가요! 정상적인 부녀 사이라면 딸이 당연히 "걱정해 주셔서 고맙고 늦게 와서 미안해요"라고 대답하지 않겠어요. 딸로서는 늦게 다녀도 전혀 관심 없는 아버지보다 기다리다가 "많이 걱정했다"라고 말해 주는 아버지에게 훨씬 더 고마운 마음이 들겠지요.

이것이 감정을 나누는 심정대화의 말하기입니다. 감정은 옳고 그름의 평가 대상이 아닙니다. "아빠가 왜 걱정해"라는 말의 참뜻은 할 필요 없는 걱정을 했다는 게 되지요. 다시 말하면, 필요가 있고 없고를 판단했다는 겁니다. '걱정'은 감정입니다. 하고 싶으면 하고, 하기 싫으면 안 하는 게 아니에요. 감정은 상황에 따라 마음에서 자연스럽게 느껴지는 겁니다.

만약 부모가 특별한 이유가 있어서 자녀를 사랑한다면, 그것을 진정한 사랑이라고 부르지 않지요. "그냥 내 새끼니까." 이 한마디로 모든 게 설명됩니다. 만약 누군가가 "나는 너를 사랑해. 그 이유는 첫째는 이렇고, 둘째는 이렇고, 셋째는 이렇기 때문이야"라고 설명한다면, '내가 진짜 사랑받고 있구나'라는 느낌이 안 들 거예요. 왜냐하면 감정은 평가의 대상이 아니기 때문입니다. 머리로 설명할 필요도 없지요. 오히려 말이 많으면 감정의 진정성을 의심해 봐야 해요.

다시 말하면, 사리대화는 정보나 지식을 나누기 위한 대화이기에 말 그대로 '사리'(事理)에 맞아야 합니다. 그래서 사리대화는 평가 대상입니다. 하지만 심정대화는 감정을 나누는 것이기에 평가 대상이 아니라 느끼는 걸 있는 그대로 나누는 대화지요.

긍정 표현 먼저

창세기에 나오는 에덴동산의 선악과 이야기는 기독교인뿐 아니라 모두가 아는 상식입니다. 하나님께서 아담에게 동산 각종 나무의 열매는 먹어도 되지만 선악을 알게 하는 나무의 열매는 먹지 말라고 명하십니다(창 2:16,17). 하지만 뱀의 유혹에 넘어가 먼저 하와가 선악과를 먹었고, 그다음에 아담이 먹었습니다. 그러자 그들의 눈이 밝아져 자신들이 벌거벗은 줄을 알고 부끄러워 무화과나무 잎으로 치마를 만들어 입었습니다. 그리고 그들은 하나님의 명령을 어겼기에 두려워서 그분의 낯을 피하여 동산 나무 사이에 숨었지요(창 3:7,8). 이들이 숨은 이유는 자신들이 큰 잘못을 저질렀다는 걸 알기 때문이었습니다.

그래서 하나님께서는 아담과 하와 그리고 뱀에게 각각 합당한 처벌을 내리셨지요. 아담에게는 "네 평생에 수고하여야 그 소산을 먹으리라"라고 하셨고, 하와에게는 "임신하는 고통을 크게 더하리니 네가 수고하고 자식을 낳을 것이며 너는 남편을 원하고 남편은 너를 다스릴 것이니라"라고 하셨으며, 뱀에게는 "여자의 후손은 네 머리를 상하게 할 것이요 너는 그의 발꿈치를 상하게 할 것이니라"라고 하셨습니다(창 3:15-17). 여기까지는 옳고 그름을 따지는 사리대화입니다. 잘못을 했으니 응당 처벌을 받아야 하지요.

선악과를 따먹은 아담과 하와가 느낀 감정은 '부끄러움'과 '두려움'입니다. 감정은 판단 대상이 아닙니다. 하나님께서도 "내 명령을 어긴 주제에 부끄럽고 두렵기까지 하냐"라며 감정을 꾸짖지는 않으셨습니다. 오히려 아담과 그의 아내를 위하여 가죽옷을 지어 입히시면서 그들의 부끄럽고 두려운 마음을 읽어주셨지요(창 3:21).

말하기에서 가장 중요한 건 '진실성'(眞實性)입니다. 진실하게 말해야 합니다. 진실성은 '일치성'(一致性)이라고도 합니다.

속으로 느끼는 감정과 겉으로 나타나는 표현이 일치한다는 거지요. 마음 따로, 말 따로면 진실하지 못한 겁니다. 물론 일상에서는 감정을 진솔하게 표현하는 게 쉽지 않습니다. 화가 났지만 안 난 척 행동해야 하는 경우도 많습니다. 하지만 이렇게 살면, 결국 내 감정을 내가 부정하는 모순이 생깁니다.

상담에서는 '존재를 인정한다'라는 표현을 자주 씁니다. 어떻게 하면 존재를 인정할 수 있을까요? 내가 느끼는 감정이 인정받을 때, 내 존재가 인정받는 겁니다.

갓난아기는 감정을 진솔하게 표현합니다. 배가 고파서, 졸음이 와서, 오줌을 싸서 불편하면 우는 것으로 표현하지요. 그럴 때 어머니가 긍정적으로 반응하고 어려움을 제거해 준다면 아이는 자신의 존재가 인정받았다고 느낍니다. 반대로 아이가 울 때 부모로부터 징징대지 말라고 구박받으면 아이는 불편한 내색을 할 수 없게 됩니다.

이처럼 감정을 부정하거나 왜곡하는 건 자신에게 예의가 아닙니다. 화가 잔뜩 났어도 안 난 것처럼 생활하는 건 사실 거짓말이잖아요. 상담에서 가장 큰 거짓말은 스스로 자신을 인정하지 않는 겁니다.

물론 "화가 났다"라고 말하거나 상대에게 느끼는 부정적 감정을 표현할 때 제일 먼저 드는 걱정은 '저 사람이 나를 싫어하지 않을까?' 또는 '나를 떠나지 않을까?' 하는 두려움입니다. 부정적인 표현을 하면 처음에는 상대가 당연히 당황하겠지요.

"나는 네가 이런 식으로 이야기할 때 짜증 나."

이런 얘기를 반길 사람은 없을 테니까요. 당분간은 서로 어색할 수도 있어요. 하지만 길게 보면 거짓이 아니라 진솔하게 마음을 표현했음을 느끼게 됩니다. 그리고 진실한 사람이라는 믿음이 생기지요.

또 하나 염두에 두어야 할 것은 상대에게 느끼는 긍정적인 감정도 표현해야 한다는 거예요. 고맙거나 미안한 감정도 진솔하게 이야기하는 게 아주 중요합니다. 예를 들면, 부부간에도 남편이 아내에게 "당신이 (이러이러한) 행동을 해줘서 고마워"라고 이야기하면 아내의 기분이 좋아지겠지요. 그 행동을 더 하고 싶은 마음이 들지 않을까요. 또한 긍정적 감정을 먼저 표현한 후에 부정적 감정을 표현하는 게 처음에 부정적 감정부터 이야기하는 것보다 훨씬 더 효과가 있습니다.

일상에서 항상 진실하게 산다는 건 쉬운 일이 아닙니다. 속마음을 감추고 사회적으로 요구되는 태도를 보여야 하는 경우도 종종 있지요. 그래서 "인생은 가면무도회"라는 그럴듯한 말을 하면서 속마음을 속이는 것이 사회생활을 잘하는 거라는 칭찬까지 받습니다. 그러나 사회생활을 잘할 수 있을지는 모르지만, 마음 건강에는 좋지 않습니다.

중요한 건 사회생활을 해치지 않으면서 속마음을 진솔하게 표현하는 법을 터득하는 겁니다. 그것이 바로 '심정대화의 말하기'를 익혀야 하는 이유지요.

— chap.17 —

예수님의
말하기

진솔하게 마음 말하기

예수님은 원더풀 카운슬러셔서 듣기뿐 아니라 감정을 진솔하게 표현하는 말하기의 대가십니다. 진솔(眞率)하다는 건 현재 느끼는 감정을 정확하게 표현하는 거지요.

예수님의 사역 기간을 자세히 살펴보면, 우리가 일상적으로 겪는 모든 희로애락을 똑같이 겪으셨어요. 그리고 이런 감정을 억제하기보다 진솔하게 표현하셨지요. 화를 내시기도 하고, 야단을 치시기도 했습니다. 한탄하시고 외로워하시기도 했지요. 심지어 슬퍼서 우시기도 했습니다.

복음서에는 예수님이 세 번 우셨다는 기록이 나옵니다. 첫째는 사랑하는 나사로가 죽었을 때 "심령에 비통히 여기시고 불쌍히 여기사" 눈물을 흘리셨습니다(요 11:33,35). 둘째는 예루살렘에 가까이 오셔서 성(城)을 보시고 우셨습니다(눅 19:41). 마지막 셋째는 십자가 죽음을 앞두고 겟세마네 동산에서 기도하며 우셨습니다. 성경은 당시 예수님의 절박한 마음을 "땀이 땅에 떨어지는 핏방울같이 되더라"(눅 22:44)라고 기록합니다. 히브리서에는 이 상황이 "자기를 죽음에서 능히 구원하실 이에게 심한 통곡과 눈물로 간구와 소원을 올렸고"(5:7)라고 쓰여 있습니다. 여기서 "심한 통곡과 눈물"을 영어 성경은 "loud cries and tears"라고 번역했습니다. 예수님도 슬프시면 감추거나 억제하지 않으시고 그대로 표현하셨지요.

비록 한 번뿐이지만 복음서에 예수님이 기뻐하셨다는 기록도 있습니다.

> 그때에 예수께서 성령으로 기뻐하시며 이르시되 천지의 주재이신 아버지여 이것을 지혜롭고 슬기 있는 자들에게는 숨기시고 어린아이들에게는 나타내심을 감사하나이다 눅 10:21

기쁜 감정을 숨기지 않고 드러내시며 여러 사람 앞에서 하나님께 감사를 올려드렸지요.

예수님은 완전한 하나님이시고, 동시에 완전한 인간이십니다. '완전한 인간'이라는 건 인간이 살면서 겪는 희로애락을 겪지 않으셨다는 뜻이 아닐 겁니다. 오히려 인간이 겪는 모든 감정을 피하거나 부정하거나 억압하거나 왜곡하지 않으시고 마음 깊은 곳에서 그대로 느끼고 표현하셨다는 뜻일 겁니다. 그래서 인간보다 감정을 더 깊게 느끼셨을 겁니다. 그 예로 겟세마네 동산에서 얼마나 간절히 기도하셨으면 "땀이 땅에 떨어지는 핏방울"같이 되었을까요!

예수님의 진솔한 '말하기'의 진수(眞髓)는 겟세마네 동산에서 나타납니다. 그분은 인간의 몸으로 이 세상에 오셔서 3년 동안 사역하시며 힘든 일을 많이 당하셨습니다. 그중에서도 제일 고통스러운 것은 멸시와 조롱과 온갖 고초를 겪으시다가 십자가에 달려 돌아가신 거였겠지요. 그리고 그 모든 일이 일어날 것을 미리 알고 계셨던 예수님으로서는 당연히 전날 밤 마음고생이 극도에 다다랐을 겁니다.

이때 예수님도 상담받으셨습니다. 물론 우리가 상식적으로 생각하는 상담을 받지는 않으셨어요. 예수님은 하나님께 상담받으셨습니다. 그 상담은 기도를 통해 이루어졌지요. 기도는 하나님과의 대화니까요. 예수님은 이 과정을 통해 내담자의 모습을 정확히 알려주셨습니다. 이렇게 진솔한 마음으로 상담받아야 효과가 극대화될 수 있다는 것을요.

예수님은 십자가에서 돌아가시기 전날 밤 베드로, 야고보, 요한을 데리고 겟세마네 동산에 기도하러 가셨습니다. "습관을 따라"(눅 22:39)라는 표현이 있는 것을 보니 아마도 힘드실 때마다 자주 겟세마네 동산에서 기도하신 것 같습니다.

이때 예수님의 마음이 마가복음에는 "심히 놀라시고 슬퍼하사"(14:33), 마태복음에는 "고민하고 슬퍼하사"(26:37), 메시지 성경에는 "두려움과 깊은 근심에 빠지셨다"라고 표현되어 있습니다. 당시 예수님의 심정을 한마디로 요약하면 '몹시 괴롭고 슬퍼하셨다'입니다. 예수님은 상담을 받는 입장이셨기에 감정을 진솔하게 표현하셨습니다. 일생일대의 상담을 앞두고 '말하기'를 하셨지요. 말하기의 정석은 '나'를 주어로 '감정'을 '진솔'하게 표현하는 겁니다.

예수님은 함께 간 제자들에게 부탁하셨습니다.

> 내 마음이 매우 고민하여 죽게 되었으니 너희는 여기 머물러 나와 함께 깨어 있으라 마 26:38

마가복음의 기록도 거의 같습니다. 이 말씀에서 주어는 바로 '나'입니다. 예수님의 말씀을 눈감고 느껴보세요. '나'의 감정을 얼마나 솔직하게 표현하고 있나요!

사도 바울은 예수님을 이렇게 소개합니다.

> 그는 근본 하나님의 본체시나 하나님과 동등 됨을 취할 것으로 여기지 아니하시고 오히려 자기를 비워 종의 형체를 가지사 사람들과 같이 되셨고 사람의 모양으로 나타나사 자기를 낮추시고 죽기까지 복종하셨으니 곧 십자가에 죽으심이라 빌 2:6-8

한마디로 예수님은 하나님이시고, 인류를 구원하기 위해 이 땅에 자발적으로 오신 분입니다. 그러기 위해 십자가에 스스로 못 박혀야 한다는 것을 이미 알고 계셨던 구세주십니다.

그럼에도 전날 밤, 자신이 힘들다는 것을 이렇게나 솔직하게 제자들에게 고백하십니다. 더군다나 제자 중에는 다음날 닭이 울기 전에 자신을 세 번이나 부인할 베드로도 있었습니다. 그에게조차 자신의 감정을 진솔하게 표현하신 겁니다. 그뿐 아니라 제자들에게 "여기 머물러 나와 함께 깨어 있으라"라고 부탁까지 하십니다. 쉽게 이해되지 않는 장면이지요.

저는 솔직히 이 대목을 오랫동안 이해하지 못했어요. 오히려 바로 직전에 예수님으로부터 "베드로야, 내가 분명히 너에게 말하지만, 오늘 밤 닭 울기 전에 네가 세 번이나 나를 모른다고 말할 것이다"(눅 22:34 현대인의성경)라고 콕 집어서 경고까지 받은 베드로가 괴로워하며 그분께 "제가 주님을 배반하지 않게 힘을 주십시오"라고 부탁했다면 이해가 갑니다. 하지만 베드로는 예수님의 간절한 부탁을 받고도 잠을 잤습니다.

저는 지금도 이 장면의 의미를 충분히 이해하지는 못합니다. 하지만 상담을 공부하면서 제 나름대로 이해할 수 있는 실마리를 찾기는 했습니다.

예수님은 제자들에게 기도 부탁을 하신 후 본격적으로 하나님께 상담을 받으십니다. 상담은 다른 사람이나 환경에 방해받지 않고 조용한 곳에서 내담자와 상담자가 자신의 속마음을 진실하게 주고받는 것이 중요합니다.

그래서 예수님은 제자들과 돌 던질 만큼 떨어져서 무릎을 꿇고 얼굴을 땅에 대고 엎드려 자신의 속마음을 하나님께 솔직하고 간절하게 털어놓으십니다.

> 아빠 아버지여 아버지께는 모든 것이 가능하오니 이 잔을 내게서
> 옮기시옵소서 **그러나** 나의 원대로 마시옵고 아버지의 원대로 하옵
> 소서 **막 14:36**

메시지성경은 예수님의 기도를 절규하듯이 표현합니다.

> 아빠, 아버지, 아버지께서는 나를 여기서 벗어나게 하실 수 있습니
> 다. 이 잔을 내게서 거두어 주십시오. 그러나 내가 원하는 대로 하
> 지 마시고, 아버지께서 원하시는 대로 행하십시오. 아버지께서 원
> 하시는 것이 무엇입니까?

위 마가복음에서 이 간절한 기도는 "그러나"를 기점으로 앞
뒤가 분명하게 나뉩니다. 앞부분의 요점은 "이 잔을 내게서 옮
기시옵소서"입니다. '죽고 싶지 않다'라는 거지요. 죽음이 두렵
다는 겁니다.

이 말씀을 하시기가 얼마나 힘드셨을까요! 원래 하나님이시
면서, 인류를 구원하기 위해 인간의 모습으로 이 땅에 오사 인
간의 죄를 대속(代贖)하기 위해 십자가에 달려 죽어야 한다는
것을 이 땅에 오기 전부터 알고 계셨던 분이 어떻게 이런 겁쟁
이 같은 말씀을 하실 수 있을까요. 예수님이 얼마나 진솔한 분
인지 느껴지나요.

물론 많은 모태신앙인이 어렸을 때 교회학교에서부터 "그러
나"의 다음 부분, "나의 원대로 마시옵고 아버지의 원대로 하

옵소서"라는 기도 내용이 중요하다고 귀에 못이 박히도록 들으며 신앙생활을 해옵니다. 그것이 예수님의 참모습이고, 우리도 그런 믿음을 가져야 한다고 말이지요. 소위 "'그러나'의 신앙을 본받자"라는 구호는 지금도 부활절 예배의 단골 설교 제목이기도 합니다.

맞습니다. 예수님의 위대한 점은 감정을 앞세우기보다 완전한 임무 수행이 더 중요하다는 것을 완벽히 이해하고 계셨다는 겁니다. 결국 예수님은 십자가에 달려 모진 고통을 당하시다가 "다 이루었다"라고 말씀하고 돌아가시지요(요 19:30). 하지만 상담을 공부하는 사람에게는 예수님 기도의 앞부분, 즉 "아빠 아버지여 아버지께는 모든 것이 가능하오니 이 잔을 내게서 옮기시옵소서"도 상당히 중요합니다.

왜냐하면 이 부분이 바로 '말하기'의 정수를 보여주는 대목이기 때문입니다. 예수님은 하나님께 하나도 숨기지 않고 마음을 진솔하게 밝히십니다. "죽고 싶지 않아요"라고 숨김없이 말씀하시지요. 특히 "아빠 아버지여"라고 절규하듯 부르실 때 예수님의 절박한 마음이 그대로 나타납니다.

"Abba"(아빠)라는 표현은 우리말의 "아빠"와 동일한 의미입니다. 공식적이고 예의를 갖추는 상황에서는 "아버지"라고 부르는 게 상례입니다. 성인 남자는 특별한 경우가 아니면 "아빠"라는 호칭을 사용하지 않지요. 그렇게 부르는 경우는 몹시 친밀하게 부르거나 도움이 절실할 때 자연스럽게 "아빠"라는 말이 터져 나오는 경우예요. 그러므로 예수님의 "아빠 아버지여"라는 표현은 그야말로 심정대화의 말하기의 극치입니다.

예수님의 심정기도

기도를 '하나님과의 대화'라고 정의한다면, 두 종류로 나눌 수 있을 겁니다. 하나는 머리로 하는 '사리기도', 또 하나는 마음으로 하는 '심정기도'입니다.

예수님이 돌아가시기 전날 밤 겟세마네 동산에서 하신 기도는 심정기도의 완전한 표본입니다. 이 기도에 머리는 존재하지 않고 오직 마음만 있습니다. 지식이나 정보 전달이 아닌 진솔한 감정만이 표현되고 있지요.

심정기도의 본질을 이해하기 위해서는 예수님이 직접 가르쳐주신 사리기도의 표본인 '주기도문'과 비교해 볼 필요가 있습니다.

하늘에 계신 우리 아버지여 이름이 거룩히 여김을 받으시오며 나라가 임하시오며 뜻이 하늘에서 이루어진 것같이 땅에서도 이루어지이다 오늘 우리에게 일용할 양식을 주시옵고 우리가 우리에게 죄지은 자를 사하여 준 것같이 우리 죄를 사하여 주시옵고 우리를 시험에 들게 하지 마시옵고 다만 악에서 구하시옵소서 (나라와 권세와 영광이 아버지께 영원히 있사옵나이다 아멘) 마 6:9-13

주기도문은 차분하고 논리적인 데 반해, 겟세마네 동산의 기도는 감정적이고 절박합니다. 이런 차이는 처음 하나님을 부르는 호칭부터 크게 대비됩니다. 주기도문에서는 "하늘에 계신 우리 아버지여"라고 부르시는데, 겟세마네 기도에서는 "아빠 아버지"라고 부르십니다. 이것이 사리기도와 심정기도의 현격한 차이입니다.

어느 기도가 더 중요한지는 따질 수 없습니다. 예수님이 하신 기도는 어떤 기도든 다 본보기가 되기 때문이지요. 다만 기도하는 목적에 따라 적절한 기도를 선택하면 됩니다. 예를 들면, 공식적인 예배 시간에 대표 기도를 하는 경우는 당연히 개인적인 감정은 자제하고 사리기도를 해야겠지요.

예수님은 첫 번째 진술한 기도를 하신 후에 제자들에게 오십니다. 그들이 자는 것을 보시고 베드로에게 다음과 같이 말씀하세요.

> 시몬아 자느냐 네가 한 시간도 깨어 있을 수 없더냐 시험에 들지 않게 깨어 있어 기도하라 마음에는 원이로되 육신이 약하도다
> 막 14:37,38

이 말씀에도 자는 제자들을 향한 예수님의 서운함과 안타까움이 잘 드러나 있습니다. 당신은 지금 몹시 괴로운 마음으로 기도하고 있는데, 함께 깨어 있어 달라고 부탁까지 했음에도 제자들이 자고 있으니 얼마나 서운하셨겠어요. 하지만 이

절박한 시간에도 피곤을 못 이겨 자는 제자들이 안쓰럽기도 하셨겠지요. 그래서 "시험에 들지 않게 깨어 있어 기도하라 마음에는 원이로되 육신이 약하도다"라고 하시며 힘을 북돋워 주십니다. 그리고 두 번째 기도로 나아가십니다.

첫 번째 기도와 느낌이 다르지 않나요? 앞서 예수님은 매우 절박하게 "아빠 아버지여"라고 부르며 "이 잔을 내게서 옮기시옵소서"라고 기도하십니다. 그런데 이번에는 '아버지의 원대로 되기를 원한다'라는 내용만 있습니다.

먼저, 두 번째 기도에서는 첫 번째 기도에 있던 "아빠 아버지"라는 호칭이 없습니다. 그만큼 절박함의 강도가 줄어든 느낌입니다. 그 이유는 무엇일까요. 이미 한 번 절실하게 기도했기 때문일까요. 그럴 수 있습니다. 우리도 일상에서 같은 얘기를 또 하면 감정의 크기가 줄어들기 마련이지요.

그리고 두 기도는 내용의 차이도 있습니다. 두 번째 기도에는 '죽고 싶지 않다'라는 내용이 없습니다. 예수님은 첫 번째 기도에서 "아버지께는 모든 것이 가능하오니 이 잔을 내게서 옮기시옵소서"라며 죽고 싶지 않은 마음을 강하게 표현하셨습니다. 하지만 두 번째 기도에서는 "만일 내가 마시지 않고는 이 잔이 내게서 지나갈 수 없거든", 곧 '죽을 수밖에 없다면'이라고 말씀하십니다. 죽음을 기정사실로 받아들이신 느낌이 들지요.

이런 변화가 일어난 이유는 무엇일까요. 상담을 공부하는 사람으로서 변화의 이유를 알아내는 것이 아주 중요합니다. 상담은 결국 변화를 끌어내는 것이기 때문이지요. 누가복음은 이러한 변화의 이유를 분명하게 알려줍니다.

천사가 하늘로부터 예수께 나타나 힘을 더하더라 눅 22:43

첫 번째 기도 후 정말 중요한 일이 벌어졌어요. 천사가 하늘에서 내려왔지요! 예수님의 기도에 응답해서 천사가 내려와 힘을 더해준 겁니다. 바로 이것이 기도 내용이 바뀐 진짜 이유 아닐까요! 천사로부터 힘을 받은 예수님은 더 이상 죽음이 두렵지 않으셨습니다. 죽는다는 사실은 변함 없지만, 죽음을 대하는 예수님의 마음이 변했지요.

그 후 예수님은 "힘쓰고 애써 더욱 간절히 기도"하셨습니다. 땀이 핏방울같이 될 정도로요(눅 22:44). 그렇게 기도할 힘을 천사에게서 받으신 겁니다. 아마 기도의 내용은 '죽고 싶지 않다'가 아니었을 거예요. 오히려 자신이 죽음으로써 인간을 죄와 고통에서 해방시켜 주려는 막대한 임무의 완수를 위해 기도하셨을 겁니다. 이제 예수님은 더 이상 죽음이 두렵지 않으셨기 때문입니다.

이후 세 번째 기도는 두 번째와 같은 말씀으로 하셨습니다.

그리고 제자들에게 오셔서 "이제는 자고 쉬라 보라 때가 가까이 왔으니 인자가 죄인의 손에 팔리느니라"라고 담담하게 말씀하십니다(마 26:44,45). 함께 깨어 기도하라는 부탁을 안 하십니다. 자는 제자들에게 서운한 마음도 없으십니다. 오히려 피곤해하는 그들에게 "자고 쉬라" 하실 정도로 마음이 평온하셨지요.

그러고는 제자들에게 "일어나라 함께 가자 나를 파는 자가 가까이 왔느니라"(마 26:46)라고 말씀하셨습니다. 예수님은 죽음의 두려움에서 완전히 벗어나셨을 뿐 아니라, 담대하게 죽음을 향해 나아가셨습니다.

직면과 회피

천사의 힘을 받은 예수님과 그 시각 잠을 잔 제자들은 '죽음을 대하는 자세'에서 극명하게 대비됩니다. 마태복음 26장 31-68절을 자세히 살펴보겠습니다.

최후의 만찬 후 예수님이 제자들에게 경고하십니다.

"오늘 밤에 너희가 다 나를 버리리라."

그러자 베드로가 대답합니다.

"모두 주를 버릴지라도 나는 결코 버리지 않겠나이다."

이에 예수님은 또 한 번 경고하십니다.

"내가 진실로 네게 이르노니 오늘 밤 닭 울기 전에 네가 세 번 나를 부인하리라."

베드로도 또다시 호언장담하지요.

"내가 주와 함께 죽을지언정 주를 부인하지 않겠나이다."

물론 다른 제자들도 그렇게 말했습니다.

이후 예수님은 겟세마네 동산에서 땀이 핏방울같이 될 정도로 '죽음'과 사투(死鬪)를 벌이십니다. 그리고 천사의 도움으로 마침내 죽음의 두려움과 고통을 이기시지요. 이윽고 사람들이 예수님을 잡아 대제사장 가야바에게로 끌고 갑니다. 다른 제자들은 다 도망갔고, 베드로만 "멀찍이" 예수님을 따라가 대제사장 집 뜰에 하인들과 함께 앉아 있었습니다.

대제사장과 온 공회가 예수님을 죽이려고 거짓 증거를 찾으며 간교한 계교를 꾸밉니다. 그러던 중 대제사장이 침묵하시는 예수님에게 다그칩니다.

"네가 하나님의 아들 그리스도인지 우리에게 말하라."

자신을 죽일 명분을 찾기 위한 질문임을 아셨던 예수님은 담담히 말씀하시지요.

"네가 말하였느니라. 그러나 내가 너희에게 이르노니 이후에 인자가 권능의 우편에 앉아 있는 것과 하늘 구름을 타고 오는 것을 너희가 보리라."

그러자 대제사장 가야바가 기다렸다는 듯이 외칩니다.

"그가 신성모독 하는 말을 하였으니 어찌 더 증인을 요구하리요."

이에 사람들이 예수님의 얼굴에 침을 뱉으며 주먹으로 치고 어떤 사람은 손바닥으로 때리며 그분을 능욕했습니다.

이때 그 유명한 베드로의 배반이 시작됩니다. 이 이야기는 사복음서에 다 언급될 만큼 의미가 큽니다. 그 전말(顚末)은 마가복음 14장 43-72절에 자세히 나옵니다.

당시 분위기는 매우 험악했습니다. 실제로 한 청년이 벗은 몸에 베 홑이불을 두르고 예수님을 따라가다가 무리에게 잡히자 홑이불을 버리고 벌거벗은 채로 도망칠 정도였지요.

이때 베드로는 예수님을 멀찍이 따라가 대제사장의 집 뜰 안까지 들어가서 아랫사람들과 함께 불을 쪼이고 있었습니다. 멀찍이 따라갔다는 구절이 그의 심정을 기가 막힐 정도로 실감 나게 표현합니다.

베드로는 앞서 "모두 주를 버릴지라도 나는 결코 버리지 않겠나이다"라고 두 번이나 호언장담했으니, 다른 제자들처럼 도망갈 수는 없고, 그렇다고 자기가 예수님의 제자인 걸 밝힐 만큼 용감하지도 못했습니다.

심리학에서는 이런 이중적 행동의 기저에 '반동형성'이라는 방어기제가 있다고 설명합니다. 이는 '받아들일 수 없는 충동이나 욕구를 인식했을 때 생기는 불안을 직면하지 않기 위해서 불안을 일으키는 욕망과 반대되는 의식적 태도나 행동을 강박적이고 과장되게 하는 것'을 의미합니다. '강박적'이라는 건 유사한 상황에서 같은 행동을 되풀이한다는 뜻입니다.

베드로가 겉으로는 강한 것처럼 보이지만 실상 겁이 많은 성격이라는 단서가 성경 여러 곳에 있습니다. 마태복음 14장에 대표적인 예가 나옵니다.

예수님이 물 위로 걸어오시는 것을 보고 베드로가 "주여, 만일 주님이시거든 나를 명하사 물 위로 오라 하소서"(28절)라고 청합니다. 예수님이 "오라" 하시니 그가 배에서 내려 물 위를 걸어갑니다. 여기까지 보면, 그는 겁이 없고 담대한 사람입니다. 하지만 곧 바람을 보고 "무서워" 물에 빠져가자 "주여, 나를 구원하소서!"(30절)라며 소리를 지릅니다. 그러자 예수님이 즉시 손을 내밀어 붙잡아주시면서 "믿음이 작은 자여 왜 의심하였느냐"(31절)라고 나무라십니다. 이 대목을 보면 베드로는 믿음이 적고 겁 많은 사람인 게 분명합니다.

다시 마가복음 14장 '베드로의 배반' 이야기로 돌아가겠습니다. 베드로의 두려운 마음을 알아채지 못한 대제사장의 여종 하나가 와서 불 쬐고 있는 그를 주목하며 말했습니다.

"너도 나사렛 예수와 함께 있었도다."

그 말에 베드로는 "나는 네가 말하는 것이 무엇인지 알지도 못하고 깨닫지도 못하겠노라"라고 부인하며 앞뜰로 나갔지요. 여종이 베드로를 보고 다시 "이 사람은 그 도당이라"라고 말하자 그는 또 부인합니다. 잠시 후에 곁에 서 있던 사람들이 또다시 베드로에게 "너도 갈릴리 사람이니 참으로 그 도당이니라"라고 말하자, 그가 이번에는 저주까지 하며 맹세합니다.

"나는 너희가 말하는 이 사람을 알지 못하노라."

그러자 곧 닭이 두 번째로 울었습니다. 그 소리를 들은 베드로는 예수님이 하신 말씀이 떠올라 울었습니다. 마태복음에는 "밖에 나가서 심히 통곡하니라"(26:75)라고 기록되어 있지요.

예수님과 베드로의 죽음을 대하는 태도를 더욱 극명하게 대비시킨 것은 '여종'입니다. 베드로는 여종 앞에서 예수님을 두 번 부인했습니다. 만약 그에게 예수님과 한패냐고 질문한 사람이 무장한 군인이거나 우락부락한 남자였다면 조금 이해가 갑니다. 살벌한 분위기와 추궁하는 사람의 위협적인 용모에 겁을 먹고 얼떨결에 예수님을 부인했을 수 있으니까요. 하지만 그에게 물어본 여종은 겁먹을 만한 대상이 아니었습니다.

베드로는 예수님을 만나기 전까지 갈릴리 호수에서 고기를 낚던 어부였습니다. 그만큼 강인한 삶을 살며 죽을 고비도 여럿 넘겼을 그가 약한 여종의 추궁에 두 번이나 예수님을 모른다고 부인한 겁니다.

이와 대조적으로 예수님은 대제사장 앞에서 "이후에 인자가 권능의 우편에 앉아 있는 것과 하늘 구름을 타고 오는 것을 너희가 보리라"(마 26:64)라고 담담하게 말씀하셨습니다. 이 말을 한 대가로 십자가형을 받을 줄 알고 계신 상황에서 말이지요.

이것은 자신의 감정을 직면하고 진솔하게 표현하는 게 큰 힘이 됨을 보여주는 실례입니다. 예수님은 베드로가 그런 성격의 소유자라는 걸 알고 계셨습니다. 그래서 그가 "모두 주를 버릴지라도 나는 결코 버리지 않겠나이다"(마 26:33)라고 하는 말에 "내가 진실로 네게 이르노니 오늘 밤 닭 울기 전에 네가 세 번 나를 부인하리라"(마 26:34)라고 하시며 현실을 분명하게 직면시키셨지요. 물론 베드로는 받아들이지 않았습니다.

그는 예수님이 잡혀서 돌아가신다는 말씀을 듣고 몹시 슬펐습니다. 하지만 그런 상황을 직면하는 게 너무 두려웠지요. 그래서 겟세마네 동산에서 자신의 두려움을 회피한 채 슬퍼하다가 지쳐 잠이 듭니다. 이는 심리학적으로 '억압'이라는 방어기제입니다. 억압은 '고통스럽거나 위협적인 생각, 경험, 갈등, 감정 등을 무의식 속으로 밀어 넣어 의식하지 않는 것'입니다.

베드로는 두려움을 회피했기에 사람과 하나님께 도움을 청하지도 않습니다. 이것이 반동형성과 억압의 피해입니다. 도움을 청하지 않으니 도움도 없지요.

그는 닭이 두 번 울기 전에 예수님을 부인할 거라는 그분의 경고를 귀담아듣지 않았습니다. 자신이 그럴 리 없다고 여겼지요. 그러면서 자신의 진짜 속마음을 회피하고 억압했습니다. 물론 그 시간에 예수님은 자신의 두려움과 직면하셨지요.

우리는 속마음을 회피하지 말아야 해요. 진솔하게 느끼고, 직면해야 합니다. 혼자서 해결하지 못할 때는 하나님께 솔직하게 기도하고 이웃에게 도움을 청해야 합니다. 이것이 상담입니다. 그러면 이웃과 하나님으로부터 힘을 얻습니다. 이것이 상담의 힘이고 효과입니다.

한 가지 더 중요하게 생각할 게 있습니다. 첫 번째 기도 후 하늘에서 천사가 내려와 예수님에게 힘을 주었습니다. 과연 어떻게 주었을까요? '힘'이 물건처럼 보자기에 싸서 줄 수 있는 게 아니잖아요. 물론 하나님의 사자인 천사가 나타났다는 사실만으로도 예수님은 힘을 얻으셨을 겁니다. 너무 힘들 때, 멀리

사는 친구가 예상치 않게 찾아와 옆에 있어주기만 해도 힘이 나는 것처럼요.

그런데 옆에 가만히 있어주는 것 외에 다른 방법은 없을까요. 있다면, 그것을 아는 게 매우 중요합니다. 특히 상담을 공부하는 사람에게는 더욱 중요하지요. 상담이란 결국 수고하고 무거운 짐을 진 사람에게 '힘'을 주어 문제를 해결하고 '쉼'을 얻도록 도와주는 활동입니다. 그러니 사람들에게 힘을 줄 수 있는 구체적인 방법을 아는 것이 매우 중요하지요.

여러분은 사랑하는 가족이 힘들어할 때 어떻게 힘을 주나요? 만약 힘든 이유가 재정이나 건강 문제면 돕는 방법이 분명합니다. 돈을 마련해 주거나 병원에 데려가면 문제 해결의 첫걸음을 뗄 수 있지요. 하지만 삶과 죽음의 문제거나 삶의 의미와 같은 실존적 문제라면 어떻게 도와줄 수 있을까요?

방법이 떠오르지 않는다면, 여러분이 그런 문제로 힘든 당사자라고 생각해 보세요. 옆에 있는 사람이 어떻게 도와주기를 바라나요? 곁에서 어떻게 하면 힘을 얻고, 현실을 직면할 수 있을까요?

앞서 예수님이 겟세마네 동산에서 하나님께 상담을 받으셨다고 말했습니다. 저는 상담자로서 하나님이 천사를 통해 예수님과 심정대화를 나누셨을 거로 생각합니다. 더 자세히 말하면, 하나님께서 '듣기'와 '말하기'를 하셨을 거예요. 먼저 예수님의 절절하고 진솔한 마음의 소리를 들으셨겠지요. 그리고 하나님의 말씀을 전하셨을 거예요.

"내 아들 예수야, 많이 힘들지? 내일 고통스럽게 죽을 것을 알고 네 마음이 얼마나 힘들겠니. 내가 다 안다. 네가 아무리 어려운 상황이라도 내가 항상 너와 함께 있다는 것을 잊지 마라. 네가 아프면 나도 아프단다. 우리 함께 이겨나가자."

이런 말씀을 하시지 않았을까요. 이 과정에서 예수님이 '힘'을 얻으셨을 겁니다.

우리는 우리의 힘든 마음을 이해해 주고, 위로해 주고, 함께 있어주시는 주님과 친밀한 관계를 맺으면 힘을 얻을 수 있습니다. '임마누엘'의 하나님께서 '우리와 항상 함께 계신다'라는 믿음이 필요한 이유지요.

진솔한 고백의 중요성

또 하나 중요한 점을 살펴보겠습니다. 앞서 겟세마네 동산에서 예수님의 첫 번째 기도는 "그러나"를 기준으로 나뉜다고 했습니다(막 14:36). '죽기 싫다'라는 앞부분과 '죽어도 좋다'라는 뒷부분으로요. 그렇다면 기도 이후 천사가 온 것은 앞부분에 대한 응답일까요, 뒷부분에 대한 응답일까요?

많은 교회가 뒷부분에 방점을 두고 "그러나"의 신앙을 본받자고 가르칩니다. 물론 우리는 내 뜻이 아닌 하나님의 뜻을 따라야 합니다. 이것은 진리의 말씀이지요. 하지만 아무리 애를 써도 그게 쉽지 않다는 게 문제입니다. 사람이 애쓰는 대로 결과가 나온다면 걱정이 없겠지요. 하지만 의지를 들여도 안 되는 일이 참 많아요. 이럴 때 하나님의 도움이 필요합니다.

열왕기상 19장에 나오는 엘리야 선지자의 모습에서 그 예를 찾을 수 있습니다. 엘리야는 악이 만연한 시대에 악한 아합 왕 앞에서 자신의 모든 것을 걸고 권력과 투쟁한 용맹한 사람이었어요. 그는 대적과 싸우면 반드시 악이 물러가고, 하나님의 공의가 살아나는 시대가 올 거라고 굳게 믿었지요. 갈멜산에서의 큰 승리는 이런 확신을 더욱 강하게 했습니다.

하지만 정세는 그의 예상과 반대로 흘러갔고, 그는 결국 죽을 처지에 몰리게 됩니다. 그러자 절망에 빠진 엘리야는 종일 혼자 광야로 들어가 로뎀나무 아래에서 하나님께 하소연합니다.

"이제 더 바랄 것이 없습니다. 내 생명을 거둬 가소서"(4절, 현대인의성경).

한마디로 죽여달라는 거였지요. 그러고서 잠이 들었는데, 천사가 와서 먹을 음식과 물을 주면서 그를 부드럽게 어루만지며 말했어요.

"일어나서 좀 더 먹어라. 네가 갈 길이 너무 멀다"(7절, 현대인의성경).

결국 엘리야는 힘을 얻어 40일 밤낮을 걸었고, 마침내 시내산에 도착해서 하나님을 만납니다. 그리고 하나님께서는 엘리야가 앞으로 할 일을 지시해 주셨지요.

예수님의 겟세마네 동산 기도와 엘리야의 로뎀나무 아래 기도에는 동일한 양식이 있습니다. 두 분 다 절망에 빠져 하나님께 절실한 기도를 드렸습니다. 자신들이 느끼는 두려움과 절망을 진술하게 표현하셨지요. 그러자 천사가 나타나 힘을 주었습니다. 엘리야에게는 더욱 현실적으로 먹을 음식과 물을 주면서 부드럽게 힘을 실어주었지요. 천사로부터 힘을 얻은 두 분은 용기를 내서 임무를 완수하고 결국 하나님의 뜻을 따랐습니다.

이제 자신의 감정을, 특히 괴롭고 절망하고 두려운 감정을 진술하게 드러내는 말하기가 얼마나 중요한지 이해되나요.

다시 예수님의 겟세마네 동산 기도로 돌아갈게요. 상담적으로 보면, 천사가 온 것은 당연히 '죽기 싫다'라는 기도 앞부분에 대한 응답입니다. 마땅히 해야 할 일이지만 두려워서 못 하겠다고 솔직하게 고백할 때, 천사가 와서 도와줍니다.

사실 뒷부분의 기도에는 도움이 필요하지 않습니다. 하나님의 뜻대로 하겠다는데 구태여 천사가 와서 도울 필요가 없지요. 더군다나 이 뒷부분의 기도가 전부였다면, 겟세마네 동산까지 가서 기도하지도 않으셨겠지요. "아버지, 드디어 내일 죽게 되었습니다. 마침내 제 임무를 완수할 수 있어서 기쁩니다. 고맙습니다!" 이런 기도를 땀이 핏방울같이 될 정도로 할 필요가 있었을까요? 그런 간절한 기도가 나오기는 했을까요?

하나님께 기도하면 천사가 와서 힘을 줍니다. '죽음이 두렵다'라고 솔직하게 기도하면, 하늘에서 천사가 내려와 우리를 도와줍니다. 그 결과 하나님의 뜻을 이룰 수 있지요. 사람은 기도를 통해 하늘의 힘을 얻어야만 비로소 하나님께서 부여하신 소명을 완수할 수 있습니다. 하나님께서 주신 '참 나'를 실현할 수 있지요. 그러기 위해 자신의 약함을 하나님께 진솔하게 고백하는 것이 먼저입니다. 하나님께 솔직하게 고백하면 천사가 와서 힘을 주고, 사람에게 솔직하게 고백하면 사람으로부터 도움이 옵니다.

한 광고에 삽입되어 유명해진 〈아빠, 힘내세요〉라는 노래는 사회 안팎에서 힘들고 지친 아빠들을 응원하는 대표 동요로 전 국민의 사랑을 받았습니다. 1997년에 부산의 한 초등학교 교사로 재직하던 한수성 씨가 작곡한 이 노래는 집까지 처분하고 녹음실을 장만했으나 건물주가 부도나면서 녹음실도 처분되고 반지하 단칸방으로 이사해야 했던 그의 경험이 녹아 있는 노래라고 합니다. 빚을 갚기 위해 쉬지 않고 일하다가 저녁에 귀가할 때, 자신과 비슷한 처지에 있는 가장들이 생각나서 만든 노래라고 해요.

1997년 11월, 한국에선 외환위기로 많은 기업이 부도를 냈고, 대규모 구조조정이 이루어지면서 실직자들이 양산됐습니다. 이런 암울한 상황에서 이 노래는 시기적절하게 전국으로 퍼져나가 우울과 불안에 휩싸인 많은 가장에게 큰 위로가 되었지요. 아빠를 위로하기 위해 재롱을 부리며 이 노래를 부르는 자녀를 바라보면서 아빠들은 큰 힘을 얻지 않았을까요. 어린 자녀의 노래가 천사의 노래로 들리지 않았을까요. 다시 힘을 내고 집을 나서지 않았을까요. '힘'은 이렇게 찾아오는 겁니다.

'하나님의 상담'과 '사람의 상담'에는 공통점과 차이점이 있습니다. 공통점은, 둘 다 상담을 통해 도움을 받기 위해서는 자신의 감정을 진솔하게 표현해야 한다는 겁니다. 그럴수록 더 큰 도움을 받을 수 있지요. 그 도움은 외부에서 올 수도 있고, 자신의 내면에서 올 수도 있습니다.

그다음 차이점, 도움 받을 수 있는 영역이 서로 다르다는 거예요. 예수님은 제자들에게 "내 마음이 매우 고민하여 죽게 되었으니 너희는 여기 머물러 나와 함께 깨어 있으라"(마 26:38)라고 부탁하셨습니다. "내 괴로움에 공감하고 같이 있어 달라"는 거였지요.

하지만 하나님께 드리는 기도는 내용이 전혀 다릅니다. 그 핵심은 '삶'과 '죽음'의 문제지요. 이 주제는 유일하게 하나님만 해결해 주실 수 있습니다. 물론 사람에게 "살려달라"라고 애걸복걸 매달릴 수는 있지만, 그건 죽을 만큼 힘든 자신의 문제를 해결해 달라는 과장된 표현일 뿐 실질적인 삶과 죽음의 문제를 호소하는 게 아닙니다.

겟세마네 동산에서 예수님이 보이신 모습을 통해 하나님과 사람에게 상담받는 게 둘 다 필요함을 알 수 있습니다. 많은 신실한 기독교인이 하나님께 간구하면 고민이 다 해결될 거로 생각합니다. 그래서 심리 상담을 경원시하기도 하지요.

만일 하나님께 상담받는 것으로 충분하다면, 왜 예수님은 사람인 제자들에게 같이 깨어 있어 달라고 부탁하셨을까요? 잠시 후에 자신을 배반할 것을 다 아시면서도 베드로에게 부탁하신 이유가 무엇일까요?

베드로는 실질적인 도움을 주지도 못했고, 오히려 배신하기까지 했습니다. 하지만 예수님은 인간 베드로에게 진솔한 심정을 표현하신 것만으로도 힘을 얻으실 수 있었습니다. 그 힘을 통해 하나님께 솔직한 기도를 드릴 용기와 지혜를 얻으셨지요. 사람에게 진솔하지 못하면 하나님께도 진솔하기 어렵습니다. 상담하는 내용이 다를 뿐, 두 방식은 동일하니까요.

상담자의
자세

온유와 겸손

이번 장에서는 '바람직한 상담자의 자세'를 예수님에게서 배워보겠습니다. 상담법을 숙달하는 것도 중요하지만, 상담자의 자세 역시 매우 중요합니다. 어떤 면에서는 가장 중요하다고 할 수 있지요.

상담자의 자세에 따라 내담자의 신뢰를 얻기도 하고, 잃기도 합니다. 또 내담자가 상담자를 믿어야만 자신의 속마음을 숨김없이 드러낼 수 있지요. 그래서 오고 가는 대화의 내용도 중요하지만, 상담자의 자세나 태도와 같은 비언어적 요인도 의사소통에 중요합니다.

현재 상담심리학에는 다양한 상담 이론이 있고, 이론에 따라 주로 사용하는 기법도 다양합니다. 그리고 이론마다 자신의 기법이 제일 효과적이라고 외치고 있습니다.

물론 다 나름의 효과가 있는 건 사실입니다. 하지만 연구 결과, 상담자가 사용하는 개별적 이론이나 기법보다는 상담자의 성품과 자질이 더 중요하다고 합니다. 즉 상담자의 성품이나 자질이 좋으면 어떤 기법을 사용하든 효과가 크다는 거지요. 그래서 요즘 상담자 교육에서는 상담자의 성품이나 자질을 중시하고 향상하기 위해 노력합니다.

성경은 예수님을 통해 상담자의 성품에 관해 분명하게 말씀합니다.

> 나는 마음이 **온유**하고 **겸손**하니 나의 멍에를 메고 내게 배우라 그리하면 너희 마음이 쉼을 얻으리니 이는 내 멍에는 쉽고 내 짐은 가벼움이라 마 11:29,30

예수님은 놀라운 상담자십니다. 그분은 "온유"하고 "겸손"하시지요. 그러므로 상담자로서 제일 중요한 성품은 '온유'와 '겸손'이라고 가르쳐주십니다.

온유는 한자로 '따뜻할 온'(溫)과 '부드러울 유'(柔)로 '따뜻하고 부드럽다'라는 의미입니다. 뜻을 생각만 해도 벌써 마음이 풀어지고 따뜻해지네요. 위 구절에서 '온유하다'로 번역된 헬라어 '프라우스'(πραΰς)의 본뜻은 '마음대로 날뛰는 야생마가 길드는 것'이라고 합니다. 겉으로는 얌전하고 말을 잘 듣지만, 본성은 야성이 강함을 의미하지요.

이는 '유순'(柔順)한 것과 다릅니다. 내면이 약해서 남에게 복종하는 것은 온유한 게 아니라 유순한 거지요. 만일 상담자가 유순하여 내담자에게 휘둘린다면 그 상담은 효과를 보기가 어렵습니다. 상담자는 내담자에게 따듯하고 부드러워야 하지만, 속으로는 자기 자리를 굳게 지킬 강함이 있어야 하지요.

겸손은 한자로 '겸손할 겸'(謙)과 '겸손할 손'(遜)으로 '겸'에는 '공손하다, 감하다'라는 뜻이 있고, '손'에는 '몸을 낮추다, 양보하다, 순종하다'라는 뜻이 있습니다. 따라서 겸손은 '몸을 낮추고 공손하다'라는 말입니다. 몸을 낮춘다는 건 원래는 몸이 높다는 의미를 내포합니다. 높지 않으면 낮출 수 없으니까요. 원래 모습에서 '감해서' 낮아지는 걸 의미합니다.

몸이 높고 내세울 게 많은 사람이 낮아지지 않으면 오만한 겁니다. 건방지고 거만한 거지요. 반대로 원래 내세울 것이 없어 양보하고 순종하는 사람은 겸손한 게 아니라 자기 분수를 아는 것이지요.

위 구절에서 '겸손하다'로 번역된 헬라어 '타페이노스'(ταπεινός)는 '바닥에서 멀지 않다'라는 뜻입니다. 바닥에 닿을 만큼 자신을 낮춘다는 뜻이지요. 얼마나 겸손한지는 얼마나 높은 데서 낮추는지에 달려 있습니다. 더 높은 곳에서 낮출수록 더 겸손해지는 거니까요.

그런 의미에서 하나님이신 예수님이 자신을 땅바닥에 닿을 만큼 낮추셨다는 건, 인간으로서는 도저히 행할 수 없는 겸손의 극치를 보여주신 거라고 할 수 있습니다.

겸손의 진가는 상대와의 관계에서 나타납니다. 상대가 자신보다 훌륭할 때 몸을 낮추는 건 겸손이 아니지요. 진정한 겸손은 상대가 자신보다 훌륭하지 않을 때 나타납니다.

예를 들면, 제자가 스승 앞에서 몸을 낮추는 건 겸손한 게 아니라 예의를 갖추는 거지요. 제자가 스승 앞에서 분수를 모르고 잘났다고 까불면 겸손하지 않은 게 아니라, 버릇이 없고 예의를 모르는 겁니다. 반대로 스승이 제자를 칭찬하면서 자신도 모르는 게 많다고 말하면, 그건 예의 바른 게 아니라 겸손한 겁니다.

이처럼 겸손은 자신을 낮추는 데서 그치지 않고 상대를 높이고 인정하는 것까지 포함합니다. 예수님이 자신을 겸손하다고 말씀하시는 건, 그만큼 우리를 높이고 인정하신다는 의미지요.

예수님이 자신의 성품이 온유하고 겸손하다고 말씀하시는 진정한 이유는, 우리가 수고하고 무거운 짐을 지고 괴로워하는 이유를 생각하면 분명해집니다.

앞서 살펴보았듯이 예수님은 우리가 율법학자들이 부과한 계명 때문에 괴로워한다고 말씀하십니다(마 11:28 독어 성경). 이는 예수님이 계명 자체를 무시하신 게 아닙니다. 그런 오해가 있을 것을 염려하신 듯 "내가 율법이나 예언자들의 말을 폐하러 온 줄로 생각하지 말아라. 폐하러 온 것이 아니라, 완성하러 왔다"(마 5:17 새번역)라고 분명히 말씀하셨지요. 더 나아가 군중과 제자들에게 이렇게까지 말씀하셨습니다.

> 율법학자들과 바리새파 사람들은 모세의 율법을 가르치는 사람들이다. 그러므로 너희는 그들이 말하는 것이 무엇이든지 따르고 지켜야 한다. 마 23:2,3 현대인의성경

예수님은 다만 율법의 정신보다 문자에 얽매여 있는 강박적 '율법주의'를 비판하신 겁니다. 그분은 율법을 완성하시기 위해 새 계명을 주시며 확실하게 결론지어 주셨습니다.

'네 마음을 다하고 정성을 다하고 뜻을 다하여 주 너의 하나님을 사랑하라.' 이것이 제일 중요한 계명이다. 그다음은 '네 이웃을 네 몸과 같이 사랑하라'는 계명이다. 모든 율법과 예언자들의 가르침은 이 두 계명에서 나온 것이다. 마 22:37-40 현대인의성경

요약하면, '하나님과 이웃을 사랑하는 것'이 가장 근본적인 계명이라는 겁니다. 이 계명이 모든 율법과 예언자들의 가르침의 핵심이고 정신이어야 하지요. 결국 구약에 나오는 공식적인 계명이나 구전되는 계명의 본질은 '하나님과 이웃 사랑'입니다. 그리고 예수님은 죽음을 앞두고 제자들과 최후의 만찬을 하시면서 유언처럼 다시 한번 새 계명에 대해 말씀하십니다.

새 계명을 너희에게 주노니 서로 사랑하라 내가 너희를 사랑한 것 같이 너희도 서로 사랑하라 너희가 서로 사랑하면 이로써 모든 사람이 너희가 내 제자인 줄 알리라 요 13:34,35

예수님의 제자가 되는 유일한 길은 "서로 사랑"하는 거라고 하세요. 결국 모든 계명의 핵심은 '사랑'입니다. 사도 바울의 가르침처럼 "사람의 방언과 천사의 말을 할지라도 사랑이 없으면

소리 나는 구리와 울리는 꽹과리"에 지나지 않지요(고전 13:1).

하지만 예수님이 주신 새 계명이 실행하기 쉬울까요? 그래서 마음이 쉼을 얻을 수 있을까요? 사실 '하나님과 이웃 사랑'이 간단해 보이지만, 율법학자들이 부과한 계명보다 실천하기 더 어렵습니다. 매일 삶에서 실제로 느끼잖아요.

성경에서도 계명을 다 실천하고 있다고 자신만만했던 부자 관원이 근심하고 돌아간 걸 보면 알 수 있어요. 그가 비록 계명은 다 지켰을지언정 제일 핵심인 '이웃 사랑'은 하지 못했습니다. 우리 중 과연 몇이나 자신의 전 재산을 기꺼이 가난한 사람에게 주고 즐겁게 예수님을 따를 수 있을까요. 근심하고 돌아가는 것이 어디 그 부자 관원뿐일까요.

그렇다면 예수님 앞에서 어떻게 쉴 수 있을까요? 우리의 마음이 그분 앞에서 쉴 수 있는 것은, 계명 준수가 쉬운지 어려운지에 달린 게 아니라, 우리를 대하시는 예수님의 성품과 태도 때문이 아닐까요.

예수님은 우리의 율법 준수 여부와 관계없이 우리를 사랑하십니다. 우리를 온유하고 겸손하게 대해주시지요. 그래서 예수님의 멍에가 쉽고 가볍다고 하신 것 아닐까요.

요한복음 8장에 나오는, 간음하다가 현장에서 잡혀 온 여인을 대하시는 예수님의 모습에서 그 예를 찾아볼 수 있습니다. 율법학자와 바리새인들이 예수님을 시험하기 위해 간음하다 현장에서 잡힌 여인을 끌고 왔습니다. 그러자 예수님은 "너희

중에 죄 없는 자가 먼저 돌로 치라"(7절)라고 말씀하셨어요. 기세등등하던 사람들이 이 말씀을 듣고 다 떠나자, 예수님은 여인에게 "너를 고발하던 그들이 어디 있느냐 너를 정죄한 자가 없느냐"(10절)라고 물으십니다. 그 여인이 없다고 대답하자, "나도 너를 정죄하지 아니하노니 가서 다시는 죄를 범하지 말라"(11절)라고 타이르시지요.

예수님이 '간음이 죄가 아니다'라고 말씀하신 게 아닙니다. 오히려 "다시는 죄를 범하지 말라"라고 하시며 죄임을 분명히 밝히세요. 다만 '너를 정죄하지 않는다'라고 말씀하십니다. 죗값을 묻지 않으시겠다는 겁니다.

이제 예수님의 멍에가 쉽고 가볍다는 것과 예수님에게 가면 쉴 수 있는 이유를 이해하겠지요? 그분이 온유하고 겸손하시기 때문입니다.

예수님은 '사랑'이십니다. 그분은 우리의 어떠함과 상관없이 우리를 사랑하십니다. 사랑은 현실에서 다양한 형태로 나타납니다. 자녀를 사랑하는 부모의 행동도 상황에 따라 때로는 칭찬으로, 때로는 꾸중으로 나타나지요.

놀라운 상담자이신 예수님의 사랑은, 상담해 주실 때 내담자인 우리에게 '온유함'과 '겸손함'으로 드러납니다.

허용과 신뢰

지금부터는 상담심리학에서 설명하는 상담자의 자세를 살펴보겠습니다. 현대 상담심리학의 초석을 닦았다고 추앙받는 칼 로저스(Carl Rogers)는 '내담자 중심 상담' 혹은 '비지시적 상담'이라는 이론과 상담 기법을 창시했습니다.

앞서 설명한 '상담'과 '자문'의 차이를 분명히 했으며, 상담은 상담자가 아니라 내담자가 주도적으로 이끌고 가야 한다고 주장했지요. 그래서 그의 이론을 '내담자 중심' 혹은 '비지시적'이라고 부릅니다. 최근에는 각 사람의 잠재력을 최대한 실현하도록 하는 게 중요하다는 점을 강조하여 '인간 중심'이라고 부르지요.

그의 명저 《Counseling and Psychotherapy》는 1942년에 출간되었습니다(우리말로는 1959년에 제 부친께서 번역하여 《칼 로저스의 카운슬링의 이론과 실제》로 출간되었습니다). 이 책에서 그는 '효과적인 상담'에 대해 다음과 같이 정의합니다.

효과적인 상담은 내담자가 자신이 선택한 새로운 방향으로 적극적으로 행동할 수 있도록 자기 자신을 이해할 수 있게 해주는 명확하게 구조화된 허용적 관계이다.

이 정의는 크게 세 부분으로 되어 있습니다.

첫째는 "내담자가 자신이 선택한 새로운 방향으로 적극적으로 행동할 수 있도록"입니다. 이는 '상담의 목표'입니다. 여기서 중요한 점은 내담자 '스스로' 선택해야 한다는 겁니다. 역으로 말하면, 지금까지 내담자는 자신이 선택한 방향이 아니라 타인이 선택해 준 방향으로 행동해 왔음을 암시하지요.

둘째는 "자신을 이해할 수 있게 해주는"입니다. 이는 '상담으로 얻는 성과'입니다. 상담은 자신을 정확히 알게 해주는 활동입니다. 이 말을 뒤집어 보면, 우리는 자신을 정확히 모른다는 겁니다. 현재의 자기관은 중요한 타자들의 기준과 평가로 형성된 내용이라는 거지요.

그래서 현재의 '나'는 '미운 오리 새끼'에 불과한 경우가 많습니다. '참 나'는 '백조'인데 말이지요. 이렇게 자신을 정확히 이해하는 것을 '통찰'이라고 부릅니다.

셋째는 "명확하게 구조화된 허용적 관계"입니다. 이는 실제로 '상담이 어떻게 이루어지는지'를 알려줍니다. 상담은 상담자와 내담자가 허용적 관계를 맺는 겁니다. '허용적'이란 상담중에 내담자가 어떤 생각이나 감정도 자유롭게 표현할 수 있다는 거지요. 이렇게 되기 위해 상담자는 내담자가 이야기한 내용에 대해 평가나 비난을 일절 하지 말아야 합니다.

그래야 내담자가 두려움 없이 무슨 내용이든 표현할 수 있으니까요. 자신을 솔직히 표현하는 과정에서 내담자는 지금까지 의식하지 못했던 참모습을 찾아갑니다. 일반적으로 '상담을 받는다'라는 건 이 부분을 말합니다.

상담자가 내담자와 구조화된 허용적 관계를 맺으면, 내담자는 자신을 이해할 수 있고, 스스로 선택한 방향으로 행동하게 됩니다. 또한 자신에 대해 통찰할 수 있습니다. 통찰의 한 자는 '꿰뚫을 통'(洞)에 '살필 찰'(察)로, 심리학적으로는 지금까지 알지 못했던 속마음을 '꿰뚫어 살핀다'라는 의미입니다. 영어로는 'insight'로 '안을(in) 보는 것(sight)'이지요. 여기서 '안'은 지금까지 의식하지 못했던 속마음입니다. 지금까지 자신이 모르던 '무의식을 의식'하는 거지요.

따라서 통찰은 상담자가 유도하거나 지시해서 이루어지는 게 아닙니다. 내담자 스스로 통찰을 얻어 '참 나'를 실현하는 행동을 하게 되는 거지요. 로저스의 '내담자 중심 상담'에서 상담자의 역할은 내담자와 허용적 관계를 맺는 것뿐입니다. 그러면 통찰과 자기 실현은 내담자 스스로 할 수 있습니다.

상담이 성공하기 위해서는 상담자의 자세가 중요합니다. 무엇보다 상담자는 내담자가 어떤 이야기든 할 수 있도록 편안한 분위기를 만들어 허용적 관계를 맺어야 하지요. 그러기 위해 최소한 두 가지를 보장해야 해요.

하나는 '허용'입니다. 내담자가 상담 시간에 사회에서는 불미스럽거나 비윤리적으로 간주할 수 있는 어떤 일이라도 처벌과 비난의 두려움 없이 표현할 수 있어야 합니다.

또 하나는 '신뢰'입니다. 상담 중에 이야기한 내용은 외부로 알려지지 않는다는 믿음이 내담자에게 있어야 해요. 이것을 상담에서는 '비밀 유지'라고 합니다. 상담자의 윤리 중 제일 중요한 거지요. 이 두 가지가 확실하게 보장되면 내담자는 마음 놓고 이야기할 수 있습니다.

그래서 상담 분야에서는 상담자의 자질을 중요하게 여기고, 훈련의 중심에 두기도 합니다.

이와 별도로, 로저스는 유능한 상담자가 갖추어야 할 세 가지 자세에 주목했습니다.

첫 번째 자세는 '무조건적 긍정적 존중'입니다. '무조건적'이라는 것은 존중하기 위한 조건 자체가 없다는 뜻입니다. 예수님의 표현에 따르면 '온유'하고 '겸손'하다는 거지요. 율법을 지켰는지 여부와 관계없이 존재 자체로 무조건 인정하고, 용서하고, 사랑한다는 의미입니다. 이 자세는 하나님이 모든 사람을 무조건적으로 사랑하시는 모습과 유사합니다.

그러기 위해 상담자는 내담자가 이야기한 내용이 아니라 마음, 즉 감정에 관심을 두고 반응해야 합니다. 이것이 심정대화의 '듣기'가 중요한 이유입니다. 상담자가 내담자의 마음의 소리를 듣기만 하면, 내담자는 자신의 속마음을 찾아가는 과정에서 얽힌 실타래를 풀 실마리를 스스로 찾아갈 수 있습니다.

또한 상담자는 자신의 가치 기준에 따라 내담자를 판단하거나 비난하지 말아야 합니다. 감정은 판단이나 비난의 대상이 아니기 때문이지요.

일반적으로 누구를 '존중'한다는 건 그 대상을 '높이어 귀중하게 여긴다'라는 의미입니다. 존중에는 상대를 '우러러본다'라는 의미가 짙습니다. 존중의 반대어가 '무시'인 것을 보면 쉽게 이해가 가지요. 하지만 원래 존중의 의미는 '있는 그대로 보다'입니다. 부모를 존중한다는 말은 부모를 대단한 분으로 여기고 받든다는 뜻이 아닙니다. 만일 그렇다면 대단한 업적을 내거나 사회적으로 출세하지 못한 평범한 부모를 존중하기는 어렵겠지요. 부모를 '있는 모습 그대로' 바라보며 긍정적으로 인정하는 것이 존중입니다.

그래서 우리는 자녀나 아랫사람도 존중할 수 있고, 또 존중해야 합니다. 턱없이 귀하게 여기거나 업신여기는 게 아니라 그대로의 모습을 인정해야 하지요.

예수님이 말씀을 전하실 때 많은 무리가 따랐습니다. 그중에는 어린아이들도 있었지요. 예수님의 축복을 바라고 자녀를 데려온 부모들이 있었기 때문입니다.

제자들이 그들을 꾸짖자 예수님이 화를 내시면서 "어린아이들이 나에게 오는 것을 막지 말아라"(막 10:14 현대인의성경)라고 말씀하십니다. 메시지성경에는 "이 아이들을 쫓아내지 마라. 절대로 아이들과 나 사이에 끼어서 방해하지 마라"라고 쓰여 있습니다. 예수님은 어린아이를 존중하셨지요.

"내가 분명히 말해 둔다. 누구든지 하나님의 나라를 어린아이와 같이 받아들이지 않는 사람은 그 나라에 절대로 들어가지 못할 것이다." 그리고서 예수님은 어린아이들을 안고 머리 위에 손을 얹어 축복해 주셨다. 막 10:15,16 현대인의성경

상담자가 갖추어야 할 두 번째 중요한 자세는 '일치성' 혹은 '진실성'입니다. 일치는 같거나 들어맞는 것을 의미합니다. 무엇과 무엇이 일치해야 할까요? 바로 마음속으로 느끼는 감정과 겉으로 드러내는 표현이 일치해야 한다는 겁니다(이 주제는 심정대화의 '말하기'를 설명하면서 자세히 밝혔습니다).

상담자는 내담자와 상담하는 중 다양한 감정을 느낍니다. 그럴 때 그 감정을 진솔하게 표현해야 합니다. 속으로는 화가 나는데 겉으로는 온화한 얼굴을 하면 안 돼요. 화가 났다고 분명하게 밝혀야 합니다.

이는 예수님이 사마리아 여인에게 알려주셨듯이, 하나님과 진실된 마음으로 관계 맺어야 한다는 가르침과 유사합니다. 예수님은 진실하게 사는 것이 어떤 건지를 몸소 잘 보여주셨습니다. 그분은 화가 나면 화내셨고, 슬프면 우셨습니다. 물론 어린아이들을 보면 예뻐하시면서 머리에 손을 얹어 축복해 주셨지요.

상담자가 갖추어야 할 세 번째 중요한 자세는 '공감적 이해'입니다. 공감(共感)은 상담 분야에서 많이 언급하는 단어입니다. 그만큼 중요하지만, 그만큼 어렵지요. 공감의 한자는 '함께 공'(共)과 '느낄 감'(感)으로 '함께 느끼는 것'입니다. 상담자가 내담자와 함께 느끼는 것은 매우 중요하지요.

공감은 쉬울 것 같지만, 정말 어렵습니다. 사람은 자신에게 초점을 맞추어 생활하기에 자신의 판단과 감정을 배제한 채 전적으로 상대에게 집중하기란 생각보다 어렵습니다. 특히 상대의 감정을 느끼는 건 더 어렵지요. 왜냐하면 남의 감정은커녕 자신이 어떤 감정을 느끼는지 모를 때도 비일비재하기 때문이에요. 이해(理解)는 주로 "사리를 분별하여 해석함"이라는 뜻으로 사용되지만, "남의 사정을 잘 헤아려 너그러이 받아들임"을 의미하기도 합니다. 예를 들면, "내 상황을 이해해 줘"라고 말하는 경우에 그렇지요.

다른 사람을 잘 이해하려면, 다른 사람의 입장이 되어보는 게 중요합니다. 영어로는 'understand'인데, 이 단어는 '아래'를 뜻하는 'under'와 '서다'를 뜻하는 'stand'의 합성어로 '~밑에 서다'라는 의미입니다. 즉 상대를 이해하려면 상대의 밑에 서서 같이 느껴야 한다는 거지요. 나의 관점에서 상대를 바라보면 공감하기 어렵습니다. 한자어 '역지사지'(易地思之), '처지를 바꾸어 생각해 본다'가 정확히 같은 뜻입니다.

이는 예수님이 우리를 이해하고 우리와 동행하신다는 교회의 가르침과 유사합니다. 예수님이 뛰어난 공감적 이해 능력을 갖추고 계신다는 것은 복음서 여러 곳에 나와 있습니다. 대표적인 예가 죽은 나사로의 누이 마리아와 마르다와 함께하신 사건이지요.

나사로가 죽자 많은 유대인이 와서 자매를 위로했습니다. 예수님은 마리아와 유대인들이 우는 것을 보시고 마음이 비통하여 괴로워하셨어요. 그리고 죽은 나사로를 보시며 그들과 함께 눈물을 흘리셨습니다(요 11:19-35). 놀라운 상담자이신 예수님은 대단한 공감적 이해 능력을 갖추고 계셨지요.

기독교적 인간관과 심리학적 인간관

복음서에 등장하는 예수님의 상담과 현대 심리학의 상담은 그 목표와 과정 등이 상당 부분 일치합니다. 물론 기독교적 세계관과 인간관은 심리학적 세계관과 인간관과 핵심적인 면에서 차이가 있습니다.

간단히 말하면, 기독교적 인간관은 하나님으로부터 인간을 설명하는 '하향식'(top-down)입니다. 즉 하나님의 존재에 대한 믿음을 바탕으로 인간의 삶을 설명하는 방식이지요. 이와 대조적으로 심리학적 인간관은 경험적 검증을 통한 학문의 세계, 즉 인간으로부터 하나님을 이해하려는 '상향식'(bottom-up)입니다.

그러나 하향식이든 상향식이든 '지금 여기서' 현실적으로 살아가는 '인간의 삶에 대한 관심'이라는 면에서 두 인간관이 만납니다. 이 만남은 하나님이면서 동시에 인간이신 놀라운 상담자, 예수님이 계시기에 가능합니다. 그래서 인간은 예수님을 통해서만 하나님께서 원하시는 삶을 살아갈 수 있고, 예수님을 통해서만 완전한 인간적 삶이 어떤 건지를 이해할 수 있습니다.

물론 예수님은 하나님이시기에 인간의 모든 고통을 덜어주시는 '완벽한' 상담을 해주십니다. 그러나 유한한 인간이 해주는 상담은 당연히 한계가 있습니다. 인간에게는 학문의 세계와는 다른 믿음의 세계도 필요하기 때문입니다. 하지만 현실에서 수고하고 무거운 짐을 지고 살아가는 인간의 고통을 덜어주고 잠재력을 실현시키려는 목표와 방법은 예수님의 상담과 인간의 상담에서 거의 동일합니다.

기독교적 인간관과 심리학적 인간관의 유사점은 조금 깊이 생각하면 당연할 수도 있습니다. 서구문화에서 유대교와 기독교의 영향력은 지대합니다. 특히 믿음과 감정을 다루는 영역에서는 더욱 그렇지요. 따라서 심리학, 특히 상담심리학이 기독교의 근간인 성경에 크게 영향을 받은 건 놀라운 일이 아닙니다.

더군다나 현대 상담심리학의 초석을 닦은 칼 로저스는 목사가 되려고 뉴욕의 유니언신학대학원(Union Theological Seminary)에 다니다가 심리학을 공부하기 위해 문자 그대로 길 건너에 있는 컬럼비아대학교(Columbia Univ.)로 전학했습니다. 그래서 신학과 심리학의 접근법과 두 분야에서 사용하는 용어는 다르지만, 실제적으로는 많은 부분이 일치함을 발견할 수 있지요.

칼 로저스가 상담의 이론과 방법을 통해 신학과 심리학의 조화를 이루려고 했다면, 예수님이 '상담자'시라는 점에서 공통분모를 찾을 수 있을 겁니다. 왜냐하면 예수님은 하나님이신 동시에 인간이시기 때문이지요. 인간 예수님은 모든 사람을 차별하지 않고 무조건 사랑하신 분, 자신의 생명을 내어주면서까지 무한히 사랑하신 분입니다. 그분의 사랑은 놀라운 상담자의 모습으로 잘 드러나지요.

사족이지만, 유명한 상담자 중에는 신학을 공부한 사람이 여럿 있습니다. 실존주의 상담을 주창한 롤로 메이(Rollo May)는 로저스와 마찬가지로 유니언신학대학원을 졸업하고 목사 안수까지 받은 다음, 컬럼비아대학교에서 상담을 공부했습니다. 부부상담 분야에서 이마고(Imago) 치료를 주창하는 하빌 헨드릭스(Harville Hendrix)는 시카고대학교(Chicago Univ.)에서 상담을 공부해서 석사를, 신학을 공부해서 박사학위를 받았습니다. 의미치료(Logo therapy)를 주창한 빅터 프랭클(Viktor Frankl)은 유대교 회당에서 철야기도를 할 정도로 독실한 유대교인이었습니다. 정신분석 분야에서 프로이트(Sigmund Freud)와 쌍벽을 이루는 융(Carl Jung)은 아버지가 스위스 개혁교회 소속의 목사였지요.

이렇게 신학과 심리학을 겸비한 사람들이 상담 분야에 많다는 게 단순한 우연일까요!

가정과 교회는
상담소

심리적 거리 유지

저는 어렸을 때부터 교회에서 하나님께서 직접 만드신 조직이 둘 있다는 말을 자주 들었습니다. 하나가 '가정'이고, 또 하나가 '교회'입니다. 그래서 '교회와 같은 가정'이 좋은 가정이고, '가정과 같은 교회'가 바람직하다고 배웠지요.

가정과 교회가 이렇게 중요한 조직이라면, 당연히 하나님 보시기에 흡족해야겠지요. 먼저 하나님 보시기에 흡족한 가정의 참모습을 알아보겠습니다.

교회가 살기 위해서는 무엇보다 가정이 먼저 살아야 합니다. 각 가정이 모여 큰 가정인 교회를 이루니까요. 교회와 가정은 불가분의 관계입니다. 이 관계를 예수님이 잘 보여주고 계십니다. 앞서 살펴본 예수님과 삭개오의 만남을 돌아보지요. 예수님은 자발적으로 변한 삭개오에게 "오늘 구원이 이 집에 이르렀으니"(눅 19:9)라고 놀라운 말씀을 하십니다. 예수님은 삭개오뿐 아니라 "이 집"이 구원받았다고 말씀하세요.

삭개오의 가족 모두가 구원받았다는 겁니다. 영어 성경(NIV, KJV, NASB)에도 "this house"로 번역되어 있습니다. 독어 성경에는 "dein ganz Familie", 즉 '네 온 가족'으로 더 명확하게 번역되어 있지요. 삭개오 한 사람의 변화로 온 가족이 구원받았다는 말씀입니다. 그만큼 예수님도 가족을 중요하게 여기신다는 의미겠지요.

오늘날 한국의 가정들은 빠른 속도로 와해되고 있습니다. 부부 사이에 다양한 갈등이 있고, 이를 효과적으로 해결하지 못해 가슴 아픈 불화를 겪고 있어요. 결국은 결혼생활이 파국으로 끝나는 일도 허다합니다. 이는 당사자뿐 아니라 그 자녀에게도 심각한 상처를 주고, 사회적으로도 큰 손해를 끼치지요.

창세기 2장에 하나님의 유명한 주례사가 나옵니다.

남자가 **부모를 떠나** 그의 아내와 합하여 둘이 한 몸을 이룰지로다
창 2:24

분명히 "부모를 떠나"라고 하셨습니다. 그래야 "아내와 합하여 둘이 한 몸을 이룰" 수 있기 때문이지요. 여기서 '아내와 한 몸을 이루는 것'을 '부부가 한 몸을 이루는 것'으로 바꿔도 무방할 겁니다. 즉 부부가 모두 자기 부모를 떠나야 한다는 말씀이지요. '부모를 떠남'이 '부부가 한 몸이 됨'의 전제조건입니다. 반대로 부모를 떠나지 못하면, 결혼해도 부부가 한 몸

이 될 수 없다는 겁니다.

　사람은 살면서 두 가족을 경험합니다. 하나는 출생하여 부모 밑에서 자라며 겪는 '원가족'(原家族)이고, 또 하나는 성인이 되어 결혼과 함께 새롭게 형성하는 '형성가족'(形成家族)입니다. 원가족에서 경험한 것은 성격 및 대인관계 형성 등에 매우 강력한 영향을 미칩니다. 왜냐하면 개인이 성장하면서 부모의 습관과 가치관을 자신도 의식하지 못한 채 습득하기 때문이지요.

　이런 현상을 심리학에서는 '내재화'(內在化)라고 부릅니다. 이렇게 내재화된 습관과 가치관은 어른이 되어서 맺는 대인관계, 특히 부부관계를 맺는 방식에 큰 영향을 미칩니다. '자식은 부모의 거울'이라는 말도 같은 의미입니다. 자식은 부모를 내재화하기에 자식을 보면 그 부모를 알 수 있습니다.

　하나님께서 "부모를 떠나"라고 하신 말씀을 심리학적으로 설명하면 원가족으로부터 떠나라는 것입니다. 결혼으로 새로운 가족을 형성했으면 당연히 딴살림을 차려 원가족으로부터 분가해야 합니다. 즉 '분리'되어야 하지요. 이는 물리적 또는 지리적으로 떠나라는 뜻도 있지만, 심리적으로 떠나는 것이 더 중요합니다.

　우리 주위에는 비록 딴 집에 살지만, 심리적으로는 부모에게 얹혀사는 경우가 많습니다. 소위 '성인 아이'로 사는 사람들이지요. 그러나 새로운 가족을 형성한 진정한 성인이 되기 위해서는 부모로부터 심리적으로 독립해야 합니다. 물론 부모와 인연을 끊으라는 뜻은 결코 아닙니다.

배우자가 원가족으로부터 심리적으로 독립하지 못해 고통받는 이들이 의외로 많습니다. 최근에 상담한 한 여성 내담자는 남편이 원가족(시부모)을 늘 우선시해 아내와 자식들은 찬밥 신세라며 힘들어했습니다. 아직도 남편의 수입을 시어머니가 관리해서 매달 생활비를 시어머니에게 타서 쓰고 있으며, 시어머니는 며느리가 살림을 알뜰히 못 한다는 일장 훈수를 둔 다음에야 생활비를 준다고 했습니다.

그녀는 하소연하며 분노와 체념 섞인 한숨을 쉬었지요. 남편을 볼 때마다 얼마나 야속하고 외로울까요. 하지만 남편은 정작 자기 잘못을 모르고, 불평하는 아내를 탓한다고 합니다. 본인은 부모에게 '효도'하고 있다고 생각하면서 말이지요.

인류 첫 부부에게 "부모를 떠나"라고 하신 하나님의 말씀이 현대 부부상담에서 금과옥조로 여겨지는 핵심 주제가 되다니, 참 놀라운 일입니다. 부부상담에서는 불화를 겪는 부부의 침대에 6명이 누워 있다고 비유적으로 설명합니다. 남편과 아내의 원가족이 함께 누워 있다는 거지요.

이 말은 두 사람 모두 심리적으로 독립하지 못한 채 결혼했다는 겁니다. 양측 부모 4명은 현실적으로 존재하면서 사사건건 간섭하거나 혹은 부부의 마음속에 내재화된 상태로 존재하면서 영향력을 행사할 수도 있습니다.

6명이 서로 자신의 가치관이 옳다고 주장하니 어떻게 조화를 이루겠어요! 부부가 아무리 손잡고 화해해도, 영향력이 큰 4명이 실제로 또는 마음속에서 계속 갈등을 조장하고 있으니 화목을 이루기가 얼마나 힘들까요!

결혼한 후에는 무엇이든지 부부가 먼저 상의하고 해결하고 결정하면서 살아야 합니다. 조금 불경스럽게 들릴지 모르지만, 부모는 그다음입니다. 원가족과 적절한 심리적 거리를 유지해야 형성가족이 화목하게 지낼 수 있습니다.

모든 부모는 자녀가 행복하게 살기를 진정으로 바랍니다. 결혼한 자녀가 오순도순 화목하게 살기를 바라지요. 그렇다면 부모의 바람을 이루어드리는 게 진정 부모를 공경하는 것 아닐까요. 하지만 그것이 쉽지 않습니다. 얼마나 어려운지에 대해 성경만큼 잘 알려주는 교과서가 없습니다. 도발적으로 들릴 수 있지만, 그 이유를 한번 살펴보지요.

창세기를 보면, 하나님께서 천지를 창조하시고 항상 보시기에 좋았습니다. 성경에 처음 나타나는 하나님의 감정은 '좋다'(good)입니다. 그리고 여섯째 날, 마지막으로 사람을 창조하시고는 '심히 좋다'(very good)라고 하십니다.

그러면 하나님께서 처음 '좋지 않게' 느끼신 건 무엇일까요? 창세기 2장을 보면, 하나님께서 남자와 여자를 동시에 창조하신 게 아니었어요. 먼저 남자인 아담을 창조하셨는데, 그가 "혼자 사는 것이" 좋지 않으셨습니다(18절). 처음으로 좋지 않게 느끼신 게 사람이 홀로 있는 거였지요. 그래서 아담을 깊이 잠들게 하신 후, 그의 갈빗대 하나를 취해 하와를 만드셨습니다.

아담은 하와를 보고 말 그대로 첫눈에 반했습니다. 그래서 인류 최초의 뜨거운 사랑 고백을 하지요.

"이는 내 뼈 중의 뼈요 살 중의 살이라"(23절).

현대인의성경과 공동번역에서는 "아담이 이렇게 외쳤다"라고 더욱 실감 나게 표현했습니다. 그리고 창세기 2장은 "아담과 그의 아내 두 사람이 벌거벗었으나 부끄러워하지 아니하니라"(25절)로 끝맺습니다. 이로써 결혼이 이루어지는 과정과 사랑이 충만한 결혼생활의 모습을 정확하게 보여줍니다.

하나님께서는 왜 아담이 혼자 있는 것을 좋지 않게 느끼셨을까요? 앞서 그분은 남자와 여자를 창조하시고 복을 주시며 "생육하고 번성하여 땅에 충만하라"(창 1:28)라고 하셨습니다. 즉 남자와 여자가 만나 가정을 이루는 일차적인 목적은 "생육"과 "번성"에 있지요.

창세기 1장은 우주를 창조하시는 대역사(大役事) 기록입니다. 하나님은 모든 생명체의 가장 근본적인 목적이 자식(새끼)을 낳고 땅을 가득 채울 만큼 번성하는 것임을 알려주셨지요. 생육하기 위해서는 남자와 여자가 육체적으로 만나야 합니다. 우리 문화에도 '부부 일심동체'라는 말이 있지요. 부부는 두 사람이지만 한 마음, 한 몸이라는 뜻입니다.

아담과 하와가 하나님의 명령을 어기고 에덴동산에서 쫓겨난 후 제일 먼저 한 행위가 무엇이었나요?

"아담이 그의 아내 하와와 동침하매 하와가 임신하여…"(창 4:1).

"동침"한 겁니다. 생육하기 위해서는 부부가 동침해야 합니다. 부부의 일차적인 특권이자 의무는 언제, 어디서나 서로 합의만 되면 동침할 수 있다는 것이겠지요.

하지만 부부가 한 몸이 된다는 것이 단지 육체적으로만 하나가 되는 건 아닙니다. 심리적으로도 하나가 되어야 합니다. 마음이 하나 되는 거지요. 심리적으로는 남남이면서 육체적으로만 한 몸이 되는 건 '일심동체'에 어긋나는 비극입니다.

심리적으로 한 몸이 되기 위해서는 서로 사랑해야 합니다. "이는 내 뼈 중의 뼈요 살 중의 살"이라는 감정이 있어야 하지요. 위 고백은 한마디로 '너는 나고, 나는 너다'입니다. 더 익숙한 표현으로 '우리는 하나다'겠지요. 부부의 몸과 마음이 완전히 하나 되는 고백입니다. 이처럼 두 사람이 서로 사랑해야 육체적으로도 하나가 되고 마음도 하나가 됩니다.

서로 사랑하여 심리적으로 한 몸이 된 상태는 어떤 모습일까요? 창세기에 의하면 그런 상태는 "아담과 그의 아내 두 사람이 벌거벗었으나 부끄러워하지 아니하니라"(창 2:25)입니다. 즉 서로 사랑하는 부부는 벌거벗고 있지만 상대에게 부끄러워하지 않는 결혼생활을 합니다.

'부끄럽다'의 사전적 의미는 "일을 잘 못하거나 양심에 거리끼어 볼 낯이 없거나 매우 떳떳하지 못하다"입니다. 부끄럽지 않으려면 일을 잘하거나 양심에 거리낌이 없어야 한다는 거지요. 그러나 그런 사람이 과연 있을까요. 우리는 거의 매일 크고 작은 부끄러운 짓을 하면서 살아갑니다. 그게 불완전한 인간의 민낯이지요.

하지만 남 보기에는 부끄러운 일이라도 서로 사랑하면 그것이 부끄럽게 느껴지지 않습니다. 오히려 귀엽게 여겨질 수 있어요. 우리말에도 '흉허물이 없다'라는 표현으로 두 사람이 서로 가깝고 친한 것을 나타냅니다. 실제로 흉허물이 없어서 부끄럽지 않은 게 아니라, 그것을 흉허물로 보지 않는다는 거지요. 그것이 사랑하는 부부의 모습입니다.

처벌보다 용서

그런데 이런 아담과 하와의 행복한 결혼생활이 오래 지속됐을까요? 아니요, 결국 파경에 이르고 맙니다.

창세기 3장을 보면, 하와와 아담이 뱀의 꼬임에 넘어가 하나님께서 먹지 말라고 친히 명하신 선악과를 따먹는 엄청난 잘못을 저지릅니다. 그 후 제일 먼저 나타난 현상이 무엇인가요? "그들의 눈이 밝아져 자기들이 벗은 줄을 알고 무화과나무 잎을 엮어 치마로 삼았더라"(7절)입니다. '눈이 밝아졌다'라는 건 옳고 그름을 판단할 수 있게 되었다는 뜻입니다. 선과 악을 구별할 수 있게 된 거지요.

두 사람은 눈이 밝아지자, 지금까지 흉허물 없는 '한 몸의 환상'에 빠져 있다가 눈을 뜨고 '실상'을 보니 벌거벗은 자신들이 보였습니다. 상대의 흉이 허물로 보이기 시작했지요. 그래서 자신들의 흉허물을 감추려고 무화과 나뭇잎으로 치마를 만들어 입었습니다.

일심동체인 부부 사이가 깨지면 하나님과의 일심(一心) 관계도 깨집니다. 그래서 아담과 하와는 동산을 거니시는 하나님의 소리를 듣고도 그분의 낯을 피하여 동산 나무 사이에 숨었습니다(8절). 그때 하나님께서 아담을 찾으십니다.

"네가 어디 있느냐"(9절)?

그러자 아담은 고백하지요.

"내가 동산에서 하나님의 소리를 듣고 내가 벗었으므로 두려워하여 숨었나이다"(10절).

하나님께서는 아담이 선악과 먹은 것을 아시고 물으십니다.

"내가 네게 먹지 말라 명한 그 나무 열매를 네가 먹었느냐"(11절)?

이때 부부간에 사랑이 깨지는 모습이 나타납니다. 하나님께서 금지한 나무 열매를 먹었는지를 물어보셨으니 "예" 혹은 "아니오"로 대답하면 되는데, 아담은 엉뚱하고 교활한 핑계를 댑니다.

"하나님이 주셔서 나와 함께 있게 하신 여자 그가 그 나무 열매를 내게 주므로 내가 먹었나이다"(12절).

심지어 하나님까지도 자신이 저지른 잘못의 원인인 양 걸고 들어가면서 발뺌합니다. 이 말에는 "이는 내 뼈 중의 뼈요 살 중의 살이라" 외쳤던 사랑의 감정이 빠져 있습니다. '자신이 사랑하는 여자'가 아니라 단지 '하나님이 주신 여자'라는 뜻만 담겼지요. 결국 하나님께도 책임이 있다는 거였어요.

하나님께서 하와에게 "네가 어찌하여 이렇게 하였느냐?"라고 물으시자, 하와는 "뱀이 나를 꾀므로 내가 먹었나이다"라고 대답합니다(13절). 하와도 하나님께서 창조하신 뱀에게 책임을 돌렸지요. 결국 두 사람은 인류 불행의 책임이 궁극적으로는 하나님께 있다는 교묘하고 교활한 변명만 늘어놓습니다.

이 사건이 무엇을 말해 주나요. 첫눈에 홀딱 반해 눈에 콩깍지가 씌어 흉허물이 없는 관계도 끝내 영원하지 않다는 것 아닐까요. 만약 아담이 하와를 끝까지 사랑했다면, 비록 아내의 권유로 선악과를 먹었더라도 이렇게 말하며 아내를 감쌌을 겁니다.

"하나님, 잘못했습니다. 제가 그 열매를 보니 먹음직스럽고 참으로 아름답고 지혜롭게 할 만큼 탐스러워서 그만 하나님의 명령을 어기고 먹었습니다. 모두 제 잘못입니다."

하나님께서는 하와가 선악과를 먼저 먹은 것을 아셨을 겁니다. 그런데도 아담에게 먼저 물으신 이유는 무엇일까요? 신학적 측면에서 여러 해석이 있을 수 있지만 단순하게 생각해 보면, 하나님께 선악과는 먹지 말라는 명령을 직접 받은 아담이 하와를 고자질하기보다 자기 잘못으로 돌리고 뉘우치며 반성하는 것을 보고 싶으셨던 것 아닐까요.

하나님께서는 '처벌'보다 '용서'를 앞세우시는 분이니까요. 그전에 아담에게 '선악과를 따먹으면 반드시 죽으리라'(창 2:17)라고 엄명을 내리셨지만, 에덴동산에서 둘을 내쫓으실 때는 가죽옷을 지어 입히신(창 3:21) 분입니다.

어쨌든 아담과 하와의 사랑은 끝이 났습니다. 그리고 이 가정에는 인류 최초의 형제간 살인이라는 불행이 기다리고 있었지요.

함께 대화하라

하나님께서는 아담이 홀로 있는 것이 좋지 않아 "돕는 배필" 하와를 창조하셔서 가정을 이루게 하셨습니다. 화목한 가정을 꾸리기 위해 돕는 배필이 해야 할 일은 무엇일까요. '상담'이라는 측면에서 살펴보면, 정답은 서로에게 좋은 상담자가 되어 주는 것입니다.

상담은 대화를 통해 이루어집니다. 따라서 화목한 부부가 되려면 당연히 대화를 잘해야 하지요. 행복한 가정은 부부간 대화가 끊이지 않고 이어집니다. 결혼 주례사에 거의 빠지지 않는 "검은 머리가 파뿌리 될 때까지 기쁠 때나 슬플 때나 함께하라"라는 당부처럼 즐거울 때만이 아니라, 화가 날 때도 대화를 통해 화를 풀고 좋은 관계로 돌아갑니다.

위 주례사의 "함께하라"를 "함께 대화하라"로 실천한다면 금상첨화일 겁니다. 대화는 홀로 할 수 없어요. 최소 두 사람이 있어야 가능합니다. 그래서 돕는 배필이 필요하지요.

반면에 불행한 가정은 대화가 없습니다. 창세기 3장은 하와와 뱀의 대화를 실감 나게 소개합니다. 눈앞에서 이야기하듯 선명하지요. 뱀이 하와에게 말을 겁니다.

"하나님이 참으로 너희에게 동산 모든 나무의 열매를 먹지 말라 하시더냐"(1절)?

하와가 대답합니다.

"동산 나무의 열매를 우리가 먹을 수 있으나 동산 중앙에 있는 나무의 열매는 하나님의 말씀에 '너희는 먹지도 말고 만지지도 말라 너희가 죽을까 하노라' 하셨느니라"(2,3절).

그러자 뱀이 이렇게 유혹하지요.

"너희는 절대로 죽지 않을 것이다. 하나님이 너희에게 그렇게 말씀하신 것은 너희가 그것을 먹으면 눈이 밝아져서 하나님과 같이 되어 선악을 분별하게 될 것을 하나님이 아셨기 때문이다"(4,5절, 현대인의성경).

그런데 정말 아쉽고 이해되지 않는 부분이, 그렇게 뱀과 대화를 잘 나누던 하와가 왜 옆에 있는 아담과는 대화하지 않았을까 하는 점입니다. 창세기 3장 6절을 보면 하와가 선악과를 따먹을 때 아담도 같이 있었는데, 그는 하와를 말리지도 않았고, 그녀와 대화하지도 않았습니다. 그저 하와의 권유에 아무런 반응도 없이 널름 받아먹기만 했지요.

만약 하와가 아담에게 "뱀이 선악과를 먹으라고 권하는데, 우리 먹을까? 아담은 어떻게 생각해?"라고 물었다면 어땠을까요. 역사에 가정은 없다고 합니다만, 정말 아쉽고 궁금한 대목입니다.

인류 최초의 가정에 대화가 없었다는 건 가인과 아벨의 사건에서도 확인됩니다. 가인과 아벨이 각각 하나님께 제사를 드렸습니다. 하지만 하나님께서는 형 가인의 제사는 받지 않으시고 동생 아벨의 제사만 받으셨지요. 이에 영문을 모르는 가인이 화가 나서 아벨을 죽이는 끔찍한 일을 저질렀습니다.

이 사건에서도 안타까운 건, 가인이 하나님께 제사를 받지 않으신 이유를 묻지 않았다는 점입니다. 아마도 물었다면 하나님께서는 그 이유를 알려주셨으리라 짐작할 수 있습니다. 그 사건 이후, 하나님께서 가인에게 직접 말씀하셨기 때문입니다.

만일 가인이 하나님과 대화하는 것이 불편했다면, 부모에게 물어보면 어땠을까요. 그것도 불편했다면, 만만한 동생 아벨에게라도 물어봐야 하지 않았을까요. 가인은 가족 누구와도 대화하지 않았습니다. 그 결과는 살인이었지요.

안타깝게도 인류 최초의 가정에는 대화가 없었습니다. 그 결과, 부모 대에서는 에덴동산에서 쫓겨나는 비극을, 자식 대에서는 형제 살인이라는 참극이 일어났지요. 하나님께서 직접 창조하신 남자와 여자로 이루어진 가정은 풍비박산(風飛雹散)이 났습니다.

부부가 서로 대화하지 못하면, 자녀와도 대화하기 힘듭니다. 그런 부모 밑에서 자란 형제들도 서로 대화하지 않지요. 대화하는 법을 배우지 못했기 때문입니다.

상담하다 보면, 어렸을 때 부모가 서로 갈등하고 싸우는 모습을 보고 자란 자녀가 그 기억에서 회복하지 못하고 자신의 결혼생활에서 재현하는 모습을 많이 봅니다. 부모의 일상을 통한 자녀 교육이 중요한 이유지요. 교육은 말로 가르치는 것보다 살아가는 모습을 보여주는 게 훨씬 효과적입니다. 서로 대화하고 사랑하는 부모의 모습을 보고 자란 자녀는 결혼하여 배우자와 대화하고 사랑하며 살아갑니다.

이처럼 인류 최초의 가정은 아담과 하와의 결혼으로 시작했다가 서로 상대를 비방하고 에덴동산에서 쫓겨나 살인까지 일어나는 불행한 모습으로 끝납니다. 이를 길게 설명한 이유는 이 가정의 비극을 통해 우리가 얻을 중요한 가르침이 있기 때문입니다.

에덴동산에서 아담과 하와에게 무엇이 부족했나요? 돈? 건강? 직장? 혹은 배우자가 외도를 했나요? 우리가 일상적으로 부부 불화의 원인으로 생각하는 어떤 것도 이 부부에게는 없었습니다. 하지만 결정적으로 부족한 것이 하나 있었지요.

어느 가정이나 예기치 못한 문제가 발생합니다. 아담과 하와의 가정에는 '뱀의 유혹'이라는 예기치 못한 상황이 발생했어요. 물론 사람 안에는 하나님처럼 되고 싶다는 원초적 욕망이 있기에 뱀의 유혹은 더욱 치명적이었습니다. 우리가 살면서 겪는 불행도 외부에서 오는 것처럼 보이지만, 알고 보면 우리 마음속에 있던 것이 투사(投射)된 경우가 많습니다.

사이 좋은 부부간에도 문제가 있습니다. 문제 없는 부부란 존재하지 않지요. 불완전한 인간이 만나 이루는 가정이 어떻게 좋기만 하겠어요. 상담하다 보면 "우리 부부는 문제가 없어요"라고 단언하는 이들도 있습니다. 이는 대개 문제가 없는 척하면서 갈등을 의식적으로 회피하거나 무의식적으로 부정하며 살아가는 경우지요. 화목한 부부생활을 방해하는 문제는 수 없이 많습니다. 그래서 문제 자체를 없애려는 노력은 헛수고로 돌아갈 수밖에 없어요. 그보다 문제 상황에 효과적으로 대응하고 대처할 방법을 아는 게 더 중요합니다.

아담과 하와의 가정이 불행해진 건, 문제 상황에 슬기롭게 대처하지 못했기 때문입니다. 그러면 현명하게 대처하는 방법은 무엇일까요. 제일 필수적인 것이 '대화'입니다. 하와가 뱀의 유혹에 넘어가는 모습을 보면 대화의 효과가 얼마나 큰지를 알 수 있어요. 대화 중에서도 감정을 표현하는 '심정대화'를 할 수 있어야 합니다.

심정대화를 하는 이유는 상대의 감정을 헤아려주기 위해서입니다. 즉 공감하기 위해서지요. 가정의 화목을 위협하는 어려움은 많지만, 부부가 서로 상대에게 공감해 주는 좋은 상담자가 되면, 많은 어려움이 해결됩니다. 어려움 자체가 문제라기보다 그에 대처하는 방식이 부부를 더 힘들게 할 수 있어요.

심리학적으로 설명하면 '부모에게서 독립한 성숙한 인격을 가진 부부가 심정대화를 하는 것'이 화목한 부부생활의 거의 유일한 비결이라고 생각합니다.

최고의 상담소, 교회

이제는 불화로 고통받는 부부를 위해 교회가 적극적으로 나서야 할 때입니다. 더 이상 "부부가 서로 사랑해라", "서로 용서해라", "네 십자가라고 생각하고 참고 기도해라", "하나님의 도움을 기다려라" 등의 충고와 훈계로는 해결되지 않습니다. 그들도 사랑과 용서가 필요함을 모르는 게 아닙니다.

즉 지식이나 정보 제공 등 사실을 기반으로 하는 사리대화로는 해결이 안 됩니다. 알고 있지만 그렇게 안 되는 거예요. 왜냐하면 '감정'의 문제이기 때문입니다. 그래서 심정대화를 통한 상담이 필요하지요.

다행스럽게도 교회는 부부상담을 할 수 있는 최적의 여건을 갖추고 있습니다. 이를 잘 활용하여 어려움에 처한 부부를 효과적으로 도울 수 있는 교회의 역할 다섯 가지를 소개하겠습니다.

첫째, 교회는 부부가 함께 만나서 허심탄회하게 대화하도록 설득할 수 있습니다. 갈등이 심한 부부가 사랑이 충만한 관계로 회복하기 위한 첫 단계는 만나서 심정대화를 나누는 겁니다. 그래야 서로 마음에 쌓인 화를 풀 수 있어요. 그러면 부부 관계는 절로 회복되기 시작합니다.

불행한 부부의 특징이 심리적으로 만나지 않는다는 겁니다. 동시에 만나지 못하기도 하지요. 상대가 미워서 안 만나고, 두려워서 못 만납니다. 자신을 이해해 주지 않아서, 마음을 몰라줘서, 감싸주지 않아서 밉습니다. 내 잘못을 계속 지적하고 송곳처럼 콕콕 찌르기만 하니 두렵지요.

부부상담이 효과가 있으려면 부부가 함께 상담받아야 합니다. 하지만 대개 남편이나 부인 중 한 사람이 거부하기 때문에 쉽지 않습니다. 그 이유는 아직 마음의 준비가 안 됐는데 상담자가 사과하라거나 잘못을 인정하라고 용서나 화해를 강요할 거로 예상하기 때문입니다. 이는 상담을 잘 몰라서 그렇습니다. 동시에 상담이 무엇인지 알 기회조차 만들지 않는 거지요.

그런데 부부 사이가 나빠도 정기적으로 함께 참석하는 곳이 교회입니다. 혹 출석을 망설이고 있어도 예배를 드려야 한다는 마음은 대부분 가지고 있습니다. 그러므로 목회자나 교회 지도자의 진심 어린 설득과 설명과 권고가 상담받기를 망설이는 부부에게 힘을 실어줄 수 있습니다. 실제 이런 과정을 거쳐 상담실을 찾는 경우도 적지 않지요. 그러기 위해서는 목회자나 교회 지도자가 부부 갈등은 상담을 통해서만 효과적으로 풀 수 있음을 명확하게 이해하고 있어야 부부를 설득할 수 있습니다.

둘째, 교회는 부부상담에 필요한 장소를 제공할 수 있습니다. 모든 활동이 그렇듯이 상담도 적합한 장소가 필요합니다. 부부가 자신의 내밀한 속마음을 털어놓기 위해서는 방해받지 않는 환경이 중요합니다. 교회에는 대부분 조용히 대화할 공간이 마련되어 있습니다.

예를 들면, 기도실이 아주 적합한 장소일 수 있습니다. 기도는 하나님과 대화를 통해 상담하는 활동입니다. 하나님과 대화하는 마음과 방식으로 부부가 대화하면 얼마나 좋을까요! 하나님께서도 흐뭇하게 바라보실 겁니다.

여럿이 함께하는 집단상담처럼 여러 쌍의 부부가 함께 상담할 수도 있습니다. 이 경우에는 본당이나 소예배실 등을 이용할 수 있겠지요. 이때 '비밀보장'의 우려가 있을 수 있어요. 당연한 염려입니다. 하지만 부부를 집단으로 상담한다는 게 여러 사람 앞에서 감추고 싶은 내용을 공개하는 것이 아닙니다. 비록 여러 부부가 동시에 모여서 하지만, 실질적으로는 각 쌍이 따로 자신들의 이야기를 나누는 것입니다. 또한 상담자에게는 집단상담 시 비밀을 보장하는 여러 방안이 있으니 크게 염려하지 않아도 됩니다.

셋째, 교회는 상담을 효과적으로 진행하기 위해 필요한 시설을 제공할 수 있습니다. 이미 '부부학교'나 '아버지학교', '어머니학교' 등을 운영하고 있는 교회에서는 이런 행사에 시설이 필요함을 알 거예요. 하지만 '이 없으면 잇몸으로 산다'라는 말도 있듯이, 하려는 의지가 강하면 시설이 부족해도 성공적인 상담을 할 수 있습니다.

넷째, 교회는 인적자원을 양성하거나 제공할 수 있습니다. 상담을 하려면 무엇보다 상담자가 필요하지요. 이미 상담실을 운영하는 교회에는 상담자가 확보되어 있습니다. 아직 없다면 상담자를 양성하면 됩니다.

앞서 말했듯이, 일반 학교에서는 이미 또래상담이 활성화되고 있습니다. 이는 전문상담자에게 어느 정도 훈련을 받은 학생이 또래 친구의 여러 고민을 들어주고 해결책을 스스로 찾도록 돕거나 함께 해결하는 상담 활동입니다. 학생들은 또래상담을 통해 긍정적 인간관계를 맺고 의사소통 능력을 기를 수 있습니다. 실제로 학교를 향한 태도가 변화되고 학습 효과가 향상되는 등의 긍정적 효과가 많이 일어나고 있지요.

교회에서도 또래상담의 방법을 이용할 수 있어요. 교회에는 다른 사람의 어려움을 해결해 주고 신앙생활을 잘할 수 있도록 도와주려는 선한 마음을 가진 성도가 많습니다. 그 선한 마음이 더욱 효율적으로 사용될 수 있도록 그들이 일정한 교육을 받은 후 상담 활동을 하도록 교회가 지원할 수 있습니다.

특히 과거에 부부생활의 어려움을 겪은 경험이 있는 사람은 상담 훈련만 받으면 더 효과적인 상담을 할 수 있지요. 전 세계적으로 널리 읽히는, 영성가 헨리 나우웬의 명저 《상처 입은 치유자》에서 저자는 이런 사람을 "자신의 고통과 상처를 다른 이들을 치유하기 위한 생명의 원천으로 삼는 사람"이라고 표현합니다. 이들이 받을 훈련은 '자문에 응하는 법'이 아니라 '상담'입니다.

나우웬의 표현에 의하면, 상처 입은 치유자가 갖추어야 할 가장 중요한 덕목은 '환대'(歡待)입니다. 이는 '손님에게 주의를 집중하는 능력'을 말합니다. 참된 환대를 위해서는 고통받는 사람에게 개인적 관심을 두고, 그에게 자신을 기다리는 사람이 있다는 소망을 심어주어야 합니다.

앞으로 교회에서는 평신도의 역할이 더욱 활성화될 것입니다. 교회는 당회나 기획위원회에 의해 움직이는 조직이 아닙니다. 형식적으로 보면 그들이 중요한 의사결정을 하고 교회를 이끄는 것처럼 보이지만, 역사가 증명하듯이 국가의 존망은 소수의 권력자가 아닌 평범한 국민에 의해 결정됩니다.

교회도 마찬가지입니다. 교회를 부흥시키는 것도, 쇠락하게 하는 것도 '말 없는' 평신도의 영향이 큽니다. 평신도 사역을 활성화하는 교회는 비록 비종교인이 많아지는 시대적 조류 가운데서도 교회 본연의 역할을 지속할 수 있습니다.

특히 소그룹 활동이 많은 교회의 특성상 유능한 소그룹 리더를 양성하고 활용하는 데 성공하는 교회만이 살아남아 그 사명을 더욱 효율적으로 감당할 수 있을 겁니다. 가정이 회복되고 사회를 살아나게 만드는 리더는 교회에서 또래상담을 효과적으로 실시하도록 상담 교육을 할 수 있습니다. 이 교육을 받은 평신도가 교회를 살릴 수 있지요.

마지막 다섯째, 교회는 상담이 끝난 후에도 성도를 지속해서 살피고 관리할 수 있습니다. 상담의 효과를 극대화하기 위해서는 공식적인 상담이 끝난 후에도 지속해서 점검하고 필요한 조치를 해야 합니다.

일반 부부상담은 상담이 끝나면 당사자가 지속하길 원치 않는 한 사후관리를 받지 못해요. 그 후 어떤 변화가 있는지 추적할 수 없지요. 그러나 교회는 상담이 끝난 후에도 계속 관계를 맺을 수 있습니다. 상담자와 내담자 모두 계속 교회에 출석하기 때문이지요. 그래서 필요할 때마다 적절한 도움을 줄 수 있습니다.

상담소⑼이자
상담소⑼인 교회

예수님을 닮으려 애쓰는 상담자들의 교제

마지막으로 '교회'와 놀라운 상담자이신 '예수님'과의 관계를 살펴보겠습니다. 교회에서 평안을 뜻하는 히브리어 '샬롬'(שלום) 다음으로 많이 듣는 헬라어가 '코이노니아'(κοινωνία) 아닌가요! 신약성경에만 이 표현이 12번 나오는데, 그만큼 중요하다는 의미겠지요.

코이노니아는 주로 성찬식에서 그리스도의 살과 피를 상징하는 빵과 포도주를 함께 나누면서 그리스도의 몸 안에서 하나가 되고 친밀함을 유지하는 상태를 의미합니다. 교회에서 사용하는 이 단어는 하나님의 은혜 안에서 이루어지는 참되고 친밀한 교제를 뜻하지요. 그리고 코이노니아의 참모습은 성경적이고 신앙 중심적인 공동체의 삶에서 나타납니다.

교회를 뜻하는 헬라어 '에클레시아'(ἐκκλησία)는 예수 그리스도를 주(主)로 고백하고 따르는 성도의 공동체를 의미합니다. '교회'(教會)는 예수 그리스도를 구주로 믿고, 그분의 가르침대로 살아가려는 신앙인의 공동체입니다.

> 여러분은 하나님이 선택하신 민족이며 왕 같은 제사장이요 거룩한
> 나라요 하나님의 소유가 된 백성입니다. 이것은 여러분을 어두움
> 에서 불러내어 놀라운 빛 가운데 들어가게 하신 하나님을 널리 찬
> 양하도록 하기 위한 것입니다. 벧전 2:9 현대인의성경

교회는 "왕 같은 제사장이요 거룩한 나라요 하나님의 소유
가 된" 우리가 '하나님을 찬양하기 위해' 모인 공동체입니다.
왜냐하면 그분이 우리를 "어두움에서 불러내어 놀라운 빛 가
운데 들어가게" 해주셨기 때문이지요.

예수님은 "나는 길이요 진리요 생명이다. 나를 통하지 않고
는 아무도 아버지께로 가지 못한다"(요 14:6 현대인의성경)라고
분명히 말씀하십니다. 예수님을 만나기 전에 우리는 어둠 속에
살 수밖에 없어요. 그분을 만나는 것만이 빛 가운데 들어갈 수
있는 유일한 길입니다.

예수님을 통하려면 어떻게 해야 할까요? 예수님은 "나더러
주여 주여 하는 자마다 다 천국에 들어갈 것이 아니요 다만 하
늘에 계신 내 아버지의 뜻대로 행하는 자라야 들어가리라"(마
7:21)라고 분명히 가르쳐주셨습니다.

교회의 한자는 '가르칠 교'(教)와 '모일 회'(會)로 '가르침을 주
고받기 위해 모이는 곳'입니다. 교회에서 가장 중요하게 가르
칠 것은 무엇일까요? 예수님이 말씀하신 "하늘에 계신 아버지

의 뜻"을 알려주는 겁니다. 그분의 뜻을 모르면 "행하는 자"가
될 수 없으니까요.

하나님을 아는 것은 예수님을 아는 것과 같습니다. 예수님
을 통하지 않고는 하나님을 알 수 없기 때문입니다. 그렇다면
교회에서 예수님에 대해 배우는 것이 제일 중요하겠지요.

예수님은 하나님이십니다. 우리는 교회에서 가장 먼저 하나
님으로서의 예수님을 배우고, 그분을 구주로 모시고, 그분께
예배드리고 기도드려야 합니다. 예수님도 "내 집은 만민이 기
도하는 집이라"(막 11:17)라고 말씀하셨습니다.

동시에 예수님은 사람이십니다. 사람으로서의 예수님은 우
리가 그대로 따라 살려고 노력해야 하는 본(本)이 되십니다. 예
수님의 삶을 보고 배워 그분처럼 행(行)해야 하지요.

예수님은 이 땅에서 돌아가시기 전날, 그 극심한 고뇌의 시
간에도 "겉옷을 벗고 수건을 가져다가 허리에 두르시고 대야
에 물을 떠서 제자들의 발을 씻으시고 그 두르신 수건으로 닦"
아주셨습니다(요 13:4,5). 그리고 "내가 너희를 사랑한 것같이
너희도 서로 사랑하라"라고 명령하셨습니다(요 13:34). 제자들
의 발을 씻겨주시는 행동으로 사랑의 모범을 보여주셨지요.

교회는 '성도의 교제'를 나누는 곳입니다. 바람직한 성도의
교제의 현실적이고 구체적인 모습은 서로 사랑하는 겁니다. 서
로 발을 씻겨주는 겁니다.

누가복음 10장을 보면, 우리가 사랑해야 할 이웃이 누구인
지를 묻는 율법학자의 질문에 예수님은 '선한 사마리아인의 비

유'를 통해 그 답을 분명하게 알려주셨습니다.

비유를 들려주신 뒤 예수님이 물으셨습니다.

"누가 강도 만난 사람의 이웃이 되겠느냐"(36절, 현대인의성경)?

율법학자가 대답했습니다.

"그 사람을 불쌍히 여긴 사람입니다"(37절, 현대인의성경).

그러자 예수님이 말씀하셨습니다.

"너도 가서 그와 같이 실천하여라"(37절, 현대인의성경).

그런데 독어 성경에는 이 대화가 이렇게 번역되어 있습니다.

"세 사람 중 누가 피해자에게 이웃처럼 행동하였는가?"

"피해자를 도와준 사람입니다."

"가서 똑같이 행동하라."

한글과 영어 성경은 도와준 '사람'과 그의 '느낌'에 방점을 찍는다면, 독어 성경은 '행동'을 강조합니다. 그만큼 예수님이 '실천'을 중요하게 보신다고도 해석할 수 있습니다.

우리 주위에는 "강도 만난 사람"처럼 불쌍한 사람이 많습니다. 사실 모두가 불쌍한 사람 아닐까요. 강도에게 폭행당해 육신이 반쯤 죽게 되진 않았더라도, 각자 수고하고 무거운 짐을 지고 마음이 반쯤 죽어 있는 건 아닐지요.

교회는 심리적으로 피 흘리고 쓰러져 죽어가는 사람들이 모이는 곳입니다. 죄인들이 모인 곳이니까요. 구원자이신 예수님을 알지 못하고, 매일 피 흘리며 수고하고 무거운 짐을 지고 죽어가는 사람들 말입니다. 삭개오와 그의 가족을 구원해 주신 예수님은 "잃어버린 자를 찾아 구원"하러 왔다고 말씀하십니다(눅 19:10). 말로 다할 수 없을 만큼 고마운 말씀입니다.

그러면 죽어가는 이웃을 위해 예수님의 제자인 우리는 무엇을 해야 할까요? 예수님처럼 상담자가 되어주는 것입니다. 상담의 원조는 누구인가요? 2,700여 년 전에 이미 이사야 선지자가 예수님은 "놀라운 상담자"시라고 알려주었습니다(사 9:6). 그리고 2,000여 년 전 예수님 자신도 당신이 "보혜사"(상담자)시라고 천명하셨지요(요 14:16).

상담의 원조이신 예수님을 주인으로 모시는 신앙인들의 공동체인 교회가 감당해야 할 사명은 무엇일까요? 바로 상담 사역입니다. 삶의 무거운 짐을 진 사람들이 제일 먼저 와야 할 곳은 다름 아닌 교회입니다. 그렇게 되도록 교회가 노력하고 변해야 합니다.

사람은 스스로 안간힘을 써도 그 짐에서 벗어날 수 없습니다. 오히려 더 무거워질 뿐이지요. 우리는 예수님에게 상담을 받아야만 모든 짐을 벗어버릴 수 있습니다.

그런데 안타깝게도 정작 교회는 상담자이신 예수님에 대해 별로 관심이 없습니다. 책 서두에도 밝혔듯이 이사야 선지자가 설명한 예수님의 이름 중 "기묘자"와 "모사", 즉 "놀라운 상담자"에 대해 체계적인 교육을 하는 교회가 거의 없어요.

성도는 예수님의 사랑을 삶에서 구현하려고 애쓰는 사람입니다. 따라서 '코이노니아'는 '예수님을 닮으려고 애쓰는 상담자들의 교제'를 의미하겠지요.

삶의 실현

좋은 상담자가 되는 제일 좋은 방법은 스스로 상담받아 성숙한 인격을 갖추는 겁니다. 상담자 교육에서 제일 중요한 과정이 자신이 상담받는 거예요. 상담을 통해 속마음의 고통을 표현하고 심리적 장애를 덜어내면서 성숙한 인간이 되는 것이 중요합니다. 그래야 온유하고 겸손한 자세로 내담자에게 신뢰를 주는 바람직한 상담자의 모습을 갖추게 되지요.

성도 간에 바람직한 교제가 이루어지기 위해서는 교회에서 예수님의 상담법을 가르쳐야 합니다. 그래야 서로에게 좋은 상담을 해줄 수 있습니다. 예수님의 상담법을 배우기 위해서는 예수님에게 상담받아야 합니다. 그분을 상담자로 만나야 하지요. 그러기 위해서는 두 가지가 필요합니다.

하나는 예수님의 상담법을 지식으로 배우는 겁니다. 하지만 지식만 가지고는 부족합니다. 인간관계에서도 두 사람이 서로 인격적 관계를 맺기 위해서는 상대에 대한 지식 외에 또 다른 것이 필요합니다. 바로 상대와 만나 상대를 경험해야 하지요.

우리는 흔히 '아는 것'과 '만나는 것'을 혼동합니다. 상대를 많이 안다고 상대와 만나는 건 아닙니다. 아는 것은 지식의 영역이고, 만나는 것은 감정의 영역이지요. 만나기 위해서는 상대와 마음이 통해야 합니다. 안타깝게도 우리 주위에는 한집에 살면서 배우자나 자녀에 대해 많이 알지만, 상대를 정서적으로 만나지 못해 심리적으로는 남남처럼 사는 경우가 많습니다.

한번은 20년을 함께 산 부부가 심한 불화로 제게 상담을 받았습니다. 이들은 제 앞에서도 상대를 비방하기에 여념이 없었지요. 한참 후 제가 남편에게 아내에게서 제일 듣고 싶은 말이 무엇인지 물었습니다. 그러자 "그동안 수고 많았어"라는 말을 듣고 싶다고 하더군요. 그래서 제가 아내더러 한번 해주라고 했습니다. 그녀는 처음에 완강히 거절하다가 제 끈질긴 권유로 내키지 않아 하면서도 그 말을 했습니다.

그러자 놀라운 일이 벌어졌어요. 남편이 눈물을 흘리는 겁니다. 아내가 황당하다는 듯이 말했습니다.

"이 사람과 결혼한 지 20년 됐는데, 우는 걸 처음 봐요."

그리고 남편에게 "이 말이 그렇게 듣고 싶었어?"라고 묻더군요. 그러자 남편은 "그래, 그 말이 제일 듣고 싶었단 말이야" 하면서 계속 눈물을 흘렸습니다. 처음에는 화가 나서 남편을 비방만 하던 아내가 남편이 우는 모습을 보고 마음이 많이 누그러졌는지, 제가 부탁하지도 않았는데 다시 말했어요.

"그래, 당신 수고 많았지. 고마워!"

이번에는 고마운 마음까지 전했지요. 이후 부부는 처음으로 마음을 조금씩 열고 속마음을 나누기 시작했습니다. 물론 상담은 해피엔드였어요.

이 부부는 서로를 잘 알고 있었지만, 여지껏 상대를 만나지는 못했습니다. 마음이 통하지 않아 상대가 진정 바라는 것을 느끼지 못했지요. 20년간 한집에서 살았지만, 인격적으로는 만나지 못한 채 남남으로 살아왔던 겁니다.

예를 하나 더 들어보겠습니다. 한번은 상담 시간에 성경을 소재로 연극을 만드는 '비블리오 드라마'를 했습니다. 각본이 없고, 그 자리에서 배역을 뽑아 즉흥적으로 대사를 하면서 극을 진행했지요.

성경 장면은 에덴동산에서 아담과 하와가 뱀의 유혹에 넘어가 선악과를 따먹는 상황이었습니다. 그때 하나님 역을 맡은 사람은 모태 신앙인으로 보수적인 교회에서 50년 가까이 신앙생활을 한 여성 권사님이었습니다. 그런데 권사님이 한쪽 구석에 있는 의자 위에 올라가 아담과 하와가 뱀의 유혹을 받는 장면을 내려다보다가 갑자기 눈물을 흘리기 시작했습니다.

비블리오 드라마를 마친 후, 제가 권사님에게 눈물 흘린 이유를 물어보았습니다. 권사님은 자신이 모태 신앙으로 에덴 동산 이야기를 수십 번 읽었는데, 한 번도 하나님의 마음을 느껴본 적 없이 이야기로만 알았다고 했습니다.

그런데 하나님 역을 해보니, 자손 대대로 고생할 인간의 삶을 생각해서 선악과를 먹지 말라고 하셨던 하나님의 뜨거운 사랑과 안타까운 마음이 느껴져 자기도 모르게 눈물이 났다고 했습니다. 하나님 역을 하면서 하나님과 처음으로 인격적으로 만난 것입니다. 상담에서 말하는 '인격적으로 만난다'의 의미를 알겠지요?

예수님을 만나기 위해서는 그분을 경험해야 합니다. 상대를 경험한다는 것은 내 입장이 아니라 상대의 입장에서 그의 마음을 느끼는 겁니다. 공감하는 거지요.

위에 소개한 권사님처럼 하나님의 마음을 느끼고 눈물을 흘려야 하나님을 만난 겁니다. 그러면 에덴동산의 사건은 더 이상 단순한 읽을거리가 아니라 지금 눈앞에서 생생히 경험할 수 있는 현실적인 사건이 됩니다.

'어떻게 하면 구원받을 수 있는가'를 신학적으로 논하는 건 이 책의 주제가 아닙니다. 지금까지 다룬 주제는 '어떻게 하면 삭개오처럼 삶이 180도 달라져서 즉시 구원받게 되는가'를 알아보는 겁니다. 우리가 진정 즐겁게 살아가는 방법과 그런 삶으로 이끄는 역할을 신앙공동체가 어떻게 할 수 있는지를 배우는 거지요.

삶이 변하려면 삭개오처럼 진정으로 '즐거워져야' 합니다. 우리는 크게 두 가지 상황에서 즐거움을 느낍니다. 하나는 필요한 것을 얻었을 때입니다. 배고플 때 음식을 먹고 목마를 때 물을 마시면 즐겁지요. 성욕이 일어날 때는 성관계를 가지면 즐겁습니다. 심리학에서는 이런 즐거움을 '욕구 충족' 또는 '쾌락'(pleasure)이라고 부릅니다.

우리는 자기 잠재력이 실현될 때도 즐거움을 느낍니다. 예를 들면, 학창 시절에 도서관에서 공부에 몰두하다가 우연히 밖을 보았을 때 어느새 어둠이 깔린 교정을 바라보며 즐거움을 느낀 경험이 있나요? 시간 가는 줄 모르고 공부에 몰두했던 경험은 잠재력을 실현하는 경험입니다.

이때 느끼는 즐거움은 쾌락과는 다른 차원의 즐거움입니다.

무언가를 깨닫고 진정한 자기를 이루어가는 즐거움이지요. 바로 '환희'(joy)입니다. 이것이 삭개오가 예수님을 모시고 집으로 가면서 느낀 즐거움입니다. 그래서 그는 자발적으로 변할 수 있었지요.

예수님이 우리에게 해주시는 상담의 목표는 '삶의 실현'입니다. '참 나'를 알고 실현하는 거지요. 이 과정이 비록 힘들고 고통스러워도 얼마든지 즐거울 수 있습니다. 우리의 잠재력이 실현되어 가기 때문입니다.

'악성'(樂聖)으로 추앙받는 베토벤이 〈교향곡 9번〉을 작곡할 당시, 그는 완전히 청력을 잃은 상태였습니다. 특이하게도 그 교향곡 제4악장은 독창 및 합창과 함께 연주되는데, 그 주제는 '환희의 송가'(Ode to Joy)입니다. 인류 최고의 예술작품으로 불리는 이 불후의 명작을 남길 즈음 그는 "고뇌를 통해 환희로!"(Durch Leiden zur Freude)라는 유명한 말을 남깁니다.

고통 없는 환희는 없을 겁니다. 십자가 죽음 없이는 부활이 없는 것처럼 말이지요.

좁은 문으로 들어가라 멸망으로 인도하는 문은 크고 그 길이 넓어 그리로 들어가는 자가 많고 생명으로 인도하는 문은 좁고 길이 협착하여 찾는 자가 적음이라 마 7:13,14

예수님은 세상에서 알려주는 길은 비록 문이 크고 길이 넓지만 결국 "멸망"으로 이끈다고 경고하십니다. 반면에 "생명"으로 나아가는 길은 하나님이 원하시는 삶으로 이끄는 길입니다. 하나님께서 주신 가능성, 곧 '참 나'를 실현하는 길이지요.

하지만 어렵습니다. 문이 좁고 길이 협착하기 때문입니다. 찾는 사람도 거의 없습니다. 그래서 혼자 가기는 정말 어렵지요. 이 길이 맞는지 의심스럽고 두렵고 외롭기 때문입니다. 자꾸만 사람들이 많이 다니는 큰길로 가고픈 충동을 느끼게 되지요.

그러므로 생명의 길, 곧 '참 나'를 찾아 잠재력을 실현하는 삶을 살기 위해서는 좁은 길을 동행하는 '길벗'이 필요합니다. 어려움과 두려움을 솔직히 표현하고, 힘이 되어줄 '친구'가 필요하지요. 그래서 우리는 곁에 있는 이들의 길벗과 친구가 되어주어야 합니다. 상담자가 되어주는 거예요.

내담자가 상담자를 만나 자신의 모든 것을 속 시원히 털어놓아도 부끄럽지 않은 관계가 되어야 하듯, 성도의 교제에는 비난과 처벌이 없어야 합니다. 그래야 흉허물 없는 관계가 되어 마치 에덴에서처럼 벌거벗고 있어도 부끄럽지 않은 교제를 할 수 있습니다.

이 세상에서 이런 관계를 맺을 수 있는 곳은 '가정'과 '교회' 두 곳뿐입니다. 두 공동체의 핵심은 '사랑'입니다. 그 사랑을 구체적으로 나타내는 방법이 '상담'입니다. 사랑과 상담은 불가분의 관계입니다. 상담이 없는 사랑은 맹목적이고 자기중심적이 됩니다. 자기가 좋은 대로 상대를 사랑하는 건 자기만족일 뿐이며 상대에 대한 애착이 되기 쉽습니다.

반대로 사랑이 없는 상담은 기술에 불과합니다. 인간관계에 대한 지식과 기술만으로는 상대와 함께 좁은 문을 열고 협착한 길로 갈 수 없습니다. 그것은 단지 '거래'일 뿐이지요.

온 세대가 함께할 수 있는 유일한 곳

예수님을 구주로 믿는다는 건 예수님처럼 살아가기를 힘쓰는 것입니다. 하나님께서 주신 각자의 삶을 실현하면서 사는 거지요. 비록 우리가 이 세상을 떠나는 날 "다 이루었다!"라고 할 수는 없지만(요 19:30), "푯대를 향하여"(빌 3:14) 협착한 길을 나아갈 때 서로 벗이 되어주며 동행하는 게 상담입니다. 그것이 진정으로 코이노니아의 삶을 살아가는 거지요. 그래서 교회는 상담소(相談所)입니다.

모든 성도가 상담자가 되어야 합니다. 그것이 예수님처럼 사는 길입니다. 예수님이 삭개오를 어떻게 구원해 주셨나요. 훈계나 조언, 처벌을 통해서가 아니었습니다. 이웃의 권유나 비난에는 꿈적도 안 하던 삭개오가 한순간에 변한 것은 예수님이 상담해 주셨기 때문이에요. 그분이 삭개오의 마음의 짐을 어루만져 주시고 친구가 되어주셨기 때문입니다.

교회는 여러 역할을 감당해야 합니다. 예수님은 상대에게 조언이 필요할 때는 자문에 응해주시고, 상담이 필요할 때는 상담을 해주셨어요. 교회도 필요에 따라서는 성도에게 충고와 훈계를 하고, 지식이나 정보를 제공해 주어야 합니다. 즉 자문에 응해야 하지요. 이럴 때 교회는 학교의 역할을 합니다.

하지만 교회가 상담소의 역할을 할 때는 그 어떤 충고나 조언이나 비난도 하지 말아야 합니다. 불필요한 지식을 일방적으로 주입하거나 원치 않는 충고를 계속 할 때 성도는 부자 관원처럼 "근심하며" 교회와 멀어지게 됩니다(마 19:22). 결과적으로 교회를 떠나는 지름길이 되지요.

예수님이 어떤 분이신지 살펴보는 것에서 이 책의 여정이 시작됐습니다. 이제 마칠 때가 되었어요.

예수님은 하나님이시기에 인간의 한정된 인지 능력으로는 그분을 정확하게 알 수 없습니다. 만약 다 알 수 있는 분이라면 하나님이 아니시겠지요.

그러나 비록 우리가 예수님과 인격적 관계를 맺기에는 턱없이 부족하고 한계가 뚜렷한 존재지만, 예수님이 어떤 분인지 살펴보는 것은 중요합니다. 그분을 주관적으로 규정하지 않으면, 그분과 인격적 관계를 맺는 것 자체가 어렵기 때문입니다.

이 여정은 이사야 선지자가 소개해 준 네 가지 예수님의 모습(사역)에서 출발했습니다. 그러나 이 네 가지만으로 어떻게 그분을 다 설명할 수 있을까요.

요한복음의 마지막 구절이 이 사실을 잘 설명해 줍니다.

예수께서 행하신 일이 이 외에도 많으니 만일 낱낱이 기록된다면 이 세상이라도 이 기록된 책을 두기에 부족할 줄 아노라 요 21:25

우리가 어떻게 예수님을 완벽하게 설명할 수 있으며, 그 행하신 일을 낱낱이 다 기록하고 이해할 수 있을까요. 불가능할 겁니다.

이 책에서는 "기묘자"요 "모사"이신 예수님, 즉 놀라운 상담자이신 면모만을 살펴보았습니다. 물론 예수님은 "놀라운 상담자"만이 아니십니다. "전능하신 하나님"이며 "영존하시는 아버지"이고 "평강의 왕"이십니다. 또한 성경은 예수님이 "자기 백성을 그들의 죄에서 구원할 자"(마 1:21)라고 분명히 말씀합니다.

이 책에서 놀라운 상담자이신 예수님만을 살펴본 것은 앞서 말한 그분의 다른 면모를 부정하는 게 아닙니다. 다만 지금까지 한국 교회에서 비교적 덜 다뤄진 놀라운 상담자의 측면을 깊이 들여다본 것뿐입니다.

그리고 넓게는 한국 사회에, 좁게는 한국 교회에 놀라운 상담자의 존재가 절실히 필요하기에 더욱 강조했습니다. 저는 '교회'만이 현재 한국 사회가 직면한 수많은 갈등을 해결할 수 있는 유일한 조직이라고 생각합니다.

전국 방방곡곡에 교회가 있습니다. 일주일에 최소 한 번씩 같은 날, 같은 시간에, 같은 목적으로 모여, 같은 형식의 집회를 하는 조직이 교회 말고 또 있을까요. 이것이 얼마나 큰 힘인지 모릅니다. 교회야말로 한국 사회를 변화시킬 원동력을 갖고 있지요. 이를 효과적으로 활용한다면, 한국 사회의 갈등을 해결할 수 있습니다.

또한 교회는 다른 조직이 갖지 못한 큰 특징이 있습니다. 먼저 교회는 온 가족이 함께 참여할 수 있는 유일한 곳입니다. 회사는 직원만 가는 곳이고, 학교는 학생만 가는 곳입니다. 어느 조직도 그 구성원만 갈 수 있습니다. 그러나 교회는 모든 가족 구성원이 함께 갈 수 있는 곳입니다.

　요즘 우리 사회에는 부부간 또는 부모 자식 간에 불화를 겪는 가정이 많습니다. 공개적으로 혹은 법적으로 헤어지지 않았더라도 남처럼 살아가는 가정이 늘고 있습니다. 불화를 해결하고 화목하기 위해서는 먼저 만나야 합니다. 그리고 허심탄회하게 속마음을 나누어야 하지요. 또한 이 과정을 효과적으로 중재할 수 있는 중재자가 필요합니다. 교회는 이런 귀한 일을 할 수 있는 자원을 충분히 갖추고 있어요.

　다음으로 교회는 온 세대가 함께할 수 있는 유일한 곳입니다. 주일마다 저는 어머니와 아내, 자녀와 손자까지 4대가 함께 예배를 드립니다. 4대가 같은 활동을 할 수 있는 곳이 교회 말고 또 있을까요!

　요즘 우리 사회에는 세대 간 갈등도 심화하고 있습니다. 윗세대는 아랫세대를, 아랫세대는 윗세대를 이해하지 못하고 불만을 토로하며 반목하고 있습니다. 서로 살아온 세월이 다르고 가치관이 달라서 그렇습니다.

　하지만 만나서 서로의 생각과 고민을 허심탄회하게 나누면 상대를 더 이해하게 됩니다. 다른 세대가 함께 모여 집단상담을 할 때마다 이 현상을 경험하지요. 기성세대는 젊은 집단원의 생각과 고민을 들으면서 자기 자녀를 만나고 이해하게 됩니다. 동시에 젊은 세대는 나이 많은 집단원과 함께하면서 부모를 만나고 이해하게 됩니다. 그리고 그들의 경험과 연륜을 배우지요. 우리 사회의 세대 간 갈등도 이런 과정을 거쳐야만 비로소 진정한 화해와 협력으로 나아갈 수 있습니다. 이것이 교회에서 가능하지요.

끝으로 교회는 피를 나누지 않은 사람과 한평생 친밀한 관계를 맺을 수 있는 유일한 곳입니다. 초등학교나 중학교 동창회를 가면 오랜만에 친구들을 만나 즐겁습니다. 다만 이 즐거움은 가끔 열리는 동창회를 통해서만 가능하지요. 그런데 교회는 성도들과 일주일에 적어도 한 번씩은 만납니다.

저 역시 초등학교 시절부터 함께 교회를 다닌 친구들과 지금도 주일에 만나서 담소를 나눕니다. 제 자녀도 그들의 자녀와 함께 수십 년을 교회에서 만나고 있지요.

아무리 친밀한 형제자매도 서로 분가하면 자주 만나기 쉽지 않지만, 교회에서 맺은 인연은 일주일에 최소 한 번은 만나서 교제하니 얼마나 즐거운지 모릅니다. 가족을 제외한 타인과의 원활한 대인관계는 즐거운 사회생활을 영위하는 첩경입니다.

심리학의 연구는 한결같이 성공적 삶의 가장 중요한 요인을 '원만한 대인관계'라고 밝히고 있습니다. 교회는 다양한 사람과 원만한 대인관계를 맺는 법을 배우고 경험할 수 있는 유일한 학교입니다. 이 방법을 말로만 아니라 직접 경험할 수 있는 '성도의 교제의 장'이지요.

교회는 상담소(相談所)이자 '상담소'(相談笑)입니다. '笑'(소)는 웃는다는 뜻입니다. 교회는 예수님에게 상담받고, 또 예수님을 닮은 상담자들이 서로 상담을 주고받는 곳입니다. 상담으로 화가 풀어지면 저절로 즐거워지고 웃게 됩니다.

그때 왕은 그들에게 "내가 분명히 말하지만 너희가 이들 내 형제 중에 아주 보잘것없는 사람 하나에게 한 일이 바로 내게 한 일이다" 하고 말할 것이다. 마 25:40 현대인의성경

원더풀 카운슬러

초판 1쇄 발행	2025년 5월 2일		
초판 3쇄 발행	2025년 5월 20일		
지은이	한성열		
펴낸이	여진구		
책임편집	김아진 정아혜		
편집	이영주 박소영 최현수 구주은 안수경 김도연		
책임디자인	마영애 | 노지현 조은혜 정은혜 남은진		
홍보·외서	진효지		
마케팅	김상순 강성민	마케팅지원	최영배 정나영
제작	조영석 허병용	경영지원	김혜경 김경희

303비전성경암송학교 유니게 과정
이슬비전도학교 / 303비전성경암송학교 / 303비전꿈나무장학회

펴낸곳   규장

주소 06770 서울시 서초구 매헌로 16길 20(양재2동) 규장선교센터
전화 02)578-0003   팩스 02)578-7332
이메일 kyujang0691@gmail.com   홈페이지 www.kyujang.com
페이스북 facebook.com/kyujangbook   인스타그램 instagram.com/kyujang_com
카카오스토리 story.kakao.com/kyujangbook
등록번호 1922-2461
since 1978.08.14

책값   뒤표지에 있습니다.
ISBN 979-11-6504-618-7 03230

규 | 장 | 수 | 칙

1. 기도로 기획하고 기도로 제작한다.
2. 오직 그리스도의 성품을 사모하는 독자가 원하고 필요로 하는 책만을 출판한다.
3. 한 활자 한 문장에 온 정성을 쏟는다.
4. 성실과 정확을 생명으로 삼고 일한다.
5. 긍정적이며 적극적인 신앙과 신행일치에의 안내자의 사명을 다한다.
6. 충고와 조언을 항상 감사로 경청한다.
7. 지상목표는 문서선교에 있다.

하나님을 사랑하는 자 곧 그의 뜻대로 부르심을 입은 자들에게는 모든 것이 合力하여 善을 이루느니라(롬 8:28)

규장은 문서를 통해 복음전파와 신앙교육에 주력하는 국제적 출판사들의
협의체인 복음주의출판협회(E.C.P.A:Evangelical Christian Publishers
Association)의 출판정신에 동참하는 회원(Associate Member)입니다.